鈴木博雄著『英語副詞配列論』(初版 1 刷) 正誤表

頁	誤	正
p.29 17行目	本項では	以下、§3.2 から §3.5 では
p.30 9行目	(21) 意味特性による動詞分類	(21) MOTION / REST 型動詞の下位分類
p.30 (21)	出典を追加	(Dixon(2005: 102-110))に基づく)
p.33 10行目	climb	to climb
p.38 下から10行目 p.39 18行目 p.40 下から7行目	COPPOREAL	CORPOREAL
p.39 (40)	出典を追加	(Dixon(2005: 131-171))に基づく)
p.43 3行目	…、fall, devour, have, …	…、fall, have, …
p.43 4行目	9つの動詞	8つの動詞
p.52 下から2行目	本節では、まず、程度副詞に	次の第7～8節で、量化副詞に
p.52 最終行	論じた上で、	論じ、
p.53 1行目	議論に入る。	議論に入る前提として本節を位置づける。
p.53 2行目	様態副詞	量化副詞
p.106 2行目	Asp13	> Asp13
p.314 索引 左列	動詞アスペクト分数	動詞アスペクト分類

英語副詞配列論

ひつじ研究叢書〈言語編〉

第 89 巻　日本語形態の諸問題　　　　　　　　　　　　須田淳一・新居田純野 編
第 90 巻　語形成から見た日本語文法史　　　　　　　　青木博史 著
第 91 巻　コーパス分析に基づく認知言語学的構文研究　李在鎬 著
第 92 巻　バントゥ諸語分岐史の研究　　　　　　　　　湯川恭敏 著
第 93 巻　現代日本語における進行中の変化の研究　　　新野直哉 著
第 95 巻　形態論と統語論の相互作用　　　　　　　　　塚本秀樹 著
第 96 巻　日本語文法体系新論　　　　　　　　　　　　清瀬義三郎則府 著
第 97 巻　日本語音韻史の研究　　　　　　　　　　　　高山倫明 著
第 98 巻　文化の観点から見た文法の日英対照　　　　　宗宮喜代子 著
第 99 巻　日本語と韓国語の「ほめ」に関する対照研究　金庚芬 著
第 100 巻　日本語の「主題」　　　　　　　　　　　　　堀川智也 著
第 101 巻　日本語の品詞体系とその周辺　　　　　　　　村木新次郎 著
第 103 巻　場所の言語学　　　　　　　　　　　　　　　岡智之 著
第 104 巻　文法化と構文化　　　　　　　　　　　　　　秋元実治・前田満 編
第 105 巻　新方言の動態 30 年の研究　　　　　　　　　佐藤髙司 著
第 106 巻　品詞論再考　　　　　　　　　　　　　　　　山橋幸子 著
第 107 巻　認識的モダリティと推論　　　　　　　　　　木下りか 著
第 108 巻　言語の創発と身体性　　　　　　　　　　　　児玉一宏・小山哲春 編
第 109 巻　複雑述語研究の現在　　　　　　　　　　　　岸本秀樹・由本陽子 編
第 111 巻　現代日本語ムード・テンス・アスペクト論　　工藤真由美 著
第 112 巻　名詞句の世界　　　　　　　　　　　　　　　西山佑司 編
第 113 巻　「国語学」の形成と水脈　　　　　　　　　　釘貫亨 著
第 116 巻　英語副詞配列論　　　　　　　　　　　　　　鈴木博雄 著
第 117 巻　バントゥ諸語の一般言語学的研究　　　　　　湯川恭敏 著
第 118 巻　名詞句とともに用いられる「こと」の談話機能　金英周 著
第 119 巻　平安期日本語の主体表現と客体表現　　　　　高山道代 著

ひつじ研究叢書
〈言語編〉
第116巻

英語副詞配列論
様態性の尺度と副詞配列の相関

鈴木博雄 著

ひつじ書房

まえがき

　本書は、筆者が東北大学に提出し、受理された博士学位論文（2008年9月）が基になっている。論文提出直後から書籍化を計画し、早めに社会的貢献を果たしたいと思ってはいたものの、論文完成終盤に入った頃から受理された後のしばらくの間に公刊された重要な副詞研究文献を数点、十分に理解しきれていない状況にあった。

　これらの論考には、筆者の能力をはるかに超えた先見性と独創性が感じられた。そこで、最先端の優れた知見を少しでも、本書に援用し、本書の内容を深化させてから刊行したほうが、今後の英語副詞配列論の進展に対する、より有意義な貢献が期待できるものと考えたわけである。このような事情から、本書の刊行が随分と遅れてしまった。

　筆者が英語の副詞配列に興味をもったのは、明治学院大学在学中にJackendoff (1972: Ch.3 (pp.47-107))における、解釈意味論に立脚した独創的な副詞論に魅せられ、法政大学大学院在学中、故三宅鴻先生のご指導の下、修士論文で英語副詞を扱った頃からであるから、もう、かれこれ、30年程が経過する。その間、言語理論は大いに進展し、それに合わせるようにして、個別言語としての英語の副詞分析の方法も相当多岐に亘ってきている。「副詞は述語の補足的役割しか果たさない」という、言わば「副詞脇役論」はとっくに否定され、現在では、むしろ、「副詞なしには述部は成立しない」と言っても過言ではない程、副詞は文法の「主役」に抜擢されているのである。副詞に対するこのような見方は、「副詞」に視点を置いた「動詞研究（テンス、モダリティー、アスペクト、ヴォイスなどに関する研究）」の可能性を示唆するものでもある。

　めまぐるしく進化する学界環境の中では、研究の楽しさばかりでなく、矢継ぎ早に提案される理論の是非を判断する苦しさも同時に

v

感じられる日々が続き、今日に至っている。しかし、苦しさを越えて「分かった！」という気持ちを味わえた時の、心的状態は何物にも代えられない感覚である。ただ、この心的状態は一瞬のうちに消え去り、再び、未知の研究領域での四苦八苦の研究生活に戻る。

　副詞研究は、統語と機能のインターフェイスのレベルでの興味深い分析が可能な文法領域に位置づけられる。また、生成統語論、形式意味論、機能文法論、語彙意味論、認知文法論、語用論、文体論、言語習得論、認知心理学等の知見を援用しながら、多角的な研究を進めることができる領域でもある。

　本書では、先行研究や隣接研究領域の成果を大切に活用しながらも、筆者の考えを思い切って前面に出したつもりである。研究書であるのだから、当然、先行文献では論じられていない提案を多数行っている。時に、極端に走り過ぎた考え方も見受けられるかもしれない。そのような部分については、広く学界からの建設的な批判を受け、それを今後の研究に活かさせて戴くことができれば、それは筆者の何よりもの喜びである。加えて、本書が、叙述・修飾構造論の発展、ひいては、英文法論の新たな体系化にほんのわずかでも貢献することができることを心から願っている。

　最後に、本書の刊行は、東北大学大学院で、博士論文執筆の機会及び懇切丁寧なご指導を賜った福地肇先生のご恩がなければ実現し得なかった。最高の研究者・教育者として、福地肇先生は常に未熟な私を大いに勇気づけてくださった。尊敬と感謝の言葉しかない。また、紙幅の都合上、お一人ずつお名前をお挙げすることはできないが、私の研究生活は多くの恩師、友人・知人からの支えなしには考えられない。この場を借りて心より感謝申し上げます。

　なお、本書は、独立行政法人日本学術振興会、平成23~25年度科学研究費助成事業（学術研究助成基金助成金・基盤研究（C）（課題番号23520591））による助成の一部が反映されている。加えて、平成25年度科学研究費助成事業（科学研究費補助金（研究成果公開促進費）（課題番号255078））の交付を受けている。関係各位のご高配に心より感謝致します。

目　次

　　　まえがき　　　　　　　　　　　　　　　　　　　　　　V

第1章　英語副詞研究史における本書の位置づけ　　1
1. はじめに　　1
2. 1960年以降の英語副詞論の総括　　3
    2.1 統語論的アプローチ　　3
        2.1.1 副詞配置論　　3
        2.1.2 副詞認可論　　5
    2.2 意味論的アプローチ　　7
        2.2.1 機能論的副詞論　　7
        2.2.2 形式意味論的副詞論　　8
        2.2.3 語彙意味論的副詞論　　9
3. 本書の構成　　12

第2章　副詞の様態性を支える意味論的基盤　　19
1. はじめに　　19
2. 様態副詞の範囲　　20
    2.1 様態副詞の中核的機能　　20
    2.2 副詞の二次様態性　［視点］の場合　　24
    2.3 副詞の疑似様態性　［付帯性B］の場合　　26
    2.4 まとめ　　28
3. 動詞の内部構造と副詞の様態性　　28
    3.1 動詞の意味特性と様態成分の具現化　　29
    3.2 MOTION／REST型動詞　　30
        3.2.1 概念構造に様態成分を内蔵している他動詞　　31
        3.2.2 ［Locus］との共起が義務的である他動詞①　　31
        3.2.3 ［Locus］との共起が義務的である他動詞②　　32
        3.2.4 使役性が認められるMOTION型動詞　　32
        3.2.5 「開閉」を表す動詞　　33

	3.2.6　不必要な移動を含意する能格動詞	34
	3.2.7　［Locus］を項として要求する非対格動詞	34
3.3	AFFECT／GIVING 型動詞	35
3.4	CORPOREAL 型動詞	36
3.5	Primary B 型動詞　CORPOREAL 型動詞との意味的連続性と異質性（肉体 vs. 精神）	38
3.6	まとめ	40
4. 動詞概念構造と副詞の様態性相関分析の功罪		41
4.1	動詞の概念構造における様態成分と副詞の様態性が調和しない場合	43
4.2	動詞の概念構造が様態副詞の主語指向解釈を反映しない場合	47
4.3	まとめ	49
5. 様態副詞と事象の相関　様態成分の事象への組み込み		50
6. 様態規則の前提としての副詞の事象数量化機能　量化副詞の場合		52
7. 様態規則の前提としての副詞の事象数量化機能　様態副詞の場合		57
8. 様態規則による「様態」解釈の論理表示		60
9. おわりに		64

第 3 章　様態副詞の位置的特性　文末、文中央部、文頭　　71

1. はじめに		71
2. 最小の VP 内付加部における様態副詞		71
2.1	様態副詞の無標位置としての文末	72
	2.1.1　動詞と様態副詞の配列	72
	2.1.2　様態副詞が最小の VP 内付加部に生起するための条件	77
2.2	「結果状態」を表す様態副詞の機能　事象完結一時取消機能	84
	2.2.1　様態規則から帰結される副詞の生起環境　結果副詞と結果形容詞の表層上の生起環境が類似しているのは何故か？	84
	2.2.2　結果副詞と様態規則	87
	2.2.3　概念構造における結果副詞と結果形容詞の叙述対象の表示	88
	2.2.4　Geuder (2000) における「結果名詞化 (result nominalization)」	90
	2.2.5　結果副詞と事象完結一時取消機能	96

VIII

2.3　まとめ　　　　　　　　　　　　　　　　　　　　103
　3. 文中央部における様態副詞と主語指向副詞の
　　　機能統語論的特性　　　　　　　　　　　　　　　　　104
　　　3.1　様態副詞と主語指向副詞の分布特性　　　　　　105
　　　3.2　文中央部副詞の解釈の曖昧性と一義性　　　　　108
　　　3.3　まとめ　　　　　　　　　　　　　　　　　　　113
　4. 文頭の様態副詞　　　　　　　　　　　　　　　　　　113
　　　4.1　論題設定の背景と実例考察　　　　　　　　　　113
　　　4.2　様態副詞の文頭生起条件　　　　　　　　　　　118
　5. おわりに　　　　　　　　　　　　　　　　　　　　　120

第4章　状況副詞句の機能論的特性　　　　　　　　　　　　129
　1. はじめに　　　　　　　　　　　　　　　　　　　　　129
　2. 状況副詞句の一般的特性　　　　　　　　　　　　　　130
　　　2.1　前置詞による状況副詞句の細分化　　　　　　　131
　　　　　2.1.1　空間概念から非空間概念への投射　　　　131
　　　　　2.1.2　群前置詞による意味役割変更　　　　　　134
　　　2.2　文末における状況副詞句の機能　　　　　　　　136
　　　　　2.2.1　文末状況副詞句配置の基礎
　　　　　　　　「動詞＋空間＋時間」配列　　　　　　　136
　　　　　2.2.2　状況副詞句の文副詞化現象　　　　　　　139
　　　2.3　まとめ　　　　　　　　　　　　　　　　　　　145
　3. 文頭状況副詞句の機能論的特性　一般論　　　　　　　146
　　　3.1　文頭状況副詞句の派生　　　　　　　　　　　　146
　　　3.2　文頭状況副詞句の分類と機能論的特性　　　　　148
　4. 文頭状況副詞句の機能論的特性　実例による検証　　　151
　　　4.1　文頭状況副詞句が先行事象の内容を敷衍する場合
　　　　　先行事象と後続事象の論理的な結束化　　　　　151
　　　4.2　文頭状況副詞句が先行事象の内容を敷衍しない場合　153
　　　4.3　同一文中における複数の文頭配置候補の絞り込み　154
　　　4.4　まとめ　　　　　　　　　　　　　　　　　　　155
　5. 文中央部、文末における挿入的状況副詞句の機能論的特性　156
　　　5.1　英語挿入副詞句を含む文の派生　　　　　　　　156
　　　5.2　挿入副詞句のサスペンス効果　　　　　　　　　159
　　　5.3　文中央部、文末における状況副詞句の機能論的特性
　　　　　フレームに視点を置いたサスペンス効果・
　　　　　バックトラック効果の現れ方の考察　　　　　　163

	5.3.1 文中央部における状況副詞句	164
	5.3.2 文末における状況副詞句	165
5.4	まとめ	169
6. おわりに		170

第5章 状況副詞句による多重主題形成　181

1. はじめに		181
2. 文頭状況副詞句の多重主題現象		182
3. 状況副詞句と主語 NP による多重主題構造		185
4. 主語 NP と副詞分布の相関		187
	4.1 接続話題としての文頭副詞句	187
	4.2 副詞の VP 境界形成機能	188
5. 英語状況副詞句が主語 NP の情報特性に与える影響		190
	5.1 主語 NP と状況副詞句による多重主題構造の派生概要	191
	5.2 VP 境界が副詞と主語 NP の情報特性に与える影響　実例考察	192
	5.2.1 「副詞＋主語 NP」　新情報としての主語 NP	192
	5.2.2 「主語 NP ＋副詞」　旧情報としての主語 NP	194
	5.2.3 「副詞＋主語 NP」と「主語 NP ＋副詞」の情報構造の差が認め難い場合	195
	5.3 まとめ	196
6. 状況副詞句の節外抜き出し　統語分析とその限界		197
7. 状況副詞句の節外抜き出しを可能にする機能論的条件		201
	7.1 副詞の指示性	202
	7.2 機能文法の可能性	204
	7.2.1 話し手が補文内容に対して取る態度	204
	7.2.2 主節動詞が形成する主節の情報特性への配慮「地」・「図」の導入	206
	7.2.3 まとめ　状況副詞句の節外抜き出しに関する機能論的条件	209
8. おわりに		210

第6章 文末における状況副詞句の統語的特性　215

1. はじめに		215
2. 接辞投射句構造と英語状況副詞句		217
	2.1 文末における状況副詞句の配列傾向、配列条件及び文副詞化	218
	2.2 接辞投射句における PP 配置	222
	2.3 PP Shell 構造の問題点とその解決	224

         2.3.1　PP Shell 構造の特性　　　　　　　　　　　224
         2.3.2　PP Shell 構造を支える意味解釈原理　　　　226
         2.3.3　意味解釈原理と有標 PP 配列　　　　　　　228
         2.3.4　PredP と PP Shell 構造　　　　　　　　　 228
         2.3.5　まとめ　　　　　　　　　　　　　　　　230
  3. PP の VP 右方付加論の功罪　　　　　　　　　　　　　230
     3.1　PP の VP 右方付加論の問題点とその克服　　　　　　231
         3.1.1　PP 配列における文副詞的 PP を VP 右方付加構造に
                どの様に組み込むか？　LCA の部分的採用　231
         3.1.2　束縛原理と VP 右方付加構造の矛盾とその解決
                叙述構造 PredP の採用　　　　　　　　　233
         3.1.3　PP スクランブリングと重心原理の矛盾
                語彙意味選択域特性への配慮　　　　　　235
     3.2　まとめ　　　　　　　　　　　　　　　　　　　　 240
  4. おわりに　　　　　　　　　　　　　　　　　　　　　　240

第 7 章　様態性の尺度と副詞配列の相関　　　　　　　　　247

  1. はじめに　　　　　　　　　　　　　　　　　　　　　　247
  2. 様態成分の意味的連続性　　　　　　　　　　　　　　　247
     2.1　概観　様態性と状況性の反比例関係　　　　　　　　247
     2.2　様態性の尺度①　動詞右方　　　　　　　　　　　　250
     2.3　様態性の尺度②　動詞左方　　　　　　　　　　　　252
     2.4　機能階層内部の様態性　　　　　　　　　　　　　　255
         2.4.1　モダリティー様態の［−様態性］特性　一般論　255
         2.4.2　ヘッジとしての法副詞
                法副詞と法助動詞の不規則な共起現象　　　258
     2.5　主語指向様態の［−様態性］特性
          主語指向副詞と CAN・WILL の対応　　　　　　　 260
     2.6　アスペクト様態の［±様態性］特性　　　　　　　　263
     2.7　まとめ　　　　　　　　　　　　　　　　　　　　 264
  3. 「様態性の尺度」の適用を困難にする要因
     副詞配列の不規則性　　　　　　　　　　　　　　　　　264
     3.1　VP 全体の情報に基づいた複数の視点候補からの絞り込み　265
     3.2　動詞右方の情報構成　　　　　　　　　　　　　　　267
         3.2.1　文脈の影響を受け、最小の VP 内の副詞配置に
                不規則性がもたらされる場合　　　　　　267
         3.2.2　意味的連結性の原理を機能させる目的で

XI

副詞の有標配列が選択される場合		270
3.3　まとめ		272
4.　様態性の尺度と副詞配列の相関		272

第8章　結論　英文法研究における本書の意義　　　277

参考文献　　　283

あとがき　　　303

索引　　　307

第1章
英語副詞研究史における本書の位置づけ

1. はじめに

　本書の目的は、英語副詞の「様態性」の尺度における「意味的連続性」と副詞の「統語的振舞い」の間に存在する対応関係を解明することである。第2章から第7章までの本論に先立ち、まず、本章において、今日に至るまでの英語副詞研究（以下、副詞研究）を鳥瞰したうえで、副詞研究史における本書の位置づけを明示する。

　副詞研究史を「新言語学（生成文法）による言語分析が広がり始めた1960年代から今日まで」と期間を限定したとしても、膨大な数の副詞研究文献が公開されており、それら全ての内容を踏まえ、現代英語の副詞像を描写することは困難である。

　そこで、本章では、(1)の重要文献群に基づき、副詞研究を大きく2系統に分け、それを下位分類した(2)における各副詞論の関連性を論じる。この作業の目的は、現時点での副詞研究の到達点を大局的に把握し、かつ、その内容を建設的に批判することにより、本書が主張する「様態性の尺度に基づく副詞配列論」の、副詞研究史における位置づけを確定することにある。

(1) 1960年以降の英語副詞重要文献

　I.　1960年〜1970年代：

　　1. Jacobson (1964)、2. Kuroda (1968)、3. Keyser (1968)、4. Greenbaum (1969)、5. Greenbaum (1970)、6. Schreiber (1971)、7. Bolinger (1972)、8. Jackendoff (1972: Ch.3)、9. Schreiber (1972)、10. Heny (1973)、11. Thomason and Stalnaker (1973)、12. Huang (1975)、13. Bartsch (1976)*1、14. Emonds (1976: Ch.5.2)、15. Jacobson (1975)、

16. Bellert（1977）、17. Jacobson（1978）
- II. 1980年代：
18. Jacobson（1981）、19. Baker（1981）、20. Nakajima（1982）、21. McConnell-Ginet（1982）、22. Jackendoff（1983: Ch.9–10）、23. Ernst（1984）、24. Cresswell（1985a）*2、25. Travis（1988）
- III. 1990年代：
26. Nakajima（1991）、27. Hasselgård（1996）、28. Alexiadou（1997）、29. Cinque（1999）
- IV. 2000年以降：
30. Geuder（2000）、31. Kim（2000）、32. Ernst（2000）、33. Tenny（2000）、34. Wickboldt（2000）、35. Rackowski and Travis（2000）、36. Ernst（2002）、37. Svenonius（2002）、38. Ernst（2003）、39. Ernst（2004）、40. Laenzlinger（2004）、41. Sag（2005）、42. Haumann（2007）、43. Ernst（2007）、44. Ernst（2009）、45. Chaves（2009）、46. Hasselgård（2010）、47. Mizuno（2010）、48. Waters（2011）、49. Engels（2012）、50. Li, Shields, and Lin（2012）、51. Grieve（2012）

(2) a. 統語論的アプローチ：①副詞配置論、②副詞認可論
  b. 意味論的アプローチ：
    ①機能論的副詞論*3、②形式意味論的副詞論、③語彙意味論的副詞論

　以下、第2節において、1960年以降の英語副詞研究史を振り返る。続いて第3節においては、第2節で得られた知見を踏まえ、本書の構成を概観することにより、副詞研究史における本書の位置づけを明らかにする。

2. 1960年以降の英語副詞論の総括

本節では、統語論と意味論（便宜上、機能論、形式意味論、語彙意味論に下位分類する）の分野における、1960年以降の代表的な副詞研究の総括を行う。

2.1 統語論的アプローチ

1960年以降の副詞配置論の代表文献としてKeyser（1968）、Jacobson（1964, 1975, 1978, 1981）、Jackendoff（1972）、Baker（1971, 1981）、Emonds（1976）などが挙げられる。これら先行研究の成果は、その後、Bellert（1977）、Baker（1981）、Ernst（1984）、Travis（1988）、Nakajima（1982, 1991）などの初期の副詞認可論を経て、Alexiadou（1997）、Ernst（2000, 2002, 2003, 2004, 2007, 2009）、Cinque（1999, 2004, 2006c）などの本格的な副詞認可論に発展する。Cinque（1999）以降、Kim（2000）*4、Haumann（2007）、Mizuno（2010）*5、Li, Shields, and Lin（2012）、Engels（2012）などの論考において、副詞認可論各論が活発に議論され、今日に至る。

2.1.1 副詞配置論

Jacobson（1964）は、英語副詞の膨大なデータに基づいて統計的処理*6 を行っている。その出版年が1964年であることから構造言語学及び伝統文法の性格が色濃く感じられる。同書には生成文法の視点も僅かに見られるものの、各副詞の機能に対応する生起位置が複数存在することに対する十分な理由づけを行うに至っていない*7。一方、Jacobson（1975, 1978, 1981）の3冊の研究書は副詞と助動詞の位置的相関*8 を扱ったものであり、Jacobson（1964）よりもその研究対象が相当に絞り込まれている。

Keyser（1968）はJacobson（1964）に対する書評論文において、副詞の多様な生起位置の枠組は「目録」の細分化に貢献しているだけである、と批判する。同批判は（3）の2点に集約することができる。

(3) a. 副詞の統語的振舞い（linguistic / syntactic behavior）に対する的確な説明が与えられていない。
   b. 副詞の生起位置を正確に反映するような副詞分類がなされていない。　　　　　　　　（Keyser（1968: 359）を参照）

(3a)は移動可能性規約（transportability convention）提唱の契機となる批判であったと言える。換言すれば、その後の生成（変形）文法における本格的な副詞研究の重要な問題提起として(3a)を捉えることができる。(3b)はJacobson（1964）による副詞分類が過度に複雑であることを批判するものである*9。

Keyserによる移動可能性規約は、Jacobson（1964）による副詞の生起位置の多様性を簡素化することに貢献した。しかし、同規約が提起した句構造(4)における副詞の4つの生起位置<D>を1つに限定するような本質的な位置についての言及が見られない。つまり、基底部門に副詞をどのように位置づけるのかということについての十分な配慮がなされていなかったのである。

(4) [_S <D> [_A E F]<D> B <D> C <D>]

（Keyser（1968: 368）の句構造樹に基づく）

1970年以降の生成文法系の英語副詞論の代表的な文献は、Jackendoff（1972: Ch.3）である。同書はKatz and Postal（1964）の「変形は意味を変えない」というテーゼに対して提出された1960年代後半の反論に答えるものとして、解釈規則（interpretive rules）を提案し、その後の生成文法理論の発展に貢献した。加えて、副詞についても、それを基底部門に明確に位置づけた。特に、助動詞の位置を副詞の移動起点とした(5)はKeyser（1968）の移動可能性規約を発展させたものと考えられる。

(5) 全ての -ly 副詞が助動詞の位置に生起可能であり、かつ、*merely* とか *utterly* といったような助動詞の位置にしか生起し得ない副詞がある。したがって、このような副詞の分布特性を容易に捉えるには、句構造規則を用いればよい。

（Jackendoff（1972: 59）、下線筆者）*10

Jackendoff（1972）の副詞論は、助動詞の位置を副詞の本質的な位置と定め（(5)の下線部はこのことを意味する）、副詞の移動

現象を一層簡潔に記述することを可能にした。また、同書（pp. 73-82）で詳細に論じられている「助動詞の位置」と「副詞の位置」の相関分析は、現代副詞論の最高峰の1つであるCinque（1999）の「副詞配列機能階層論」の原型をなしていたと言える。加えて、Emonds（1976: Ch.5.2）は、構造保持制約（structure-preserving constraint）と関連づけながら、副詞の移動領域を統語的に提示したという点において、1980年以降のGB理論に基づく副詞統語論の発展に寄与している*11。

2.1.2　副詞認可論

しかし、Emonds（1976: Ch.5.2）を含め当時の副詞配置論は、①同一副詞が複数の位置に生起することを裏付ける意味論的根拠や②異なる意味範疇に属する副詞の配列条件についての十分な説明を与えるには至っていない。つまり、副詞の機能と位置の相関を体系的に記述・説明する視点は、1980年頃からのGB理論による「認可（licensing）」の概念を取り入れた副詞認可論において重視されてくるのである。

副詞認可論は、(6)の2つの視点にその特徴を見出すことができる。

(6) a.　機能副詞群の細分化という視点
　　 b.　副詞はそれが係わる主要部の素性に牽引されるという視点

(6a)の機能副詞群の細分化という視点を反映する先駆的論考として、Nakajima（1982）が挙げられる。また、(6b)の副詞はそれが係わる主要部の素性に牽引されるという視点は、Travis（1988）、Alexiadou（1997）、Cinque（1999）などによるGB理論やその後のミニマリストアプローチの枠組に基づいた副詞認可論に反映されている。上の4つの先行研究は、第2章及び第3章で論じる「副詞の様態性」についての分析と密接に関連している。

句構造にIP構造が採用され、それが更に発展して、Pollock（1989）以降、TP, AgrP, NegPなどに基づいた句構造が提唱されていく過程において、Cinque（1999）は、機能範疇（functional category）の指定部（Spec）の位置で、助動詞と意味的・機能的に対応する副詞群を認可する方式、言わば、普遍的副詞配列機能階層*12 論を提唱した。

　普遍文法の立場から、「認可（licensing）」の概念により、副詞の機能と位置の相関分析を推進した Cinque（1999）は、個別言語としての英語の副詞配置論を展開する上でも極めて重要な文献である。しかし、同書による副詞認可論は、個別言語の、同一の統語環境において生起し得ない副詞配列を排除しながら普遍的副詞配列階層を構築しているため、個別言語の副詞の統語と意味を対応させるプロセスで観察される例外現象の処理をするときに支障が生じることがある。例えば、動詞移動、副詞の話題化、作用域の不規則な論理表示、法助動詞と法副詞の不規則な共起現象などの分析に、同書の普遍的副詞配置論を直接適用することはできない。つまり、普遍文法の構築の一環として提唱された「副詞配列機能階層」を個別言語としての英語の副詞分析の道具立てとする場合、「機能階層領域内での移動」を可能にする文法操作が必要となる。

　そこで、本書では、副詞配列機能階層論に、Svenonius（2002）が提唱した「副詞・主語 NP 相関論」を組み込むことにより、特に、機能統語論に立脚した英語機能副詞配列分析を展開する。つまり、英語の文副詞を主語 NP の左側（文頭）に配置し、助動詞の位置（文中央部）に生起する often などの機能副詞（語修飾副詞）とは区別した分析を特徴とする Greenbaum（1969）や Jackendoff（1972）の系譜に属する副詞論とは異なり、「副詞・主語 NP 相関論」は、主語 NP の話題としての度合い（topicality）などの特性に応じて、主語 NP を越えるようにして、当該の副詞を文頭に移動させるという統語操作を前提としているため、文副詞と語修飾副詞の統一的分析が可能になる。

　上の 2 つの視点（6）に立脚した、個別言語としての英語副詞認可論については、現時点におけるその到達点を Haumann（2007）に見ることができる。Haumann が構築した 3 つの副詞配列機能階層*13 のうち、とりわけ、階層最上位の補文標識層は、本書第 5 章において、文頭の多重主題構造を分析するための有益な道具立て

と言える。

　結論として、副詞配列機能階層論は長短両面*14 を持ち合わせてはいるが、「様態性の尺度」を中核に据えた本書の副詞論の形成においても不可欠な道具立てであると言える。

2.2　意味論的アプローチ
2.2.1　機能論的副詞論*15

　Greenbaum（1969）は、コーパス言語学及びアンケート調査の手法を取り入れながら、英語副詞の新たな理論的枠組を提示した。加えて、Greenbaum（1970）は動詞と強意語（intensifier）の共起関係を論じたモノグラフで、英語母語話者にアンケート調査を実施し、例えば（7a）の強意語の使われ方を論じている。

(7) a.　I don't {*certainly, really} need it.
　　b.　I wish she wouldn't {talk so, ?swim so} all the time. ('do so much talking', 'do so much swimming')

　　　　　　（a.=Greenbaum（1970: 24）、b.=Bolinger（1972: 161）に基づく、
　　　　　　　　　　　　　　　　　　　　　　　　　　　　　　下線筆者）

また、Bolinger（1972）は程度副詞・形容詞を著者独自の直観で論じ、特に、英語を母語としない者に独創性を感じさせる用例を多数挙げている（例えば、(7b)）。

　理論と記述の両面において、体系的な副詞論を展開したGreenbaum（1969）、強意語の実態を論じたGreenbaum（1970）やBolinger（1972）、更に、最近の文献*16 ではHasselgård（1996, 2010）やWaters（2011）を、専ら機能論的副詞論に収めることについては反論も予想されるが、本書では以上の文献を機能論的副詞論の代表文献とする。とりわけ、Greenbaum（1969）は機能論的副詞論の先駆的文献として位置づけられる。その主な理由は、後述の1970年以降の形式意味論的副詞論や語彙意味論的副詞論の諸論考における機能的説明がGreenbaum（1969）の影響を少なからず受けているものと考えられる点にある。

　Greenbaum（1969）においてよく知られた3つの副詞分類（付加詞（adjunct）、離接詞（disjunct）、接合詞（conjunct））は、副

詞の機能論的分析の重要な役割を果たしている。伝統文法においては、文副詞にせよ、語修飾副詞にせよ、副詞を定義する際、「修飾」という機能上の概念が重視されていたし、構造文法では、「位置」という統語論上の概念を用いた定義が主流であった。

　一方、Greenbaum（1969）の副詞分析は、それまでの「修飾」という概念を捉え直したことに加え、副詞の文中における「位置」を余すところなく記述している点にその特徴を見出すことができる。確かに、構造文法においても、Fries（1952）による「品詞検出枠（test frame）」の設定に、「（文中における）位置」を品詞設定の基準とする考え方を読み取ることができるが、一方、Greenbaum（1969）は、3つの副詞分類及びその下位分類に基づいて、それぞれの副詞の生起可能な位置に関する厳密な記述を行った。しかも、記述の信憑性は十分な量のコーパス及び英語母語話者に対するアンケート調査の結果分析により裏付けられている。

　Greenbaum（1969）が刊行された当時の1960年代後半と言えば、生成文法は、言語形式の分析に意味論や語用論との接点を求めていた時期である。その金字塔として、Jackendoff（1972）の解釈意味論が登場する。副詞の的確な分類及び説得力に富むデータに基づきながら、副詞の機能統語論を実証主義的に深化させたGreenbaum（1969）は、Jackendoff（1972: Ch.3）の解釈意味論的副詞論と相補的な関係にあるものと考えられる。

　しかし、上で述べた副詞配置論・認可論の場合と同様、機能論的副詞論においても、副詞の統語特性を裏付ける副詞間の意味論的関係性についての視点を意識した分析は必ずしも十分にはなされていない。つまり、付加詞、離接詞、接合詞の間に意味的連続性が認められることについての理由づけがなされていないのである。

2.2.2　形式意味論的副詞論

　形式意味論の立場（あるいはそれに近い立場）からの副詞研究も相当数発表されている（例えば、Thomason and Stalnaker（1973）、Heny（1973）、Lewis（1975）、Bartsch（1976）、McConnell-Ginet（1982）、Cresswell（1985a）、Vlach（1993）、Swart

（1993）、Morzycki（2001）、van Geenhoven（2004）、Csirmaz（2008））。本書では、形式意味論的副詞論を、英語副詞研究史上、機能論的副詞論と語彙意味論的副詞論の媒介項として位置づける。

　本セクションでは特に、形式意味論の下位部門であるインターバル意味論に立脚した Cresswell による一連の副詞論が、事象意味論に基づいた副詞論の展開に寄与しているという点について述べておく。インターバル意味論については必ずしも明確な定義が与えられていない。本書では、吉川（2007: 104）による定義、「インターバル内部構造に関する条件が、変化を表す文の真理値に加えられた意味論」を採用する。例えば、(8a) の *quickly* は［様態（敏速に）］を表す場合は (8b)、［時（すぐに）］を表す場合は (8c) のように論理表記される。Cresswell の副詞論は、特に本書第3章の結果構文及び第7章の副詞句と視点の関連性についての分析において反映されている。

(8) a.　John walks quickly to the station.
　　b.　<<λ, x, <*John*, <<*quickly, walks* >, <*to*, x >>>>, <λ, y, <*the, station*, y>>>.
　　c.　<*John*, <*quickly*, <λ, z, <<λ, x, <<*walks*, <*to*, x>>, z>>, <λ, y, <*the, station*, y>>>>>>.

（Cresswell（1985a: 51-52）、a. の *walked* を *walks* に筆者変更、下線筆者）

　形式意味論的副詞論は、結論として、副詞の作用域が関与する文の意味を求めるとき、語用論的な分析が必要になるということを示唆している点に、その意義を見出すことができる。つまり、形式意味論的副詞論の知見を、機能論的副詞論及び語彙意味論的副詞論の基礎資料として捉えることが、より建設的な副詞論の構築に寄与するものと考えられる。

2.2.3　語彙意味論的副詞論

　語彙意味論的副詞論は、機能論的副詞論と同様に、形式意味論的副詞論と関連し合いながら発展してきた。(9) のような、副詞が関与する文の文法性の差を求める場合、統語レベルや談話レベルで

の分析では、十分な解答を得ることができない。
- (9) a. Tom knows Mary {*carefully / personally}.
  b. The leaf fell {*carefully, slowly}.
  c. Tom {climbed up, ?climbed} the mountain halfway.
  d. He slowly tested some bulbs. ≠ He tested some bulbs slowly.　(Thomason and Stalnaker（1973: 200）、下線筆者)
  e. John opened the door again.（*again=restitutively/ repetitively*）　　　　　　（Tenny（2000: 311）、下線筆者)

(9) における副詞の生起条件や解釈条件を解明するにあたり、Jackendoff（1983）に代表される概念意味論（conceptual semantics）及びその延長線上に位置づけられる語彙意味論（lexical semantics）による分析は、Ernst（2000, 2002）の様態規則（manner rule）を取り入れることで一層有効な副詞論の構築が可能になる。この点については第2章で論じる。

Kuroda（1968）、Schreiber（1971, 1972）、Huang（1975）、Jackendoff（1983: Ch.9及びCh.10）、Ernst（1984, 2002）、Tenny（2000）、Wickboldt（2000）等の文献には（部分的に）語彙意味論的副詞論として援用することのできる発想が読み取れる。以下、形式意味論や事象意味論を組み込んだ語彙意味論的副詞論は、(10) のような特徴をもつことを踏まえながら、同副詞論と本書との関連性について述べる。

(10) 語彙意味論的副詞論の特徴
  a. 副詞の様態性には段階性が存在することを示唆している。
  b. 概念意味論に基づき、動詞と副詞の意味素性を照合することにより、両者の結合可能性を予測することができることを明示的に捉えている。

まず、Kuroda（1968）は、様態副詞の派生方法について生成文法の立場から論じている。副詞の様態性には段階性が存在する、ということを示唆している点において、40年以上も前に発表された論文であるにもかかわらず、その今日的意義は失われていない。本書第2〜3章で詳述する、「副詞の様態性が副詞配列決定の要因とな

る」という主張は、Kuroda（1968）による上の（副詞の様態性には段階性が存在するという）発想にその源流を求めることができる。

　Kuroda（1968）に続く語彙意味論的副詞論の重要文献として、Schreiber（1971, 1972）を挙げることができる。両論文は文副詞（離接詞）とそれが修飾する命題との意味論的・語用論的な関係を論じたものである*17。特に、遂行動詞は様態副詞により下位範疇化されるとは限らないということを論じたSchreiber（1972）は、Kuroda（1968）と同様に、副詞を「様態性」の尺度で分析することの有効性を示唆するものである。

　次に、動詞と副詞の意味的結合の可能性に着目した語彙意味論的副詞論については、Huang（1975）をその先駆的論考として挙げることができる。同書は、例えば、(11)の両文の文法性の差は、動詞句（*scratched his head at his wedding ceremony*）が含意する行為の［−習慣性］と副詞（句）の意味素性［±習慣性］の対応関係に求めることができるとした（p.15）。

(11) a. *John scratched his head <u>habitually</u> at his wedding ceremony.
　　b. 　John scratched his head <u>out of habit</u> at his wedding ceremony.
　　　　　　　　　　　　　　　（以上、Huang（1975: 15）、下線筆者）

　更に、Jackendoff（1983: Ch.9及びCh.10）は、動詞の概念構造（conceptual structure）における空間・時間副詞句の組み込まれ方について論じている。特に、移動や静止を表す述語との結合関係を概念構造化することにより、空間副詞句の存在理由を前置詞の意味的特性から導き出すという発想*18は、本書第4章で反映されている。

　最後に、「動詞と副詞の意味素性を照合することにより、両者の結合可能性を予測することができる」（=(10b)）という考え方の問題点は、Ernst（2000, 2002）が提唱した「様態規則」により克服することができる。様態規則の詳細については第2章及び第3章で論じる。また、最近の語彙意味論的副詞分析としては、副詞と中核事象（core event）の関係を論じたTenny（2000）や様態副詞の内部構造を記述する場合、その生起環境についても言及する必要が

あることを主張した Wickboldt（2000）などがある。詳細は第3章で論じる。

以上、1960年以降の英語副詞論は、総じて、「副詞配置論」に始まり、それに続くようにして、一方で、「副詞認可論」、他方で、「機能論的副詞論」や「語彙意味論的副詞論」が、「形式意味論的副詞論」を取り入れながら、発展してきたものと結論づけることができる。

3. 本書の構成

前節で論じた1960年以降の英語副詞研究史についての知見を踏まえながら、以下、本書における本論を展開するに当たり、次の3点が重要な作業となる。

第1に、副詞配置論及び副詞認可論を弁証法的に発展させるべく、従来の副詞統語論には見られない、①同一副詞が複数の位置に生起することを裏付ける意味論的根拠、及び、②異なる意味範疇に属する副詞の配列条件について体系的な説明を与える。更に、③副詞配列機能階層論に「副詞・主語NP相関論」を組み込むことにより、英語における機能副詞配列の分析を深める。

第2に、付加詞、離接詞、接合詞の間に意味的連続性が存在することを論じるために、機能論的副詞論に、副詞の統語特性を裏付ける副詞間の意味論的関係性についての視点を取り入れる。

第3に、機能論的副詞論、形式意味論的副詞論、及び語彙意味論的副詞論の関連性を踏まえながら、「動詞と副詞の意味素性を照合することにより、両者の結合可能性を予測することができる」（=(10b)）ということを主張する語彙意味論的副詞論に、「様態規則」を取り入れ、同論を更に発展させる。

ここで、上の3つの論点を踏まえながら、第2章〜第7章の本論について概観しておく。

第2章（副詞の様態性を支える意味論的基盤）では、「様態」を、「動作の過程や状態の存続に関与するエネルギー放出の心理的・物理的な有り様」と規定したうえで、副詞を「様態性」の尺度で捉え

た様態性階層を求める。加えて、副詞の「様態性」と動詞の概念構造との関係を語彙意味論的に解明する。動詞が中核事象をもち得るか否かというTenny（2000）の基準、及びErnst（2000, 2002）における「様態規則」に着目した分析（第2章）は先行研究には見られない独創性をもつ。

第3章（様態副詞の位置的特性：文末、文中央部、文頭）では、まず、様態副詞は、最小のVP内付加部の位置でその本来的な機能が最大限に発揮されるということを論じる。次に、結果副詞と（結果構文における）結果形容詞はその分布が類似しているが、結果副詞は、「事象完結一時取消機能」が観察され易いということ及び様態副詞の結果用法の成立条件が適用される、という点において結果形容詞とは異なることを主張する。この、両者の違いは、「結果個体」の概念を、「様態規則」に組み込むことにより、明確に区別できる。更に、様態副詞はSpec-VPに派生させ、主語指向副詞はSpec-IP（副詞配列機能階層領域）の位置で併合（Merge）することにより、両副詞の容易な区別が可能になることについて論じる。最後に、文頭に生起する様態副詞を「場面設定子（scene-setter）」として分析し、様態副詞の文頭生起条件を提唱する。

第4章〜第7章では、副詞の「様態性」と「状況性」の違いを確認したうえで、状況副詞句の機能論的・統語論的特性について論じる。

第4章（状況副詞句の機能論的特性）では、前置詞による状況副詞句の形成と機能及び文末の状況副詞句配列傾向について論じた後、文頭状況副詞句の場面設定機能について論じる。前置詞の「空間表現形成機能」に着目することにより、「場所・空間による事象の囲い込み」という、状況副詞句の機能の本質に迫ることができる。次に、状況副詞句が文末で複数配置される場合、一定の配列傾向が見られること及び、同一文中に1つ以上の状況副詞句が配置されている場合、そのうちのいずれか1つに文副詞としての解釈が可能になることについて論じる。更に、文頭の状況副詞句の場面設定化については、①同副詞句が単文末部から移動するタイプと②補文中の同副詞句が主節先頭に移動するタイプの2つに分けた分析が有効であ

る。①と②は、状況副詞句を主題要素（theme）として捉えることができるという点で共通している。最後に、状況副詞句は、①それが「囲い込む（限定する）」事象に対する「サスペンス効果」を生む機能を担うこと、及び②文末状況副詞句には、談話内で言語化されていない事象を聞き手に想定させる効果が観察されることがある点について論じる。①及び②は先行文献では論じられていない新たな発見であると言える。

第5章（状況副詞句による多重主題形成）では、① 文頭状況副詞句の多重主題現象、②状況副詞句と主語NPの位置関係、及び③状況副詞句の節外抜き出しについて論じる。②の［状況副詞句＋主語NP］及び［主語NP＋状況副詞句］構造、③の［補文から抜き出された状況副詞句＋主節］構造についても多重主題構造として扱い、先行研究には見られない分析を行う。

第6章（文末における状況副詞句の統語的特性）では、状況副詞句配列傾向に基づき、Schweikert（2005）による句構造を修正し、状況副詞句を的確に句構造上に配置する方式を提案する。同方式は、特に、通常のVPと（PPを含む）イディオムとしてのVP（*put on airs*など）の有効な区別につながるという点においても、英語の状況副詞句配置・配列を説明する上で的確な句構造を導き出すことができる。

第7章（様態性の尺度と副詞配列の相関）では、第2〜6章において構築した副詞論に基づき、副詞の本質は、その「様態性」に求めることができ、「様態性の尺度」を、副詞の配置を決定する要因として捉えることができることを提唱する。

＊1　本書は形式意味論に基づいてドイツ語の副詞を分析した大著（総ページ数390ページ）である。英語副詞の分析にも十分応用できる。

＊2　同書は著者Cresswellが1985年までに発表した6本の論文（1974, 1977, 1978a, b, 1979, 1981）と同書のために書き下ろした論文（1985b）の計7本の論文で構成されている。同書から1970年前後以降の形式意味論的副詞論の研

究史を垣間見ることができる。
＊3　本書において、「機能論的副詞論」という場合の「機能論」は、M. A. K. Hallidayや久野暲の言語観を指す。本書では、便宜上、意味論的アプローチに位置づける。
＊4　Kim（2000）は、Jackendoff（1972）による6種類の副詞の認可条件について論じたものである。特に、ミニマリストプログラムにおけるフェーズ（phase）の概念に基づいて、句構造上に6種類の副詞（第3章（70）を参照）を配置した（i）は、フェーズを2つから3つに細分化している。その結果、副詞配置に関する諸条件をより的確に満たすことができる。つまり、同一文中における正しい副詞配列の予測が可能になる。句構造（i）において、AspP phaseにClass IV（*completely*）を位置づけることにより、「Class III（*evidently*）＋Class IV（*completely*）」の配列が正しく予測できる。

(i)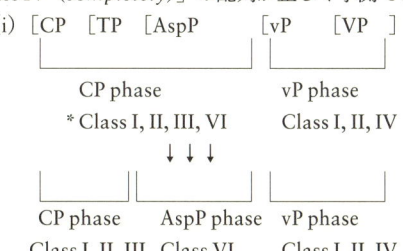

(Kim（2000: 497）の句構造樹（70）に基づく)

(ii) a. Evidently George completely read the book.
　　b. * Completely George evidently read the book.

(*Ibid.*: 465、*evidently*は筆者による)

＊5　Mizuno（2010）は最新のミニマリストプログラムによるフェーズ理論に立脚した副詞認可論である。同論文は、Cinque（1999）の指定部に基づく分析（specifier-based analysis）やErnst（2002）の作用域に基づく分析（scope-based analysis）では同一副詞の分布の多様性を捉えきれないという問題点を踏まえ、新たにフェーズに基づく副詞認可論（phase-based analysis of adverb licensing）を提唱している。例えば、(ia, b)の文法性の差は、(ic)の各フェーズの左端（edge）の認可子（licenser）に適格にC統御（c-command）されているか否かということに基づいて判断される。CinqueやErnstによる分析に比べ効率性の高い分析と言える。

(i) a. Honestly, he had probably had his own opinion of the matter.
　　b. * Probably, he had honestly had his own opinion of the matter.
　　c. [MoodP Mood_speechact [ModP Honestly [Mod' Mod_epistemic [TP he had [vP probably [v' had his own opinion of the matter]]]]]]

(Mizuno（2010: 13）、下線及びc.の脱字補足筆者。
なお、下線部は原著では斜字体)

＊6　Jacobson（1964）は、現代のコーパス言語学的文法分析の先駆的文献と言える。

＊7　その理由は、Jacobson（1964）が出版された当時の英米言語学界（特に米国）は、構造言語学から生成文法への移行期にあったためであろう。しかしながら、副詞の位置についての詳細な下位分類と、それに基づいた副詞の多様な生起位置に対する理由づけの道具立てとして、同書は、文体論的な分析をも取り入れ、その独創性は現在でも失われていない。

＊8　Jacobson（1975）は、主語と動詞の間の位置、つまり、Jackendoff（1972）の「助動詞の位置」を中間部（mid-position）とし、この位置を、7つの位置に下位分類した。

＊9　一方、英語副詞研究史的な観点からは、Jacobson（1964）の副詞分類が過度に複雑であるという副詞論の短所が、Keyser（1968）における、副詞の「移動領域」を表示する句構造（4）の提唱を促した。この点に、Jacobson（1964）の副詞研究史上の意義を見出すことができる。

＊10　原文は以下の通り：All of the –ly adverbs can occur there [in auxiliary position], and there are some, such as *merely* and *utterly*, that can appear only there. Thus this aspect of distribution can be captured without difficulty with a phrase-structure rule.（[ ]部、筆者）

＊11　同書の注目すべき論点として、(i) の副詞の生起特性についての二面性を挙げることができる（p.165）。

> (i) a. 頻度（frequency）副詞や様態副詞の一部（*gradually*, *accidentally*, *quietly*, *immediately*, etc.）は、主語 NP の左側、主語 NP と動詞の間、及び V の後部に自由に生起することができる。
>
> b. 叙実（factive）副詞（e.g. *evidently*）や *scarcely* などの副詞の生起制限は、副詞の種類に応じて、深層構造における（副詞の）移動起点が複数存在することの根拠となる。

同一副詞のニュアンスに着目すれば、副詞の生起条件を構造保持制約と結び付けた説明が可能になる、ということを真意とする (i) は、構造保持制約に立脚した副詞の生起条件の解明に繋がる重要な論点であると言える。

　なお、同書における用例及びそれに対する分析は、当該副詞が内包する多義性や複数の談話構成的機能（textual functions）に着目しているという特徴を持つことにも留意したい。

＊12　以下、Cinque による副詞配列機能階層を示す。

The universal hierarchy of clausal functional projections

[*frankly* Mood1 [*fortunately* Mood2 [*allegedly* Mood3 [*probably* Mod4 [*once* T(Past) [*then* T(Future) [*perhaps* Mood5 [*necessarily* Mod6 [*possibly* Mod7 [*usually* Asp8 [*again* Asp9 [*often* Asp10 [*intentionally* Mod11 [*quickly* Asp12 [*already* T(Anterior) [*no longer* Asp13 [*still* Asp14 [*always* Asp15 [*just* Asp16 [*soon* Asp17 [*briefly* Asp18 [*characteristically*(?) Asp19 [*almost* Asp20 [*completely* Asp21 [*tutto* Asp22 [*well* Voice [*fast/early* Asp23 [*again* Asp24 [*often* Asp25 [*completely* Asp26

(1=speech act, 2=evaluative, 3=evidential, 4=epistemic, 5=irrealis, 6=necessity, 7=possibility, 8=habitual, 9=repetitive (I), 10=frequentative (I), 11=volitional, 12=celerative (I), 13=terminative, 14=continuative, 15=perfect (?), 16=retrospective, 17=proximative, 18=durative, 19=generic/progressive,

20=prospective, 21=SgCompletive (I), 22=PlCompletive, 23=celerative (II), 24=repetitive (II), 25=frequentative (II), 26=SgCompletive (II))

(Cinque（1999: 106）の（92）に準拠)

*13 以下、Haumann（2007）による英語の副詞配列機能階層を示す。
complementizer layer

  ForceP > TopP > **EvalP** > TopP > **EvidP** > **SceneP** > FocP > TopP > **SoP** >
  TopP > **PromP**

inflectional layer

$\begin{cases} \text{FinP} > \text{Agr}_s\text{P} > \textbf{EpiP} > \textbf{NegP} > \textbf{TP} > \textbf{PrtP} > \text{ModP} > \textbf{ReltP} > \textbf{AspP}_{\text{hab.}} > \textbf{AspP}_{\text{rep.}} \\ > \textbf{AspP}_{\text{freq.}} > \textbf{AspP}_{\text{cel.}} > \textbf{AspP}_{\text{ant.}} > \textbf{AspP}_{\text{term.}} > \textbf{AspP}_{\text{cont.}} > \textbf{AspP}_{\text{(im)perf.}} > \textbf{AspP}_{\text{ret.}} > \\ \textbf{AspP}_{\text{prox.}} > \textbf{AspP}_{\text{dur.}} > \textbf{AspP}_{\text{pros.}} > \textbf{AttP} > \text{PerfP} > \text{ProgP} > \text{AuxP} > \text{beP} \end{cases}$

lexical layer

$\begin{cases} \text{vP} > \textbf{SpaceP} > \text{TelP} > \text{Agr}_{\text{IO}}\text{P} > \text{Agr}_{\text{O}}\text{P} > \textbf{AgentP} > \textbf{DomP} > \boldsymbol{\mu}\textbf{P} > \textbf{DegPerfP} > \\ \textbf{MeansP} > \textbf{FreqP} > \textbf{RepP} > \textbf{AspP}_{\text{completive}} > \textbf{RestP} > \text{V} > \end{cases}$

non-interpretable domain

$\begin{cases} \quad \text{vP*} \end{cases}$

 (ForceP: illocutionary adv., EvalP: evaluative adv., EvidP: evidential adv.,
 SceneP: scene-setting adv., SoP: subject-oriented adv.,
 EpiP: epistemic adv., NegP: sentence-negating *not*, ReltP: temporal adv.,
 AspP*: aspectual adv. (habitual>repetitive>frequentative>celerative>
  anterior>terminative>continuative>(im)perfective>retrospective>
  proximative>durative>prospective),
 AttP: subject-attitude adv.,
 SpaceP: spatial adv., AgentP: agent-oriented adv.,
 DomP: pure domain adv., μP: manner adv., DegPerfP: degree of perfection adv.,
 MeansP: means-domain adv., FreqP: frequency adv.,
 RepP: adv.erbs of repetition, AspPcompletive: completion adv.,
 RestP: restitutive *again*, vP*: semantically empty)

(Haumann（2007: 411）の（36）、（37）に準拠)

*14 日本語のようなスクランブリング言語では、副詞配列機能階層論が適用し難い場合がある。(i) はその具体例である。

(i) a. 私は、あいにく_α、勘がよいせいで_β、ふと_γ、太郎のカンニングを発見してしまった。
  b. 私は、ふと_α、あいにく_β、勘がよいせいで_γ太郎のカンニングを発見してしまった。

(ia) は、α=Mood2、β=Mod11、γ=Asp18 で、普遍的階層構造（本章注12を参照）に適合するが、(ib) は、α=Asp18、β=Mood2、γ=Mod11 で、それを反証してしまう（両文の容認可能度（acceptability）の差は度外視する）。また、日本語ほど顕著ではないものの、英語にも (ii) のように状況副詞句のスクランブリング現象は存在する（第6章用例（41）も参照）。

(ii) a. He attended classes every day of the week in a different university.
  b. He attended classes in each university on a different day of the week.

第1章 英語副詞研究史における本書の位置づけ 17

  c. He attended classes <u>in each university</u> with a different friend.
  d. He attended classes with each friend <u>in a different university</u>.
（Cinque（1999: 28）、下線筆者）

(ii) は作用域の原理を適用することにより、同現象の根拠を求めることができるが、第6章（§3）で論じるように、作用域の原理の適用が難しい用例も存在する。副詞配列に関する限り、「スクランブリングの程度に応じた副詞配列類型」が言語間に存在する可能性も考えられる。

*15 便宜上、「機能論」を「意味論」に含める。

*16 Greenbaum（1969）以降の体系的な機能論的副詞論としては、Hasselgård（1996）が挙げられる。同書は、コーパス言語学の手法を取り入れ、時や場所を表す副詞句の位置と機能の相関を論じている。同じくコーパスを駆使した Hasselgård（2010）は Greenbaum（1969）の付加詞（adjunct）の談話構成的・対人関係的機能を詳細に論じている。Hasselgård の副詞論については第4章及び第5章で援用する。Waters（2011）はトロント（カナダ）とヨーク（イギリス）の英語母語話者の副詞の使用実態を統計調査し、社会言語学的に論じている（博士論文、トロント大学、全169ページ）。特に、副詞と助動詞の位置的相関についての統計分析は貴重である。

*17 本項では、生成意味論の枠組で論じられた Schreiber（1971, 1972）を便宜上、語彙意味論的副詞論に位置づける。同論文は、機能論的副詞論としての読み方も可能である。

*18 語彙意味論の文献でよく言及される（ia）については、前置詞を概念構造に組み込むことにより、副詞句解釈の多義性（ambiguity）の表示が可能になる。

(i) a. The mouse ran <u>under the table</u>.
   [$_{Path}$ TO ([$_{Place}$ UNDER ([$_{Thing}$ TABLE])])]
（Jackendoff（1983: 163））

  b. The firehouse is <u>two miles from my house</u>.

$$\left[_{Place} ON \left[\begin{array}{l} FROM([_{Place} HERE]) \\ DOWN([_{Thing} ROAD]) \\ _{Path}[_{Distance} TWO\ MILES] \end{array}\right]\right]$$
(Ibid.:167–168)

  c. Beth threw the ball <u>out of the window</u>.
   [$_{Event}$ CAUSE ([$_{Thing}$ BETH], [$_{Event}$ GO ([$_{Thing}$ BALL], [$_{Path}$ OUT WINDOW])])]
(Ibid.: 175)

また、(ib, c) では話し手による認知空間の心的移動を表示するものとして副詞句を捉えることができる。(ic) では "Path"（経路）により窓の内側から外側への移動が明示される。同文は日本語には訳し難い例である。(ic) は、「投げたボールが窓の内側から、窓の開いた部分を通り抜けるようにして、外に飛んで行った」ことを表す。よって、「窓から投げた」という日本語とは指示的（referential）意味がやや異なる。

第2章
副詞の様態性を支える意味論的基盤

1. はじめに

　本章では、VP末部（最小のVP内付加部）でその本来的な機能が発揮される様態副詞とその周辺に分類される副詞との違いを明らかにしながら、副詞の「様態性」を支える意味論的基盤について論じる。その結果得られた基本的知見を、第3章における、様態副詞の位置的特性を裏付ける意味論的条件に関する分析に結びつける。

　様態副詞の本質的な位置としては、文中央部（助動詞の位置）及びVP末部（最小のVP内付加部）をその候補として挙げることができる。文中央部の位置は、①Spec-VPと②Spec-IPの2つが考えられる。①には様態副詞が生起する。②の「副詞配列機能階層」領域には本来の様態副詞から機能変更した主語指向副詞が生起する。しかしながら、統語論のレベルでは文中央部を①Spec-VPと②Spec-IPに分けることが可能であっても、音声化（Spell-Out）後のレベルでは助動詞要素（法助動詞、*have*, *be*）が関与しない場合、文中央部の副詞が様態副詞と主語指向副詞の両方の解釈を許してしまう場合がある（第3章注4も参照）。したがって、様態副詞の本質的な位置を文中央部（Spec-VP）と規定するよりも、むしろ、最小のVP内付加部であると規定すべきであろう。

　上のような、様態副詞の統語的特性も踏まえながら、以下、4つの節において、様態副詞の範囲（種類）、動詞と副詞の様態成分の関連性、動詞の概念構造や事象構造に副詞の様態成分を組み込むことの可能性を中心に議論を進め、副詞の「様態性」を支える意味論的基盤を明らかにする。

2. 様態副詞の範囲*1

本節では、①様態副詞の中核的機能、②副詞の二次様態性、及び③副詞の疑似様態性、に焦点を当て、様態副詞の範囲を明示する。

2.1 様態副詞の中核的機能

本項では、Quirk, et al. (1985: 479) における副詞の意味分類 (1) に基づき、様態副詞の本質的な機能と周辺的な機能が連続的に関連づけられていることを論じる。つまり、副詞を［様態性］の尺度で捉えた (2) のような様態性階層を前提としながら、様態副詞の特質を明らかにする。

(1) 副詞の意味分類

a. process > manner, means, instrument, agentive（行為者指向）

b. respect（視点: e.g. *help him a little* <u>*with his book*</u>, *on the point of law*)

c. contingency > cause, reason, purpose, result, condition, concession

d. modality > emphasis, approximation（近似: e.g. *probably, not exactly, allegedly*), restriction（限定: e.g. <u>*only*</u> *about her WÒRK, she ALÒNE*)

e. degree > amplification（誇張: *badly, increasingly, (very) much*), diminution（縮小: *not~very much, a little*), measure（計測: e.g. *sufficiently, (he likes playing squash)* <u>*more than his sister does*</u>)

（用例は Quirk, et al.（1985: 483-486）より抜粋、下線筆者）

まず、様態性階層 (2) における［様態］の各構成成分の機能上の特性について、その概略を論じておきたい。

(2) 様態性階層

a. ［純様態］

b. ［様態］＝ ｛［様態］、［道具］、［手段］｝

c. ［二次様態］＝ ｛［視点］、［程度 A］、［付帯性 A］｝

  d.　[疑似様態] = {[付帯性B]、[程度B]、[法性]}

(2a) の [純様態] は「純粋な様態成分」を指し、それに対応する様態副詞は、*tightly*、*loudly*、*woodenly* など数が限られている (Ernst (2002: 96) を参照)。(2c, d) の [付帯性A、B] は、例えば、それぞれ、*spoke with his mouth full* (口いっぱいに食物をほおばって話した)、*stood there with her hat on* (帽子をかぶったままそこに立っていた) によって具現化される。両者の違いは「様態 (行為主体によるエネルギー放出の有り様)」が明示的に表されているか否かという点にある。

 (2c, d) の [程度A、B] は、本書では、①動詞を修飾するか、②事象数量化に関わるか、という点で区別されるものと規定する (e.g. ①*treated his customer badly* (お客を粗末にした)、②*badly needed the room* (どうしてもその部屋が必要であった)。「様態性」の度合いに関して、①は明示的であるが、②は必ずしも明示的であるとは言えない。この点が [程度A、B] の違いである ([付帯性A] と [付帯性B] が意味的に連続していることについては、第6章 ((9), (16), (40)) の「状況副詞句配列傾向」も参照)。

 次に、本書では、[様態] を (3) のように定義する。

(3) [様態] の定義:
  動作の過程や状態の存続に関与するエネルギー放出の心理的・物理的な有り様 (e.g. 心理的様態: *excitedly, reluctantly, eagerly*, etc.; 物理的様態: *loudly, woodenly, tightly*, etc.)

(3) における「動作の過程や状態の存続に関与する心理的・物理的な有り様」は、動詞のアスペクト素性と直結し、主として動作の「俊敏性」や「強度」の叙述に焦点が置かれるという特徴をもつ。動作の「俊敏性」や「強度」とは、「何らかの行為を行った時に発生するエネルギー」という概念により一般化することができる。(4a) は「トムの通りを走る行為」によって発生した「エネルギー (速度)」が強力であったことを叙述し、(4b) は「トムによる私の腕を握る行為」によって発生した「エネルギー (握力)」が強力であったことを叙述している。(4c) の *quickly* は「決断」という心的過程の速度を叙述している。

(4) a. Tom ran down the street <u>quickly</u>.
　　b. Tom held my left arm <u>tightly</u>.
　　c. Tom decided on the boat <u>quickly</u>.

　「主語NPによるエネルギーの放出方法」に着目すると、(2) における、[道具]、[手段]、[視点]、[程度A]、[付帯性A] は、様態性の周辺的成分として捉えることができる。つまり、(3) の「動作の過程や状態の存続に関与する心理的・物理的有り様」という視点から (5) を分析した場合、当該副詞句の意味成分と主語NPによる「エネルギー放出」の関係は (4) の場合ほどは直接的ではない。

(5) a. They proved him to be a criminal <u>by means of interrogation</u>.
　　b. He solved the problem <u>in mathematics</u>.
　　　　　　　　　　　　　　(Quirk, *et al.* (1985: 482) に基づく)

　(5a) では、「彼が犯人であることを証明する行為」と「(取り調べという抽象的な) 道具」の間には証明過程が介入する分、動詞と副詞句の意味的関係が間接的なものとなる。(5b) も同様に、「問題解決」という行為と「(数学という) 道具 (立て)」の間には解決に至る「思考過程」が存在する。この「思考過程」が副詞句 (下線部) の様態性を周辺的なものにしている。つまり、*prove* や *solve* の前提となる「証拠」を証明したり、「難題」と対峙するという行為自体に、主語NPによるエネルギーの放出が直結し、「数学」や「取り調べ」は当該行為の内容を限定する概念にすぎないのである。

　上で述べた「主語NPによる (心的) エネルギーの放出」という「思考過程」への関与の仕方が直接的であるか否か、という視点を採用することにより、(6) における {[様態] + [手段／道具]} という意味成分の配列に対する的確な理由づけを行うことができる。

(6) a. They proved him to be a criminal <u>effectively</u> <u>by means of interrogation</u>.
　　b. He solved the problem <u>quickly</u> <u>in mathematics</u>.
　　　　　　　　　　　　　　(Quirk, *et al.* (1985: 482) に基づく)

　つまり、(7) における *how* によって、聞き手が話し手から獲得

したい（新）情報は通常の文脈では、［手段］や［道具］としての *by means of interrogation* や *in mathematics* であり、［証明］や［解決］に直接的に関与する［様態］ではない。

(7) a. A: How did they prove him to be a criminal?
    B: ① Effectively. ② By means of interrogation.
   b. A: How did he solve the problem?
    B: ① Quickly. ② In mathematics.

上の「主語NPによるエネルギーの放出」という視点は、「動詞」と［様態］が意味論的に｛主要部─補部｝の関係を形成し、一方、「動詞」と［手段／道具］は｛主要部─付加部｝の関係を形成する、という仮定を導く。［手段］と［道具］が同一文中に共起する場合の配列は｛〈手段〉+〈道具〉｝である（Quirk, *et al.*（1985: 482-483））。［手段］と［道具］は意味的に重複する成分であり、両成分に対して独立した定義づけを行うことは困難である。しかし、(8)で両成分の具現形が相補分布を成していることを考慮すると、それぞれを区別する尺度・基準が必要となる。

(8) a. The patient was carefully treated by the nurse <u>medically</u> with a well-tried drug. (Quirk, *et al.*（1985: 482）、下線筆者)
   b. They proved him to be a criminal ｛① <u>effectively</u>, ② <u>by means of interrogation</u>｝.

(8)において、「医学的に」よりも「薬を使って」の方がより具体的な概念であることと、その配置が、｛「医学的に」+「薬を使って」｝であることの間には具体性の尺度が介在している。これらの副詞句を具現化させている関数（functor）の性質が、［手段］と［道具］の配置に影響を与えている。①［手段］の関数としての *by*、*in*、*through*、*by means of* などの（群）前置詞と、②［道具］の関数としての前置詞 *with* や分詞構文（e.g. *using a black pencil*）を比べた場合、後者②の方がより具体的な情報を形成し得るが故に、文末重点（end-weight）の原則に従い、文末に位置づけられる傾向が高まる。つまり、(8b①)では「効果的な手段」の内容が具体的に伝達されていないのに対し、(8b②)では「取り調べ」と「犯人確定」という2つの事象の間に意味的な関連性（連想関係）が認め

られるが故に、聞き手にとって、一層受け入れ易い情報として、*by means of interrogation* が文末で効果的に提示されているのである。以上の考察から（9）のような結論を導き出すことができる。

(9) a. 文末における様態成分の配置
　　　　文末の焦点の位置で複数の情報のうちの１つを配置するための十分条件として、情報量の豊かさと情報の具体性を挙げることができる。
　　b. 様態成分の中核的・周辺的特性
　　　　動作の過程や状態の存続に直接的に関与するエネルギー放出の有り様は、①心理的様態（e.g. *decide quickly*）と②物理的様態（e.g. *walk quickly*）に分類される。①と②は、［様態］の中核的成分として位置づけられる。一方、［手段］や［道具］は、動作の過程や状態の存続に伴うエネルギーの放出に間接的に関与するため、［様態］の周辺的成分として位置づけられる。

2.2　副詞の二次様態性　［視点］の場合

　上に挙げた（1）における副詞分類のうち（1d）の副詞に様態性を認めることは困難であるが、（1b）の副詞及（1c, e）の一部の副詞（(2c) の［程度 A］、［付帯性 A］の特性をもつ副詞）は（1a）とは異なる性質の様態性を備えている。本項では、これらの副詞群を一括して二次様態副詞と呼ぶことにする。
　二次様態副詞のうち［視点］（respect）の副詞はそれが関わる事象に真理値を与えるための的確な参照点（基準）を提示する機能を担う（Quirk, *et al.* (1985: 483))。つまり、(10a) は「彼女の学究的な発言」の範囲が「カントに関連した内容」に限定されていた場合に限り、その「発言」が実在したことを表現している。

(10) a.　She talked learnedly about Kant.
　　　　　　　　　　　　　　　　(Quirk, *et al.* (1985: 483)、下線筆者)
　　b.　He is working in a factory.　　　　(*Ibid.*、下線筆者)

(10a) における *about Kant* は様態副詞の周辺的な成分である［道具／手段］を内包してはいるが、「カントのことを話題にしなが

ら」という付帯状況の解釈が優先されるという意味で、「状況性」が強い。about Kant をパラフレーズした on the subject of Kant という表現はカントの思想や人間性に直接触れることは不可能であり、せいぜい間接的にカントを話題の俎上に載せることができるだけである、ということを含意している。したがって、about Kant に〈「行為主体」が「発言という行為に伴うエネルギー」を放出するための［道具／手段］〉としての機能を担わせることは現実的ではない。むしろ「エネルギー放出」の「方向」の提示という側面から捉えることにより、同副詞句の二次様態性を的確に説明することができる。つまり、「エネルギー放出」のための［道具／手段］となり得るのは、例えば（11）のように、様態副詞（learnedly）が内包する［学究性］であり、「カント」ではない。

(11) She talked learnedly（様態）about Kant（視点）.

同様に、Quirk, et al.（1985: 484）は（10b）を 'He is a factory worker.' と解釈した場合、in a factory は［視点］の機能を担うとする。ここでも、「主語 NP がエネルギーを放出する」ための［道具／手段］は「工場」ではなく例えば、「ガラスを磨く行為」といったような仕事自体である。

上の具体例から、［視点］と［道具／手段］の違いは、「主語 NP によるエネルギー放出」に直接的に関与することができるか否か、という点に求めることができる。つまり、［視点］＞［道具／手段］＞［様態］の左から順に「エネルギー放出」との関係性がより直接的なものになる。殊に、［視点］は抽象的な意味での［方向］や［場所］といった成分を内包していると見做す場所論（localism）的な立場に立脚するならば、「行為主体」がエネルギーを放出するための「方向」や「場所」を限定するものとして、［視点］を規定することができる。この点において、［視点］と［様態］、［道具／手段］との間に（程度の差はあるが）「エネルギー放出に関わる」という共通点を見出すことができるものの、［視点］を具現化する副詞は、二次様態的なのである。

2.3　副詞の疑似様態性　［付帯性B］の場合

上に挙げた（2d）の［付帯性B］(contingency) という成分も、副詞の様態性を論じるうえで重要な役割を果たしている。一般に、［付帯性B］は（12）のような意味成分をもつ副詞的前置詞句として具現化される。これは、同副詞類が独立事象*2 を形成する能力を備えていることを示唆する。

(12)［付帯性B］の構成成分

a. cause: She helped the stranger out of the sense of duty.
b. reason: He bought the book because of his interest in metaphysics.
c. purpose: He bought the book for the purpose of studying metaphysics.
d. result: He read the book carefully with the result that he acquired some knowledge of metaphysics.
e. condition: In case of an earthquake, turn off the gas at the main.（地震の際はガスの元栓をしめてください）
f. concession: In spite of the heavy rain, we climbed the mountain.

（意味成分及び用例 a., b.: Quirk, et al.（1985: 484）、e.:『ジーニアス英和大辞典』、case の項。下線筆者）

既に副詞の様態性は、「主語NPによるエネルギーの放出」に関与するという特徴について述べた。(13a) の副詞句 of cancer（癌を患いながら）は、「亡くなる」という事象に様態性を付与してはいる。しかし、主語 she はエネルギーの放出主体ではなく、被影響者 (theme/patient)*3 である。そこで、このような付帯的副詞句を擬似様態表現と呼ぶことにしたい。

(13) a.　She died of cancer.
b.　Cancer caused her to die.
c.　She died because she had suffered from cancer.

(13a) を (13b) のように使役動詞を用いて書き換えると、「エネルギー放出の主体」としての cancer が she を死に至らしめるプロセスにおいて、主語NP（cancer）は具体的な様態叙述の機能を担

い得ないことが分かる。つまり，付帯副詞句は（13c）の下線部のように、独立した事象を形成するが故に、文の中心的事象に対し、いわば、背景（background）的な役割を担うことになる。

　ここで、［付帯性B］に分類される付帯副詞句は要するに［状況的］であるということを、（14）と（15）を比較しながら確認してみよう。

(14) a.　She helped the stranger <u>out of a sense of duty</u>.
　　　　　　　　　　　　　　　　（Quirk, et al.（1985: 484）、下線筆者）
　　=b.　<u>A sense of duty</u> caused her to help the stranger.
　　c.　<u>Despite his lack of enthusiasm</u>, he won.
　　　　　　　　　　　　　　　　（Ibid.; 485、下線筆者）
　　=d.　<u>His lack of enthusiasm</u> didn't even stop him from winning.

（13a, b）の場合と同様に、（14a, c）をパラフレーズした（14b, d）の下線部は（疑似）行為主体としてのエネルギーの放出源である。このことは、（15）の2文を比較することにより一層、明確になる。［様態］（cf.（2b））の下位成分としての［道具／手段］（cf.（15a））は付帯的副詞句（cf.（15b））と同様に前置詞によって具現化される傾向がある。

(15) a.　Tom wrote the letter <u>in black ink</u>.（手段）
　　 b.　John cried <u>in pain</u>.（原因）

（15）の副詞句は in を主要部とするが、（15a）では、「トムによるエネルギーの放出」（手紙を書くという行為）に「黒インク」が必要不可欠な［手段］の役割を担っており、（周辺的な）［様態］としての解釈が妥当である。

　一方、（15b）では［JOHN CRIED］と［JOHN FELT PAIN］という2つの事象により、「ジョンによるエネルギーの放出」が具現化されている。「苦痛が原因で」は、John が叫んだ時の［様態］というよりもむしろ［付帯状況］としての解釈が優先される。（15b）に対して原文に忠実な日本語訳を与えるならば、in pain に動詞を補った（16）のような訳し方が妥当であろう。

(16) 苦痛に<u>耐えられず</u>、ジョンは叫んだ。

付帯的副詞句を「擬似様態的」と考える根拠として上の意味論的な分析に加え、同副詞句が様態副詞句と共起し得るという統語的特性を挙げることができる。

(17) a. John wrote the letter carefully in self-defense.
　　　（ジョンは自己防衛のために（理由）、慎重に（様態）、その手紙を書いた。）
　　b. [_VP wrote the letter [carefully [in self-defense

(17a) の *in self-defense*（付帯的副詞句）は、句構造（＝(17b)）上で、*carefully*（様態副詞）よりも事象中核要素である動詞との結合度が弱いために独立事象を形成する。つまり、同事象は *wrote* を中心として形成された事象（これを意味上の主節とする）に対して、意味上の従節の役割を担っているものと考えられる。

以上、［付帯性B］に属する副詞（句）には、疑似様態性という特性、つまり、「様態性の尺度」上で状況性寄りの位置に位置づけられるということについて論じた。

2.4　まとめ

本節では、［視点］（本章§2.2）または［付帯性B］（本章§2.3）を内包する副詞と本来的な様態副詞との違いについて論じた。結論として、①様態性の度合いは、(18) が示すように、［付帯性B］＞［視点］＞［様態］の左から順に強くなる。②［付帯性B］の状況性の度合いは、(12) の用例から判断して、(19) の左から順に強くなる。

(18) She talked learnedly（様態）about Kant（視点）for the purpose of earning the respect of her students（付帯性B）.
(19) ［付帯性B］の状況性の度合い（左から順に強くなる）
　　cause > reason > {purpose, result} > {condition, concession}

3. 動詞の内部構造*4 と副詞の様態性

副詞の様態性についての議論は、動詞意味論への配慮無くしては成立しない。言語分析の流派を問わなければ、20世紀後半から今

日に至るまで、と期間を限定しても動詞意味論に関する文献は相当数公開されている*5。これら先行文献の中でも、動詞の語彙的アスペクトや項構造に基づいた意味分類の観点から、副詞分析を進める上では、とりわけ Dixon（2005）がバランスのとれた資料を提供している。

本節では、①動詞の意味分類及び②動詞の内部構造に着目することにより、様態副詞と動詞の結合に関わる予測可能性について論じる。①については、Dixon（2005）による、意味に基づく動詞分類を援用する。②については、Jackendoff（1983）による概念意味論及びその延長線上に位置づけられる語彙意味論に立脚した分析を展開する。動詞の意味分解（semantic decomposition）による動詞と様態副詞の結合に関わる分析は、Ernst（2000, 2002）の様態規則（本章§8参照）を取り入れた副詞の様態性分析を展開するための基礎資料を提供し得るものである。

3.1 動詞の意味特性と様態成分の具現化

副詞の様態性と動詞に内在する意味成分の間に密接な関係が存在することについては既に論じてきたとおりである。本項では、Dixon（2005）による、意味に基づく動詞分類（20）に依拠しながら、動詞の意味特性から、動詞と様態副詞の共起可能性を予測することの有効性と限界について論じる。そこから得られる知見は、事象意味論による副詞分析（本章§4～8）の必要性を示唆することになる。

(20) 意味特性による動詞分類

  a. Primary-A 型：① MOTION and REST、② AFFECT、
        ③ GIVING、④ CORPOREAL、
        ⑤ WEATHER
    Primary-B 型：① ATTENTION、② THINKING、
        ③ DECIDIND、④ SPEAKING、
        ⑤ LIKING、⑥ ANNOYING
  b. Secondary-A 型：①（SEMI-）MODALS、
        ② BEGINNING、③ TRYING、

　　　　　　　　　④HURRYING、⑤DARING
　　Secondary-B 型：①WANTING、②POSTPONING
　　Secondary-C 型：①MAKING、②HELPING
　　Secondary-D 型：①SEEM、②MATTER

　　　　　　　　　　　（Dixon（2005: 102-206）に基づく）

3.2　MOTION／REST 型動詞

　MOTION 型及び REST 型は、(21) のように下位分類される。下線を施した動詞をグループ内の代表的な動詞とする。

　(21) 意味特性による動詞分類

　　　a.　MOTION-a: run, walk, crawl, slide, spin, etc.
　　　　　REST-a: sit (down), stand (up), lie (down), kneel, crouch, etc.
　　　b.　MOTION-b: arrive, return, enter, exit, reach, approach, etc.
　　　　　REST-b: stay, settle (down), live, remain, attend, etc.
　　　c.　MOTION-c: take, send, move, steal, etc.
　　　　　REST-c: put, arrange, leave, take NP off, etc.
　　　d.　MOTION-d: follow, track, accompany, meet, etc.
　　　　　REST-d: contain, enclose, encircle, adjoin, surround, etc.
　　　e.　MOTION-e: carry, bear, transport, cart, etc.
　　　　　REST-e: hold, handle, grab, clutch, gather, capture, etc.
　　　f.　MOTION-f: throw, pour, push, pull, drag, etc.
　　　　　REST-f: open, close, shut, etc.
　　　g.　MOTION-g: drop, spill, upset, capsize, slip, etc.

　(21) の動詞群には自動詞と他動詞が混在している。どちらのタイプの動詞であれ、意図を伴う行為主体が関与する場合、様態性の度合いの高い副詞との共起が可能となる。この傾向は、他動詞に強く観察されるのであるが、一方、行為主体の意図性が読み取れない（あるいは、読み取り難い）動詞の場合、それと共起する副詞の様態性の度合いは低くなり、状況性の度合いが高くなる[*6]。以下、

具体例を考察する。

3.2.1　概念構造に様態成分を内蔵している他動詞

　その概念構造に様態成分を内蔵している他動詞は様態副詞と融和し易い。例えば、*hold, grab, pick up* はそれぞれ、その概念構造に、［道具］を表す様態成分［WITH PERSON'S HAND］あるいは［WITH PERSON'S BODY］を内蔵している（Dixon (2005: 108)）。

(22) a.　John <u>held</u> the banana (<u>tightly</u>) <u>with his teeth</u>.
　　 b.　John <u>grabbed / picked up</u> the axe and then <u>held</u> it (<u>tightly</u>).　　　　　　　　　(*Ibid*.: 108、下線筆者)

(22a) では主語 NP によるエネルギー放出に関わる、身体と関連のある様態成分が *with his teeth* として具現化されている。(22b) では様態成分が動詞自体に内蔵されている。よって、意味的に融和する様態副詞（*tightly* など）との共起が可能となる。

3.2.2　［Locus］との共起が義務的である他動詞①

　［起点］、［到達点］、［所在地］のいずれかを表す［Locus］との共起が義務的である他動詞の場合、様態性の強い副詞との共起は制限を受ける。(23) では *Mary's purse* が［起点］を表すことから、［起点］からの（10 ドルの）移動に伴う速度がアスペクト様態副詞 *quickly* により具現化される（この *quickly* に本来の様態副詞としての解釈は与え難い）。

(23) She (<u>quickly</u>) <u>stole</u> ten dollars from <u>Mary's purse</u>.
　　　　　　　　　　　　　　　(Dixon (2005: 106)、下線筆者)

一方、(24a) では *her hair* だけで［Locus］の役割を決めることはできない。つまり、(24a) を書き換えた (24b) により、［起点］としての *hair*¹ から［到達点］としての *hair*²（=*beautifully arranged hair*）に到達する抽象的な移動が発生したことが明示されるのである。

(24) a.　She <u>arranged</u> her hair (<u>beautifully</u>).
　　 b.　She changed her hair¹ into beautifully arranged hair².

(24b) の *hair*¹ と *hair*² の間に、抽象的な移動経路としての

[Locus］が存在すると見做すことにより、*beautifully*が結果副詞としての役割を担っていることについての理由づけが可能になる。この*beautifully*は「様態」というよりも「結果状態」の解釈が自然である（様態副詞の「結果用法」については第3章（§2.2）で詳述する）。

3.2.3　［Locus］との共起が義務的である他動詞②

上の（21d）の動詞群も、［起点］、［到達点］及び［所在地］のいずれかを表す［Locus］との共起が義務的である他動詞である。(25a) の *the river* は行為主体 *they* が［随伴］しながら移動した［Locus］を表している。(25b) の *the castle* は［所在地］としての役割を担う。(25c) の *meet* は2つの［所在地］、*those two rivers* と *the foot of the mountain* の地理的な関係を擬人化している（*i.e.*「出合う」→「合流する」）。(25a, b) の副詞の様態性は低く、主語の状態を叙述する状況指向の解釈が的確である（(24a) と同様に (25b) の *successfully* は結果状態を表す）。

(25) a.　They (carefully) followed the river.

　　　　　　　　　　　　　　　（Dixon (2005: 107、下線筆者)

　　 b.　They (successfully) surrounded the castle.

　　 c.　Those two rivers meet (exactly) at the foot of the mountain.　　　　　　　　　(*Ibid*.: 107、下線筆者)

(25c) では、複数の場所の［地理的な関係］を際立たせるための *meet* が典型的に［TOGETHER］、[CONTACT］というような成分をその概念構造に内蔵しており、特に地理的な表現では話し手によってこれらの成分が意識され易くなる。つまり、(25c) で *exactly* が許容されるのは、「地理的関係」の正確度を量化しているからに他ならない。

3.2.4　使役性が認められるMOTION型動詞

上の（21a）のMOTION型動詞群のうち使役性が認められる動詞については、様態副詞の解釈が問題になる場合がある。(26a) に比べ (26b) は、かなり特殊な状況を想定することによって容認

可能な文となる（Dixon（2005: 104））。
  (26) a. The champion possum <u>climbed</u> to the top of a kauri pine.
      b. He <u>climbed</u> the champion possum to the top of a kauri pine.
                                                 (*Ibid.*: 104、下線筆者)
  (27) He <u>climbed</u> the champion possum to the top of a kauri pine <u>slowly</u>.
      ≒ He was <u>slow</u> in climbing the champion possum to the top of a kauri pine.
      ≠ He caused the champion possum climb to the top of a kauri pine <u>slowly</u>.

(26b) に *slowly* のような副詞を生起させ、それに様態の意味を読み込むことは困難である。(27) の *slowly* は行為主体 *he* の様子（属性）を叙述しているのであり、目的語（*the champion possum*）の上昇速度について叙述しているのではない。換言すれば、使役性が認められる MOTION 型動詞に後続する副詞句は、様態性というよりも状況性の度合いが高いと考えられる*7。

3.2.5 「開閉」を表す動詞

上の (21f) の「開閉」を表す動詞の数は限定されているために、表現のバリエーションが多様化されていない。中間動詞としての用法以外では、様態副詞との共起は制限される（『新編 英和活用大辞典』の *open* の項も参照）。

  (28) a. The wind <u>closed</u> the door.
      b. The door <u>opens</u> easily. (a.,b.= Dixon (2005: 109、下線筆者)
      c. You must <u>open</u> your mind to new ideas.

(28a) では［(開いた状態の)休止点］としての *the door*¹ が（比喩的な）行為主体（*the wind*）に随伴されながら［(閉められた状態の)休止点］としての *the door*² に移動したという抽象的な行為を表現している。(28b) も同様である（行為主体は総称の *we, you, they* など）。(28c) は *your mind* が［休止点］であり、*to new ideas* は視点（respect/viewpoint）副詞としての役割を担い、様態

性は低い。

3.2.6　不必要な移動を含意する能格動詞

上の（21g）の動詞群の自動詞用法は不必要な移動（unwanted motion）に言及するものである（Dixon（2005: 109））。ところが、(29a) において様態副詞 *deliberately*（主語指向副詞としての解釈も可能）が *drop* に伴う様態性を具現化しているので、同動詞は「不必要な移動」を表現しているとは言えない。一方、*accidentally*（広義の時間副詞）は行為主体 *John* の意図性に言及していないので、「不必要な移動」の干渉要素とはならない。つまり、上の（21g）の他動詞用法の動詞群については、副詞の意味的特性が「不必要な移動」を「必要な移動」に、動詞の意味を転移させる効果を担っている、と言えるのである。

(29) a.　John {deliberately / accidentally} dropped the vase.

(Ibid.: 109、下線筆者)

　　　b.　The vase dropped quickly.

(29b) の自動詞用法の *drop* と様態副詞との共起制限は、他動詞用法の場合よりも厳しく、副詞を含む VP 全体が「不必要な運動」を意味する必要がある。その理由は、(29) の両文における主語 NP の行為主体としての度合いが影響しているからである。つまり、(29b) の主語 NP（*the vase*）は行為主体性*8 の度合いは弱く被影響者（theme/patient）としての意味役割を担っているが故に、空気抵抗に逆らいながら落下する「花瓶」のエネルギー放出の有り様を具現化する副詞的表現は自ずと限定されることになるのである。

3.2.7　［Locus］を項として要求する非対格動詞

最後に、明示的にせよ、潜在的にせよ、［到達点（場所・時点）］や［所在地］を項として要求する自動詞（非対格動詞）の場合、様態性の強い副詞とは共起し難いことを考察する。(30) において、*successfully* は結果状態、*happily* は状況（「幸せな環境・心境で」）としての解釈が自然である。

(30) a.　The Mars Express arrived (successfully) on December

25, 2003.　　（インターネット検索＊9、丸括弧及び下線筆者）
b.　He lived in New York (happily).
c.　In the former part of his life he lived very abstemiously; but in his latter years was censured for an indulgence in eating to excess, both in the quantity and quality of his diet.（彼は若いころはとても質素に暮らしたが、年を重ねると、食事の質量の両面において過食に走り、非難された。）　　　　　（インターネット検索＊10、下線筆者）

非対格動詞の場合、行為主体による対象物への働きかけが存在しないのであるから、「働きかけ方」を具現化する様態副詞との共起は、(30c) のような少数の実例に制限される。

　上の§3.2.1～§3.2.7で論じた MOTION／REST 型動詞と様態副詞との結合可能性は、要するに、行為主体（主語 NP）が対象にどの様に「働きかける」のかということと密接に関連している。以下、§3.3における AFFECT／GIVING 型動詞についても「働きかけ」の概念を道具立てとした分析が有効であることを論じる。

3.3　AFFECT／GIVING 型動詞

　場所理論に立脚するならば、(31) のような動詞群を代表例とする AFFECT／GIVING 型動詞（Dixon（2005: 110-124））は、上の (21) で挙げた MOTION／REST 型動詞が意味的に拡張したものと考えられる。

(31) a.　AFFECT: touch, hit, stab, rub, wrap, stretch, build, break, *etc.*
　　 b.　GIVING: give, hand (over), lend, sell, *etc.*

以下、MOTION／REST 型の延長線上に、AFFECT／GIVING 型動詞を位置づけ、§3.2で言及した「働きかける」という概念を念頭に置きながら、AFFECT／GIVING 型動詞と様態副詞との関連性について論じる。

　AFFECT／GIVING 型に属する動詞は、MOTION／REST 型動詞を用いて、その意味構造を表示することができる。加えて、

AFFECT／GIVING 型動詞は、行為主体による働きかけの対象を伴うけれども、様態性の種類・内容（例えば、慎重さ、誠実さ、愚かさ、など）というよりも、働きかけの程度（例えば、軽さ、強さ、重さ、など）を表す副詞と共起し易い。

（32）は（31）における AFFECT／GIVING 型動詞の一部を MOTION／REST 型動詞を用いて、その典型的な意味を表示したものである。

(32) a.　touch=PUT HANDS/FINGERS <u>ON SOMETHING/SOMEBODY</u> LIGHTLY

　　 b.　give=CARRY SOMETHING <u>TO SOMEBODY</u> AS GIFT

　　　　　　　（以上、*Oxford Advanced Learner's Dictionary*（2000）を参照）

（31）の動詞が MOTION／REST 型動詞と関連づけることができるのは、[Locus] を含ませた意味表示が可能であるからである。

(33) a.　He touched me on my shoulder {*<u>hard</u>, <u>slightly</u>}.

　　 b.　It touched me <u>to the heart</u>.（それは私を深く感動させた）　　　　　　　（b. は小西（編）(1985: 1642)、下線筆者）

（33a）の *touch* は、それが内蔵する様態成分 [LIGHTLY] と関連した程度副詞との共起を許容する。一方、(33b) の動詞（*touch*）が [LIGHTLY] と調和しない副詞句（*to the heart*）との共起が可能であるのは、同動詞の中核的意味（core）が比喩的に拡張（「触れる」＞「動かす」＞「感動させる」）して同副詞句との連語関係が成立するという事情によるためであろう。

3.4　CORPOREAL 型動詞

AFFECT／GIVING 型に属する動詞と同様に、CORPOREAL 型動詞群（Dixon（2005: 124-127））も [Locus] を従えることができる（(35) の下線部参照）。

(34) CORPOREAL: eat, smile, console, yawn, poison, *etc.*

(35) a.　yawn=OPEN SOMEBODY'S MOUTH WIDE AND CARRY AIR DEEPLY <u>THROUGH IT</u>

　　 b.　console=GIVE COMFORT <u>TO SOMEBODY</u> WHO IS

UNHAPPY

(*Oxford Advanced Learner's Dictionary*（2000）を参照)

(35)の *console* は、行為主体による働きかけの対象として、[TO SOMEBODY]をその意味構造内に含むが、程度副詞と共起し易く、様態副詞とは共起し難い。

(36) Tom consoled Mary {a. <u>deeply</u>, b. <u>strongly</u>, c. <u>slightly</u>, d. <u>a little</u>, e. <u>carefully</u>, *etc*.}. (a.～d.：程度副詞、e.：様態副詞)

(33)の *touch* と (36) の *console* を比べた場合、程度副詞の選択範囲に差があるのは、当該動詞の意味構造への[Locus]成分の埋め込まれ方が異なるということが起因している。つまり、MOTION、REST及びその周辺に位置づけられる動詞(*touch, give* など)は、行為主体によるエネルギー放出の方向性が[Locus]によって直接的に定められているため、副詞の様態性の意味範囲が限定されるのである。この、様態性の意味範囲が限定されることについて、エネルギー伝達図(37)のより具体的に考察してみよう。

(37)   [Energy]
     [Agent]   ⇒   [Locus]
     (TOUCH)   (DESK)
     (GIVE FLOWER) (TO MARY)

(37)*11 において[Energy]が、[Locus](*the desk, Mary*)に到達する(放出される)ことを阻止するような意味を含む様態副詞は許容されない。*touch* は少量のエネルギーを要求する動詞であるため、多量のエネルギー放出を含意する様態副詞(*hard* など)とは共起し得ない。更に、[GIFT]が関与する場合の *give* については、行為主体の心的状態(*i.e.* [WILLINGNESS])とエネルギー放出の方向性(*i.e.* [GIFT GIVING])の間にバランスが保たれていなければならない。つまり、[GIFT GIVING]に関与する(行為主体による)エネルギーの放出は押し並べて、物理的というよりも心理的であることから、(38)の場合のように、本来の様態副詞ではなく主語指向副詞が優先されるのである。

(38) He {heartily, (un)kindly, (un)willingly, *deeply, *strongly,

*slightly, *a little} gave a beautiful flower to Mary for her birthday present.

一方、*console* は、行為連鎖（39）によって明示されるように、その意味構造に［Locus］を2つ内蔵しているため、*touch, give, yawn* の場合と違い、行為主体のエネルギー放出の到達点に加え、非行為主体のエネルギー放出の到達点が観察される。つまり（39）は、2種類のエネルギーが関与する、使役構造の連鎖として捉えることができるのである。

(39)　　　　　　［Energy1］　　　　　［Energy2］
　　　Agent　　⇒　　Locus1　　⇒　　Locus2
　　(GIVE KINDNESS) (TO MARY) (FEEL) (COMFORT)

（36）において様態副詞の生起制限が厳しいのは、当該の様態副詞が、（39）の GIVE、FEEL の両方あるいは、いずれか1つの動詞を修飾することが、意味的に義務づけられているからである。（36a）の *deeply* については、「トムによるエネルギー放出」と「メアリーによるエネルギー放出」の両方が関与している。一方、（36e）の *carefully* については、（39）の FEEL とは意味的に調和しないので、*carefully* は「メアリーによるエネルギーの放出」には関与しない。

3.5　Primary B 型動詞　CORPOREAL 型動詞との意味的連続性と異質性（肉体 vs. 精神）

上の §3.3～§3.4 では、MOTION／REST 型の動詞と AFFECT／GIVING／COPPOREAL 型の動詞は様態副詞との関わり方において、類似した意味論的特性を示すことを明らかにした。要するに、動詞と様態副詞との共起制限は、各動詞が指定する［Locus］（起点／着点）の意味的特性に依存すると言える。本項では、Primary B 型動詞と CORPOREAL 型動詞の意味的関連性と異質性に着目しながら、Primary B 型動詞と様態副詞との調和性について考察する。

その概念構造に［Human］、［Substance］を意味成分として内蔵する CORPOREAL 型動詞の特徴は、「身振り、姿勢、精神的態度を表し、ときに物質の吸収・放出を伴うこともある」という点に求めることができる（Dixon（2005: 124）を参照）。（40）の

Primary B 型動詞も、「精神的態度」を表すという点に着目するならば、Primary B 型動詞と CORPOREAL 型動詞は意味的に連続している。

(40) Primary B 型動詞
  a. Attention 型：[Perceiver, Impression]
    e.g. see, show, recognize, discover, *etc.*
  b. Thinking 型：[Cogitator, Thought]
    e.g. think, assume, ponder, remember, *etc.*
  c. Speaking 型：[Speaker, Addressee(s), Medium, Message]
    e.g. talk, discuss, shout, report, *etc.*
  d. Liking 型：[Experiencer, Stimulus]
    e.g. like, dislike, enjoy, *etc.*

換言すれば、CORPOREAL 型動詞は Primary B 型動詞を包含しているとも考えられる。その場合、両動詞をまとめて、「抽象的、具体的事物の吸収・放出を伴う、人間や動物の身振り、姿勢、精神的態度を表す」という広義の定義づけが可能になる。よって、MOTION／REST／AFFECT／GIVING／COPPOREAL 型の動詞の場合と同様に、Primary B 型動詞と様態副詞との共起制限についても、各動詞が指定する[Locus]（起点／着点）の意味的特性が影響を及ぼすものと考えられる。

ところで、Primary B 型動詞は、吸収・放出の対象として、[Substance]よりも抽象的な意味成分（[Thought]、[Message]など）を選択する傾向が強いという点では、CORPOREAL 型動詞とは異なる。しかも、Primary B 型動詞は本来の CORPOREAL 型動詞と比べ、それを構成する意味成分が細分化（[Perceiver]、[Cogitator]、[Speaker]、[Experiencer]、[Impression]、[Thought]、[Addressee]、[Medium]、[Message]、[Stimulus]）されている。これらの抽象的な[Locus]（起点／着点）に着目することにより、Primary B 型動詞と様態副詞との共起制限についての説明が容易になる。

(41)の Primary B 型動詞による様態性の具現化のされ方につい

ては以下のように説明できる。
- (41) a. Tom discovered the truth {*carefully, quickly}.
  b. Tom pondered the matter {deeply, seriously, carefully, *roughly}.
  c. We discussed the matter {carefully, thoroughly, heatedly, ?combatively}.
  d. *I'm sure I'll quite enjoy it.

  (小西（編）(1985:494)、下線筆者)

  e. We quite enjoyed the music.

(41a) では「知覚行為」の瞬間性が *carefully* の精神状態の持続性とは調和しない。(41b, c) の *roughly*、*combatively* は、それらが修飾する動詞の意味成分の一部（それぞれ、[CAREFULNESS]、[CALMNESS]*12）と調和しない。更に、(41e) で、程度副詞が自然に生起し得るのは、[Stimulus] を受けた [Experiencer] の経験事象（「音楽を楽しんだこと」）を量化し易い動詞であるからである。これは、(41d) のように「完遂性の低い未来時制」(小西（編）(1985:494)) が関与する場合、(未実現の) 経験事象の量化が困難である、ということにより裏付けられる。

3.6 まとめ

以上、本節では、動詞に内在する意味成分や動詞が選択する意味役割に着目した動詞分類により、個々の動詞が要求する副詞の様態性についての的確な理由づけが可能になることを見てきた。その要点は (42) のように纏めることができる。

(42) 動詞の意味特性と副詞の様態性
- a. MOTION／REST／AFFECT／GIVING／COPPOREAL型動詞及び Primary B 型動詞と様態副詞との関わり方は、行為主体（主語 NP）が対象にどの様に「働きかける」のかということ、換言すれば、動詞と様態副詞との共起制限は各動詞が指定する [Locus]（起点／着点）の意味的特性に依存している。
- b. AFFECT／GIVING型動詞は、行為主体による働きか

けの対象を伴うが、「様態性の種類・内容」というよりも、「働きかけの程度」を表す副詞と共起し易い。

4. 動詞概念構造と副詞の様態性相関分析の功罪

　前節では、要するに、動詞の項構造を構成する「意味役割」と副詞の「様態成分」の関係に着目することにより、動詞と副詞の共起可能性を予測することが「ある程度まで」可能であることを見た。しかし、(43a) が示すように動詞の項構造から動詞と様態副詞との共起可能性を正確に予測することには限界がある。同様に、語彙意味論文献でしばしば言及される動詞 climb の項構造 (44) は (45a, b) の文法性の差を予測することができない。

(43) a.　She died { *awfully, ?most awfully }.

(Dixon (2005: 125)、下線筆者)

　　 b.　She died an awful death.

(44) climb: (Agent, Location)

(45) a.　Bill climbed down the mountain.

　　 b. ?* The snake climbed down the tree.

(a, b=Jackendoff (1990: 35)、下線筆者)

　　 c.　We must carefully know why the accident happened.

また、語彙的アスペクト素性［±state］に着目することによっても、動詞と様態副詞との共起可能性を「ある程度までは」予測することができるが、(45c) のように予測に反する用例も観察されてしまう。この例外現象を説明するための有効な道具立てとして、Jackendoff (1983) に代表される概念意味論 (conceptual semantics) とその延長線上に位置づけられる語彙意味論 (lexical semantics) による動詞の概念構造が考えられる。

　上の (15b) の文法性が極めて低いのは、climb の概念構造に「這うようにして進む」という意味成分 [clambering] が内在しているからであるという指摘（例えば、Fillmore (1982: 32)、Jackendoff (1990: 35) を参照）は既に多くの研究者により援用されている。climb の概念構造に組み込まれた意味成分

［clambering］や［upward］は、同動詞が選択し得る副詞の範囲を予測するうえで重要な役割を担う。(46c) で up を副詞辞 (particle) として用いることができないのは、［upward］と［clambering］が調和しないからである。

(46) a. Tom climbed (up) the mountain {*by motorbike / by himself}.
   b. Tom climbed {*across the mountain / up the mountain}.
   c. *He climbed the wall up. (小西（編）(1985: 252)、下線筆者)
   d. He had climbed across the outside of the river bridge a number of times. (彼はそれまで何回か橋の外側をくらいつきながら渡ったことがあった)

(小西（編）(1985: 253)、下線筆者)

一方、(46b) の前置詞としての up が許容されるのは、up に［±bounded］の相反する成分が含まれている、つまり、toward の意味と along の意味が混在している（toward は［方向］を含意し、along は移動の［始点］と［着点］／［方向］を含意する）、という理由から、同前置詞が climb に内在する意味成分［upward］と調和するのである。(46b, d) で前置詞 across の許容度に差があるのは、(46d) では climb の対象が同動詞と典型的に共起し得る対象ではないことが起因して、同動詞の中核的な意味が周辺的な意味に拡張しているためである。

　動詞の概念構造における様態成分と (46) の下線部のような副詞句の様態成分が調和するか否かという視点は、総じて、動詞の意味と副詞句の意味が密接に関連し合っている場合に有効である。しかし、この視点に問題点がないわけではない。以下、動詞の概念構造が副詞の様態性を十分には捉えられない場合があることについて、次の2点を中心に論じる。

(47) a. 動詞の概念構造における様態成分と副詞の様態性が調和しない場合
   b. 動詞の概念構造が様態副詞の主語指向解釈を反映しない場合

4.1 動詞の概念構造における様態成分と副詞の様態性が調和しない場合

以下、*know*、*open*、*fall*、*devour*、*have*、*think*、*feel*、*die*、*sneeze* の9つの動詞について、それぞれの概念構造における様態成分と副詞の様態性が調和しない用例を挙げ、その文法性の決定要因について論じる。

第1に、(48)の4例の文法性の差を決定している要因は、それぞれの述語（2重下線部）に内在するアスペクト素性の違いに求めることができる。

(48) a. He is careful about knowing the answer.
　　b. *He knows the answer carefully.

（小西（編）(1985: 818)、下線筆者）

　　c. He was careful about opening the window.
　　d. He opened the window carefully.

(48a, c) の述語 *is / was careful* は、*knowing* や *opening* によって形成される事象量化に関与しないが故に、両文の文法性の判断に影響を及ぼさない。一方、(48b, d) の *carefully* は行為の意図性（[intentionality]）と *know* 及び *open* に内在するアスペクト素性（それぞれ、[state]、[achievement]）が関連づけられる際、(48b) は両素性（[intentionality] と [state]）が調和しないために非文となる。ただし、(48b) の非文法性を *know* 及び *carefully* の意図性の有無に起因させる分析は必ずしも適切とは言えない用例が観察される。(49a) を見てみよう。

(49) a. The organization carefully knows that it must not lead those with whom it dances.

（Sylvester, Christine (2002: 235、下線筆者),
Feminist International Relations: An Unfinished Journey）

　　b. ?John carefully fell out of the window.

（小西（編）(1989: 363)、下線筆者）

(49a) の *know* は 'have information of something/somebody' という中核的な意味から、*learn* の類義語としての意味（「学習する」）に拡張したものと考えられる。つまり、同文の文脈においては、主

語 NP (*the organization*) は行為主体であり、そこに意図性を見出すことができるのである*13。

　第2に、(49b) の *fall* についてもその非対格性が同文における *carefully* の生起を許容しないはずであるが、(49b) は容認度が落ちているだけである。ここで、同文は過去時制が用いられているということに着目してみよう。過去形 *fell* に *out of the window* が後続しているということが、例えば 'A leaf fell from the tree.' のような表現と比べ、語用論的に *fell* に意図性を読み込みやすくしている。つまり、「人が窓から落ちた」という事象については、(一般常識に照らしてみて) 偶然的な場合と意図的な場合 (日本語の「飛び降りた」に相当) が考えられ、後者の状況では (49b) の容認度が高まるのである。

　know についても、現在時制ではなく過去時制で用いられる場合に、意図性が読み込み易くなることがある。(50a) の *knew*（過去時制）は〔－state〕、(50b) の *know*（現在時制）は〔＋state〕の素性を含む解釈が優勢になるという現象に着目されたい。

(50) a. At that moment, I quickly <u>knew</u> that I was wrong.
　　 b. At this moment, I {*quicky / already} <u>know</u> that I am wrong.

　第3に、(51a) のように、本質的に〔＋state〕の素性をもつ動詞 *know* と根源的 (root) 用法の法助動詞が共起する場合にも、同動詞に行為の意図性が読み込み易くなる*14。一方、(51b) の *fall* は〔－state〕であっても非対格動詞であるために意図性を読み込むことができない。

(51) a. We <u>must</u> <u>carefully</u> know why the accident happened.
　　　　　　　　　　　　　　　　　　　　　　　　(＝(45c))
　　 b. *John <u>must</u> <u>carefully</u> fall out of the window.

(50) や (51) についての考察は、時制や根源的法助動詞は語彙的アスペクト素性〔＋state〕を内在する動詞に意図的な行為を読み込むことを可能にするための条件を求めたにすぎない。とは言え、上の考察は、動詞の内部構造（概念構造）だけに基づいた分析を一歩進め、本章§8で論じる「様態規則」を組み込んだ、動詞と副詞

の結合可能性に関する理由づけを行う上で重要な作業であると言える。

　第4に、*devour* の定義（52a）が示すように、同動詞はその意味構造内に下線部のような［様態］成分を内包している。

(52) a.　devour=read something with great interest and enthusiasm

　　 b.　have=own, hold or possess something

　　　　　　　（*Oxford Advanced Learner's Dictionary*（2000）に基づく）

(53) a.　He {eagerly, greedily, voraciously, hungrily} devoured novel after novel.

　　　　　　　　　『新編 英和活用大辞典』（1995: 715、下線筆者）

　　 b.　I have it securely.（安全なところに置いています）

　　　　　　　　　　　（小西（編）（1985: 694）、下線筆者）

一方、*have* の定義（52b）からは［様態］成分を抽出することは困難である。（53a）は *devour* が内包する［様態］成分と矛盾しない様態副詞を含んでいるため文法的であるのに対し、（53b）の *have* には［様態］成分が（少なくとも明示的には）内包されていないが故に、同動詞と共起する様態副詞を含んだ（53b）のような用例を見出すには困難が伴う。なお、同文における副詞句が「安全なところに」という状況副詞句としての卓越した和訳が与えられていることにも留意されたい。

　最後に、Dixon（2005）による動詞分類（54）と Jackendoff の概念意味論における基本的概念関数 GO, BE, STAY は（54）の①とは調和するが、同関数を用いて思考動詞や感覚動詞及び若干の CORPOREAL 型動詞を分析する場合に難点を伴うことがあることを見てみよう。

(54) 動詞の2つの基本型

　　①MOTION 型と REST 型

　　　（及びその応用型として、AFFECT 型、GIVING 型）

　　②CORPOREAL 型

(55) a.　*I strongly think that this is a mistake.

　　　　　　　　　　　（小西（編）（1985: 1624）、下線筆者）

b. She feels strongly about equal rights for women.
   （男女同権についてはっきりした考え方をもっている）

『新編 英和活用大辞典』(1995: 991、下線筆者)

c. He thought {(very) hard, very hard indeed, deeply}.

(Ibid.: 1624、下線筆者)

d. *She died awfully.

e. *She sneezed (most) tremendously.

(d, e=Dixon (2005: 125)、下線筆者)

(55a) の *strongly* は出典では「程度副詞」とされているが、(55b) の *strongly* は「様態副詞」とされている。筆者は、ここまでの議論において、Quirk, *et al.*（1985）に基づき、［程度］と［様態］に関し、「事象数量化」の観点から両者を区別しながら分析を進めてきた。しかし、(55a) の *strongly* を「程度副詞」であると判断した場合、何故、同副詞が「私の思考」（［I THINK］）という事象に対して数量化を行うことができないのかということについての根拠を求める必要が生じる。なぜならば、(55c) では「程度副詞」による事象数量化が成立しており、両文 (55a, c) の間に非対称性が存在するからである（(55c) の *hard* を「様態副詞」と解釈したとしても、*deeply* は「程度副詞」であり、(55c) では事象数量化が成立する）。一方、(55a, b, c) の思考・感覚動詞に対して、概念意味論における基本的概念関数のSTAYを用いて概略、(56) のように意味表示した場合、THOUGHTやFEELINGにSTRONG、HARD、DEEPといった修飾語を付加することができ、「概念意味論」によっても (55a, b, c) の文法性の差を説明することができない。

(56) a. think= CAUSE A THOUGHT TO STAY IN ONE'S MIND

b. feel= CAUSE A FEELING TO STAY IN ONE'S MIND

CORPOREAL動詞が関与する (55d, e) の様態副詞についても、上で考察した思考・感覚動詞の場合と同様の弊害を免れることはできない。例えば、*die* 及び *sneeze* の意味を概略 (57) のように表記した場合、DEATHやSNEEZEにそれぞれAWFULやTREMENDOUS

といった修飾語を付加することができ、(55d, e) が非文であることの根拠を与えることができない (*tremendously* は「程度副詞」としての解釈が優勢かもしれないが、「人を身震いさせるような様子で」という「様態副詞」としての解釈も可能であろう)。

(57) a.　die= GO TO DEATH
　　 b.　sneeze= CAUSE SNEEZE TO GO OUT OF ONE'S MOUTH

更に、(55d, e) については、同属目的語 (cognate object) 構文やそれに近い構文を用いた文法的な文が存在する。Huddleston and Pullum (2002: 305) は、同族目的語の意味役割は「結果的」(factitive) であるとする。そうであるならば、(58) は形容詞の限定用法 (attributive use) により、「死」や「くしゃみ」の「すさまじさ、恐ろしさ」が結果として話し手の記憶に永続的に留まっているという読み (individual-level reading) を強調する、という文体的効果を高めるための構文である、と言える。

(58) a.　She died <u>an awful death</u>.
　　 b.　She gave <u>a tremendous sneeze</u>.

一方、(58) を様態副詞 (*awfully, tremendously*) を用いてパラフレーズすると非文になる (cf. (55d, e)) のは、非対格動詞 (*die, sneeze*) と「主語 NP によるエネルギー放出」を前提とする副詞の「様態性」が意味的に整合し難い為であろう。ここで、(49b) などの非対格動詞が関与する用例についての考察から、問題 (59) を提起する。(59) は後述の Ernst (2000) による様態規則により解決できる (詳細は §8 で論じる)。

(59) 非対格動詞と副詞の様態性についての問題提起
　　 非対格動詞 (特に、*die, sneeze* など) の概念構造に副詞の様態性を組み込むことを困難にしている要因は何か？

4.2　動詞の概念構造が様態副詞の主語指向解釈を反映しない場合

§2.1 で言及したように、Quirk, *et al.* (1985: 479) は、様態副詞 (=(60a)) と視点副詞 (=(60b)) を別区分している。［過程］

(process) が「広義の様態」で、［様態］(manner)、［手段］(means)、［道具］(instrument)、［行為者指向性］(agentive) を包摂し、その中の［様態］(manner) が純粋な様態副詞である。

(60) 様態副詞（a）と視点副詞（b）の分別
  a. process > manner, means, instrument, agentive
  b. respect

本書では既に「様態」の定義を (61) のように捉えてきた。(61) によれば、(62) のような視点副詞 *mathematically* は様態副詞に準じる資格しか与えられない。

(61) 動作の過程や状態の存続に関与するエネルギー放出の心理的・物理的な有り様   (= (3))

(62) He solved the problem <u>mathematically.</u>

つまり、*mathematically* は *in the field of mathematics* を意味し、行為主体 *he* のエネルギー源は「問題解決行為」に伴う動作（e.g. *slowly*）や心理（e.g. *excitedly*）であって、「問題解決時」の「環境（数学という学問領域）」(respect) は行為主体がエネルギーを放出する「場」(field) に過ぎない。

定義 (61) に加え、(63) のような前置詞句（*with, in*, etc.+NP）による書き換えが可能か否かということも、副詞の［様態］成分を抽出するうえで有効な判別基準と言える（第1章§2.2.3で言及した Kuroda (1968) による分析も参照）。

(63) a. easily=<u>with</u> ease
  b. hastily=<u>in</u> haste
  c. mathematically=<u>in</u> mathematics

一般に、(63) のような「with/in + 抽象名詞」は［様態］を具現化させることができる（(63c) のように、*with* ではなく *in* によって具現化される副詞句は［視点］(respect) の機能を担う場合もある）。ここで暫定的に、WITH／IN の中核的意味成分を［Accompaniment（随伴）］／［Affiliation（所属）］と規定してみよう。この2つの意味成分を様態副詞の内部構造の中核に据え、動詞の概念構造と照合することで、動詞と様態副詞の共起可能性を予測するという分析は経験論的には適切であろう。

ところが、「with/in + 抽象名詞」に置き換え可能な -ly 副詞が常に様態副詞として用いられるとは限らない。主語NPの属性を叙述する副詞（主語指向の離接詞・付加詞）は通常、様態副詞と同形態である。

(64) a. Wisely, he didn't say anything about it.

(Greenbaum（1969: 104）、下線筆者)

(= He was wise since he didn't say anything about it.)

b. He carefully read the book once again.

(=He was careful when he read the book once again.)

(64a) の副詞 *wisely* は、主語NPに対する属性を話し手のコメントとして叙述する機能を担う文副詞（主語指向態度離接詞）としての解釈が一義的に与えられる。一方、(64b) の副詞 *carefully* は様態副詞としての解釈に加え、主語NPの心理状態を叙述する語修飾副詞（主語指向付加詞）の解釈が可能であり、同文に多義性（ambiguity）が生じている。ここで、用例（64）などの、副詞の主語指向性についての考察から、問題（65）を提起する。(59) の場合と同様、(65) は後述の Ernst（2000）による様態規則により解決できる（詳細は§8で論じる）。

(65) 動詞の概念構造と主語指向副詞についての問題提起

動詞の概念構造に、様態副詞及びそれと総じて同形態の主語指向副詞の機能の差を明確に表示することを困難にしている要因は何か？

4.3 まとめ

本項では、動詞内在アスペクトや動詞概念構造から、当該動詞と様態副詞の共起可能性を予測することの有効性及び様態副詞の周辺的特性と動詞との関わり方について論じた。本項で指摘した問題点（66）を解決するためには、次節で論じる事象意味論の視点が有効である。

(66) a. 非対格動詞（特に、*die*、*sneeze* など）の概念構造に副詞の様態性を組み込むことを困難にしている要因は何か？ (= (59))

b. 動詞の概念構造に、様態副詞及びそれと同形態の主語指向副詞の機能の差を明確に表示することを困難にしている要因は何か？　　　　　　　　　　（＝(65)）

5. 様態副詞と事象の相関　様態成分の事象への組み込み

　前節では、動詞の意味的分類、動詞内在アスペクト及び動詞の概念構造に基づき、個々の動詞が許容し得る様態副詞の選択範囲について論じた。そこでは、(66)のような問題を提起した。本節では、Ernst (2000, 2002) における「様態規則」に着目することにより、動詞を中心に形成される事象と副詞の様態性解釈との関連性について、有効な説明を与え得るということについて論じる。結果として、(66)への解答を導き出すことができる。

　動詞と副詞の共起可能性の問題を考えるとき、動詞が中核事象をもち得るか否か、というTenny (2000) による基準が重要となる。(67)は同論文による動詞の分類である。なお、中核事象（core event）とは概略、直接目的語（非対格動詞の場合は、主語NP）の状態変化をもたらす動詞によって形成される事象を指す（Ibid.: 292を参照）。

(67) a. 中核事象をもつ動詞
　　　　1) 尺度（measure）、経路（path）を含む：
　　　　　・状態変化を表す動詞（change of state verbs）：
　　　　　　e.g. *melt, die, close the door*
　　　　　・目的語内容増減動詞（incremental theme verbs）：
　　　　　　e.g. *eat a sandwich, build a house*
　　　　　・ゴール到達移動動詞（verbs of motion to a goal）：
　　　　　　e.g. *run a mile, run to the drugstore*
　　　　2) 尺度（measure）、経路（path）を含まない：
　　　　　・設置動詞（verbs of putting）：
　　　　　　e.g. *put the book on the table*
　　b. 中核事象をもたない動詞
　　　　　・接触動詞（verbs of contact）：e.g. *kick, touch*

・心理状態（stative psych verbs）：e.g. *love, know*
・知覚動詞（perception verbs）：e.g. *hear, see*

(Tenny（2000: 303）に基づく)

既に§3において、動詞と様態副詞のそれぞれの概念構造を照合することにより、両者の共起可能性についての予測が可能になることを論じた。この方法により（68）の文法性は正しく予測される。

(68) Lisa rudely departed.　　　（Tenny（2000: 293）、下線筆者）

ところが、§3で論じた方法では「リサの出発」の時点での無礼な態度の読みは可能だが、「リサの出発行為そのもの」が無礼な態度であったという読みは困難である。Tenny（2000: 293-294）はPustejovsky（1991）の見解を援用し、*depart* は、中核事象をもたないが故に事象の最終状態（出発が完了し当事者がその場にいない状態）を *rudely* が叙述する読みを可能にする、という説明を行う。つまり、動詞に事象の概念を組み込むことにより、様態副詞と動詞の、意味的結合関係についての一層精緻な説明が可能になるのである。

同様に（69a）については、*run* が中核事象をもつゴール到達動詞であるため、「到達時間の遅さ」及び「走る」という行為の様態に焦点を置いた「走り方の遅さ」という2つの解釈が可能になる。(69b)についても、中核事象をもつ *put* が「尺度、経路」を含まない設置動詞であるという理由から、「ジェシーの動作の遅さ」という解釈だけが正しく予測される。

(69) a.　Jesssie ran slowly to the drugstore.
　　 b.　*Jessie put the book slowly on the table.［in the path-measure reading］　（a., b. は Tenny（2000: 300）、下線筆者）
　　 c.　John carried the eggs {①quickly, ②carefully} to the wrong house.
　　　　①卵の運び方と届け方が素早かった。
　　　　②i) 卵の運び方と届け方が慎重であった。ii) 卵の運び方が慎重であった。

(Thomason and Stalnaker（1973: 216）に基づく)

形式意味論による副詞分析では例えば、(69c)の作用域の問題

を解決し得なかった。しかし、中核事象の考え方を取り入れることにより、(69c)の様態解釈については次のように説明できる。同文のcarriedは「経路を含む設置動詞」であるので、(69c-①)のquicklyは、「卵の運び方に関わる動作様態」と「卵の届け先に到達するまでのアスペクト様態」の２つの意味を担うのである。一方、(69c-②)のcarefullyには、「卵の運び方（動作様態）」と「卵の届け方（設置の仕方）」の２つの解釈または「卵の運び方」の解釈のみが与えられる。carefullyに「卵の届け方」という解釈だけを与えることができないのは、quicklyとは違い、経路の終点での「運動の仕方」に関与しなければならない意味を必ずしも担っていないからである（つまり、(69c-②)の場合、主語NP（John）が故意に別の家に卵を届けた場合を除いて、carefullyとwrongは語用論的に整合しない）。

　以上、様態成分を事象に組み込みことの有効性について論じた。「様態成分の事象への組み込まれ方」についての分析に、「様態規則」を導入することにより、動詞の内部構造から様態副詞の選択可能性を求めるという語彙意味論的副詞論の新たな展開が期待できる。「様態規則」は以下の３つの節（§6〜§8）における議論において重要な役割を果たす。

6. 様態規則の前提としての副詞の事象数量化機能
量化副詞の場合

　ここまでの議論において、「動作の過程や状態の存続に関与するエネルギー放出の心理的・物理的な有り様を叙述する」ことが様態副詞の本質的な機能であることを前面に出しながら論を展開してきた。「エネルギー放出」という概念は、（様態）副詞による事象数量化の可能性を示唆するものでもある。加えて、従来の先行研究において、「様態規則」は様態副詞による事象数量化機能を前提としている、という点についての明示的な議論はなされていない。したがって、本節では、まず、程度副詞に特徴的な事象数量化機能が様態副詞についても観察されることを論じた上で、様態規則による「様

態」解釈の論理表示についての議論に入る。

　様態副詞による事象数量化機能について論じるに先立ち、副詞の事象数量化機能の一般論について論じておきたい。つまり、[法性] 及び [程度]（cf.（1d, e））を内包する副詞類は、[様態] 及び [二次様態]（cf.（2））を具現化する副詞類に見られるような「様態」の概念よりもむしろ、事象数量化*15 という概念により、その機能が特徴づけられている。この、[法性] 及び [程度] を内包する副詞類が担う事象数量化機能について、以下、①副詞の事象数量化機能（一般論）、②Tenny（2000）に基づく副詞の量化機能及び、③ even と only による事象の数量化、という3つの視点から論じる。

　まず、第1に、副詞に事象数量化機能が観察されることについての一般論について述べる。副詞の事象数量化機能*16 とは例えば、(70) における程度副詞 badly の機能により説明し得るものである。

(70) I badly want a drink.　　　　（Quirk, et al.（1985: 486）、下線筆者）
badly は、「私の飲み物に対する欲求」の「激しさ」という視点から、事象内容を限定的に捉えている。つまり、同文の badly は、「欲求（事象）」の量化に寄与している。

　(71) は Ernst（2002: 特に、327）で言及されている量化副詞（quantificational adverb）を筆者が分類したものである。更に、(71) に基づき、副詞による事象の数量化のされ方を (72) の4種類に分類*17 することができる

(71) 量化副詞
　　　a. 1. frequency (e.g. *occasionally, twice, many times*)
　　　　 2. habitual (e.g. *generally, usually, habitually*)
　　　　 3. iterative (e.g. *again, repeatedly, over and over*)
　　　b. 1. clausal-degree adverb
　　　　　(e.g. *even, only, just, scarcely, hardly, almost*)
　　　　 2. degree/measure adverb
　　　　　(e.g. *very (satisfied), considerably, completely, a lot, (very) much*)

(72) a.　事象の断続的生起回数を叙述するもの
　　　　 (e.g. *occasionally, many times*)

  b. 事象の継続的生起回数を叙述するもの
   (e.g. *usually, always*)
  c. 事象の達成量
   (e.g. *completely, considerably, almost, just*)
  d. 事象内容の達成度に対する話者の主観を叙述するもの
   (e.g. *even, only*)

(71)の副詞群に共通して指摘し得ることは、これらの副詞が数量概念を内包しているという点である。ここで、量化副詞の事象数量化機能を裏付ける分析として、Reinhart（1987）とTenny（2000）による論考を見ておこう。

Reinhart（1987: 159）によれば、量化副詞が関与している(73b)においては弱NP（weak NP）がC統御（c-command）していない代名詞（*he*）を束縛できる。

(73) a. *Lucie kisses some guest$_i$ when he$_i$ talks about Hegel.
  b. Always Lucie kisses some guest$_i$ when he$_i$ talks about Hegel.   （以上、Reinhart（1987: 159）、下線筆者）

同論文は、(73a)が束縛原理の反例となる理由として、量化副詞の不在が弱NPの存在閉鎖を誘引し、弱NPがC統御（c-command）しない代名詞と同一指示の関係を結ぶことができない、ということを挙げる。一方、(73b)において通常の束縛原理が適用できるのは、量化副詞の作用域が弱NPの存在を閉鎖しないからであるとする。つまり、量化副詞の本質は、その様態性ではなく、事象を数量化するという性質に求めることができるのである。(73b)は「ルーシーがヘーゲルのことを話す不特定の客にキスをする」という事象の生起回数の割合が100%であることを表現しているのに対し、(73a)では事象の数量化がなされていないために、*some guest*と*he*が同一指示の関係を結ぶことができない。このことは(74)のように示すことができる。

(74) a. *[$_S$ NP [$_{VP}$ ···some guest$_i$···] [$_{PP}$ P [$_S$ he$_i$]]]
  b. [$_S$ {always, often} NP [$_{VP}$ ···some guest$_i$···] [$_{PP}$ P [$_S$ he$_i$]]]
    （Reinhart（1987: 160）の(62)に基づく）

上のReinhartによる、弱NPと代名詞の同一指示条件に関する

分析及び規則（75）に従うならば、（74a）では、量化副詞の不在が（74b）と同様の同一指示解釈を不可能にし、結果として、事象の数量化が阻止されることになる。

(75) a. 束縛の定義

節点 α が節点 β を束縛するのは、α と β の指標が同一で、α が β を C 統御するか、α が β を C 統御する節点の指定辞であるかのいずれかの場合に限られる。

b. 指標コピー

NPβ_j が自由である場合、β を C 統御する節点 $Q_{/i}$ に、β_j の指標をコピーして、$Q_{/i/j}$ のように表示せよ。

c. 指標翻訳

いかなる節点 α についても、S 構造で α と α が束縛する全ての NP の指標を変項と同一の指標に置き換えよ。

(Reinhart (1987: 163)、b. は一部、筆者が意訳)＊18

一方、(74b) では、①(75b) により *some guest* の指標が量化副詞（*always*）にコピーされ、②(75c) により *some guest* と *he* の指標が同一であるという解釈（translation）が可能になる。結果として、同副詞による事象数量化が成立する。

次に、Tenny（2000）に依拠しながら、副詞の量化機能について論じる。(76) は、量化副詞による事象量の調整現象が、事象全体（標本空間）を構成する部分集合（標本）の数量化という視点からの説明が可能になることを示す用例である。

(76) a. John climbed the Matterhorn finally.
　　 b. *John climbed the Matterhorn halfway.
　　 c. John climbed up the Matterhorn halfway.

Tenny（2000）における動詞の概念構造に［path］成分を含ませた分析に従うならば、(76a) は「登山行為」が完了したことを含意するのに対し、(76b) は「登山行為」が「登山経路」の途中で中断したことを含意する。つまり、(76b) は (77) を内包する。(77) は「登山行為」の達成性に矛盾を孕むために容認できない。したがって、(76b) は非文となるのである。

(77)　 *John climbed the Matterhorn and only got halfway up.

(小西(編)(1985:252))

同論文による、達成相 (accomplishment) は「測り分け」(measuring out) することができる、という指摘は、「登山行為」は細分化可能であるということを前提としているものと考えられる。しかし、ここで言うところの「登山行為」は、登り始めてから頂上に到達するまでの行為全体を指すものであり、分割不可能である。

ところが、自動詞としての *climb* が含意する「移動行為」自体は「測り分け」が可能である。そこで、(76c) の *halfway* は、[$_{\text{Event}}$ HALFWAY CLIMBING (UP THE MOUNTAIN)] という事象に関わるものと考えることにより、同副詞が *climb* のみを「測り分けている」という解釈が成り立つ。要するに、(76c) は (77) よりはむしろ、(78) のように書き換えることにより、同文の文法性を説明することが可能となる。

(78) He did partial climbing of the Matterhorn.

一方、(76a) は、*finally* により、「登山行為」を構成する条件が全て満たされたことを意味する。つまり、同副詞は、VP (*climbed the Matterhorn*) 全体に関与するという点で、*climbed* のみに関与する (76b) とは異なる。要するに、量化副詞が事象全体を量化するのか、事象の一部を量化するのか、ということについては副詞ごとにパラメーター化されているものと考えられる。

最後に、(72) に挙げた量化副詞のうち *even* と *only* による事象の数量化のされ方は、他の量化副詞とは異なる説明を要する、という点について触れておきたい。

(79) a. Mary even said that Tom was crazy.
   b. Tom only drank half a glass of water.

(79a) の *even* は、「メアリーによる発言行為」の最も極端な内容を提示するための標識 (marker) としての機能を担っている。つまり、継続的または断続的に行われた複数の発言から1つを取り出して、その発言の意外性に言及している。一方、(79b) の *only* は「飲料行為」が1回だけ発生し、「行為」の内容に対する唯一性に言及している。このように、*even* と *only* は、「事象の意外性や唯一性」を明示するという他の量化副詞には見られない機能をもつもの

の事象の生起回数に言及することができるという点で、量化副詞の特殊な例として扱うことができる。

以上、主として、Reinhart（1987）とTenny（2000）の論考に依拠しながら、量化副詞の事象数量化機能について論じた。本節で見た量化副詞による事象の数量化に比べ、顕著な現象とは言えないが、次節で考察する様態副詞についても事象数量化が観察される。

7. 様態規則の前提としての副詞の事象数量化機能
様態副詞の場合

本節では、様態副詞による事象数量化現象について論じる。様態副詞の事象数量化機能は、次節§8で論じる様態規則における「比較」の概念の有効性を裏付ける上で重要な機能である。しかしながら、筆者が知る限り、様態副詞に事象数量化機能があることを明示的に指摘した論考は見あたらない。(80) の様態副詞 comfortably は事象の数量化というよりも事象内部の行為の様態（「ルーシーによる行為」の「様態」）を具現化しているだけである。

(80) Lucie kisses each guest comfortably when he talks about Hegel.

本節ではまず、動詞内在アスペクトと関連づけながら、様態副詞が事象数量化に関与し難いことに対する理由を明確にした後、様態副詞による事象数量化の可能性について論じる。

事象を形成するための中核的な参与子である動詞のアスペクト素性（主として、Vendler（1967）の動詞アスペクト分類に依拠する）と副詞の「様態性」の尺度の関連性は次のように求めることができる。

つまり、(81) の各文の文法性は、動詞の内在的アスペクト素性と副詞の様態性との結合度に依存している。(81a-1) が非文であるのは、(81b-1) とは違い、動詞の［状態］(state) アスペクトと「主語NPによるエネルギーの放出」の一時的様態を叙述する carefully が対立しているからである。

(81) a. John knows Mary {1. *carefully / 2. personally}.

b. John read the book {1. carefully / 2. mathematically}.
c. The leaf fell {1. *carefully / 2. slowly}.
d. John fell on purpose.
e. John {1. climbed up / 2. *climbed} the Matterhorn halfway.

((81d) は、小西（編）(1985: 533)、下線筆者)

　一方、視点副詞 *personally* や *mathematically* は、動詞（*know*, *read*）のアスペクト素性（[状態]、[動作]（action））という基準よりもむしろ、同副詞が事象内容を限定し得るか否か、という基準と結びつくものである。視点副詞を動詞内在アスペクトと関連づけ難いのは同副詞が純粋な様態副詞ではないからである（§2.1 の(1)（副詞の意味分類）を参照）。

　(81c) は主語 NP の意味役割と動詞 *fell* のアスペクト素性が調和し易いか否かという観点から、その文法性の判断が可能になる。しかし、(81d) の文法性判断にあたっては同文の動詞 *fell* の非対格性の程度の差に着目するとともに、語用論的な要因についても配慮する必要がある。(81e) については、「目的語の被動性（affectedness）」という観点から、同文の文法性を求めることができる。

　以上の考察から、様態副詞の様態性は、事象形成の中核的役割を担う動詞に内在するアスペクト素性との調和性の問題に直接関与するが故に、同副詞による事象数量化機能は副次的なものにならざるを得ない、という結論が得られる。ここで、様態副詞と量化副詞による事象数量化機能は、異質なものであるということを見てみよう。

　(82a, c) の意味をそれぞれ (83a, b) のように表示することにより、心的様態の量的表示が可能になる。

(82) a. He read the book more carefully than I did.（純様態）
　　 b. *He wrote the letter more darkly in black ink than I did.（様態（道具））
　　 c. He talked more about Kant than I did.（二次様態（視点））
　　 d.*?He played outdoors in spite of the rain with more

concession than I did.（疑似様態（付帯性 B））

(83) a. [He read the book WITH MORE QUANTITY OF CAREFULNESS than I did]
　　b. [He talked about Kant WITH MORE QUANTITY OF INFORMATION than I did]
　　c. [He played outdoors in spite of the rain WITH MORE QUANTITY OF CONCESSION than I did]

　意味表示（83）は、Quirk, et al.（1985: 486）の言う、副詞の「相対計測（measure）*19」機能に基づくものである。（82d）*20 を（83c）のように意味表示することにより、疑似様態副詞には事象数量化機能は観察され難いことがわかる。つまり、（82d）においては、事象数量化を行うための、的確な量化副詞が存在しないのである。

　既に§2.2でも論じたように、（83b）の 'talked about Kant' を 'talked something in connection with Kant' のようにパラフレーズすると、話題の内容が Kant に方向付けられていたことが明確になる。つまり、主語 NP により放出されるエネルギーの有り様を方向係数として捉えることができるという点で、二次様態副詞としての視点副詞も、事象の量化に間接的に貢献し得るのである。この、視点副詞の事象数量化機能は、（83b）を（84）のような日本語訳と対応させることによっても裏付けることができる。

(84) 彼の取り上げた話題は、私が取り上げた話題に比べて、より一層カントに向けられていた。

要するに、（84）においては、比較表現が含まれているが故に、「話題をカントの方に方向付ける」という行為を量的に捉え得ることが示唆されている。一方、（82b, d）が非文であるのは（あるいは容認可能性が極めて低いのは）、［道具］や［付帯性］を担う句が「主語 NP によるエネルギー放出」行為の方向付けに関与し難い要素であるが故に、同副詞句が「放出エネルギーの量化」に貢献することができないからである。以上の考察から、次のような結論を導き出すことができる。

(85) 2 種類の事象数量計測

①量化副詞は純粋に事象の数量を計測することをその本務
　　　　とする。(絶対計測)
　　　②当該事象に様態副詞が関与する場合、2つの主語NP（一
　　　　方は、具現化されていなくてもよい）により2つの事象
　　　　が形成される。両事象に含まれる様態性の度合いは、「計
　　　　測」及び「比較」することが可能でなければならない。
　　　　(相対計測)
(85)の②は、様態副詞（及びそれに対応する形容詞）は段階的
(gradable)であるが故に、§8で論じるErnst (2000, 2002)の様
態規則(Manner Rule)に立脚することにより、その妥当性を裏づ
けることができる（特に、「比較」する、という認知的行為に留意
されたい）。
　ここまでの議論(§6～§7)において、副詞の事象数量化機能
は、絶対計測と相対計測の2種類に分類されることについて論じた。
最後に、様態成分の定義を(86)のように纏めておく。様態性の
度合いは、(86c)＞(86b)＞(86a)の左から順に高まる。なお、
(86)に含まれる副詞群の「事象数量化機能」の担い方の違いにつ
いては、既に論じたとおりである。
　(86)a.　様態副詞（[＋様態]）の構成成分
　　　　　　［様態］（[純様態]・[道具]・[手段]）：動作の過程や状
　　　　　　　態の存続に関与するエネルギー放出の心理的・物理
　　　　　　　的な有り様を叙述。
　　　b.　二次様態副詞（[＋様態]）の構成成分
　　　　　　［視点］・[程度A]・[付帯性A]：動作の過程や状態の
　　　　　　　存続に関与するエネルギー放出の場を表示。
　　　c.　疑似様態（[－様態]・[＋状況]）の構成成分
　　　　　　［付帯性B]・[程度B]・[法性]：主要事象に対する付帯
　　　　　　　状況の追加、補足。

8.　様態規則による「様態」解釈の論理表示

前節では、様態副詞にも事象数量化機能が観察されることを論じ

た。同機能は、様態規則における「比較」の概念と密接に関連している。つまり、例えば、(87)において、「今日の午後、注意深く、その本を読んだ」という事象における様態表現（注意深さ）の表出は、行為主体（主語NP）が、他の時間に「その本」を読むときの（想定し得るあらゆる）様態と「比較」して「注意深さ」という様態表現の選択が最も適切であると話し手が判断したからに他ならない。

(87) a. Tom read the book carefully this afternoon.
   b. [Tom read the book WITH MORE QUANTITY OF MANNER SPECIFIED BY CAREFULNESS AS COMPARED WITH ANY OTHER MANNER PRESUMED ABOUT THE AGENT CONCERNED]

(87a) を簡略に意味表示した (87b) は、統語過程において様態副詞が選択されるときに、「比較」と「事象量化」という2つの認知操作が同時に適用されることを示唆するものである*21。

(87) に関わる上の観察を踏まえ、以下、「様態」解釈の論理表示における様態規則の意義について論じる。(88a) は文副詞としての解釈、(88b) は「様態」を表す動詞修飾副詞の解釈が的確であることを表示する手法として、Ernst (2000) は (89) のような「様態規則 (manner rule)」を提唱する。

(88) a. Rudely, she left.
   b. She left rudely.　　　　　　　(Ernst (2000: 338)、下線筆者)
(89) 様態規則：叙述副詞が述語Fを主要語とするPredPの内部に生起し、同副詞が論理形式 ∃ x⋯ADJ (x,⋯, ¶x'¶)（この形式において、事象はxとして選択される）を投射する場合に限り、同論理形式は、∃ e{e' | ooo} ADJ (e,⋯, ¶e¶) に変換される。変換後の論理形式における、ooo はFの項構造を表す。（ある事象が比較類¶¶と関連づけて解釈される場合、それを特定化された事象と呼ぶ。）　　(Ernst (2000: 340))*22

(89) において、'¶¶' の中に比較類 (comparison class) として

第2章　副詞の様態性を支える意味論的基盤　　61

の事象（event）が挿入される。'ooo'は ADJ の対応形としての副詞 ADV に C 統御（c-command）される要素である。具体的には、述語 F の項構造に加え VP シェル内の主語 NP が挙げられる。論理形式に 'ooo' を組み込むことにより、副詞の指向性や作用域の問題が容易に説明できる。

(88) は (90) のように意味表示される。

(90) a. $\exists$ e [L(e) & Agt(e, she)] &
$\exists$ e' $\in$ {e" | L(e") & Agt(e", she)} RUDE(she, e', ¶e* ¶)

b. $\exists$ e [L(e) & Agt(e, she)] &
$\exists$ e' $\in$ {e" | L(e") & Agt(e", she)} RUDE(she, e', ¶ e' ¶)

(Ibid.: 340, b. の記号 $\in$ は筆者補足)

(90) の 'RUDE (she, e', ¶ e* ¶)' は「彼女の行為は、一般的な (normal) 立ち去る行為 (e*) と比較して失礼 (rude) であった」という話し手の判断を表記したものである。(90b) の '¶ e' ¶' における e' は特定の人物による個別の行為（specified event）を意味する。(90) の両表記は、RUDE が L (e") & Agt (e", she) を C 統御している点で共通している。つまり、この 2 つの表記は文副詞としての rudely と動詞修飾副詞としての rudely が意味的に連続していることを含意するのである。

次に、様態規則は様態副詞の生起環境による文法性の違いを予測することができることを見てみよう。(91) は、(92) のように意味表示される。

(91) a. * She woodenly had ignored them.
b. She was speaking woodenly.　　　(Ibid.: 348、下線筆者)

(92) a. $\exists$ e [I(e) & Agt(e, she) & Th(e, them)] &
$\exists$ e' $\in$ {e" | I(e) & Agt(e, she) & Th(e, them)}}
WOODEN(she, e', ¶ e* ¶)

b. $\exists$ e [S(e) & Agt(e, she) & Th(e, them) & $\exists$ e' $\in$ {e" | S(e) & Agt (e, she) & Th(e, them)} WOODEN(she, e', ¶ e' ¶)

(Ibid.: 348-349)

Ernst（2000: 348-349）は (91) の文法性について次のような説明をする。つまり、(91a) の場合、woodenly は「物理的な固さとそ

れに伴う不自然な動き（physical stiffness and unnatural movement）」（p.349参照）を意味成分として含むので、「彼女が、彼らを無視する」という一般的な行為を具体化する様態副詞としては不的確である。一方、(91b) の場合「彼女の話し方の特殊性」に焦点が置かれるため woodenly を比喩的に使用することが可能になる。Ernst による上の説明は (91b) において woodenly が文末重心（end-weight）の原理に基づき、文末で焦点化されていることについての理由づけをも同時に行っていると言える。

(92) のような論理形式は、§4.1で残された課題 (59)（非対格動詞 (die, sneeze) の概念構造に副詞の様態性をどのように組み込むのか？）の解決にも結びつく。つまり、[SNEEZE] とか [DIE] といった特殊な事象が特殊な様態副詞（e.g. awfully, tremendously）と共起し難い、ということについて、以下のような理由づけが可能になる。

(93) 一般に、特殊な事象の行為主体が、同一事象を意図的に、しかも公然と繰り返すことは困難である。したがって、当該の行為主体による複数の同一事象を、特殊な様態副詞を用いて比較することは語用論的に許容し難くなるために、使用し得る様態副詞の意味領域に制限が課される。

更に、様態規則により、(94) の副詞が主語指向副詞として機能することに対する容易な説明が可能になる。つまり、様態規則は、§4.2で残された課題 (65)（動詞の概念構造に、様態副詞及びそれと同形態の主語指向副詞の機能の差を明確に表示することが困難である理由）を解明することができる。

(94) a. Wisely, he didn't say anything about it.
  b. He carefully read the book once again.　(以上 (64) 再掲)

(94a) は行為主体（he）がある状況で選択し得た複数の事象を、話し手が [WISDOM]（賢明さ）の尺度（scale）に基づいて比較した結果、[HE DIDN'T SAY ANYTHING] を最適な事象として言語化したものと言える。[WISDOM] は、話し手（観察者）によって観察可能な概念である。一方、行為主体の心理状態（属性）に関わる概念、(94b) の [CAREFULNESS]（注意深さ）は話し

手によって観察困難な概念である。したがって、[CAREFULNESS] の尺度を用いて、行為主体による可能な行為の中から、話し手（観察者）が最適な行為を選択し、それを言語化することは困難な作業となる。つまり、(94b) の *carefully* は、主語指向離接詞ではなく、主語指向付加詞としての解釈が妥当である。なお、主語指向付加詞の「行為主体の心理状態（属性）を叙述する」という特徴は、同副詞を「修飾語」というよりもむしろ「述語 (predicate)」として扱うことの妥当性を示唆するものと言える。この、主語 NP の属性を叙述するという主語指向付加詞の意味的特性を説明するためには、Edwin Williams の叙述理論の適用が有効な方法であると考えられる*23。

9. おわりに

本章の骨子は、「様態性」を表す副詞は「動作の過程や状態の存続に関与するエネルギー放出の心理的・物理的な有り様を叙述する」という条件を満たすような VP に生起しなければならない、ということである。

(95) *Jessie put the book slowly on the table. [in the path-measure reading] (=(69b))

(95) が非文であるのは、動詞句 (*put〜on the table*) の概念構造は［尺度、経路］を含む読みを与えることができないために、本をテーブルに「設置」する際の「行為主体によるエネルギー放出の有り様」が度外視されるからである。よって、同文では様態副詞 (*slowly*) の生起が阻止される。

様態副詞と動詞との結合可能性について論じるためには、様態副詞の本質的な機能と周辺的な機能が連続的に関連づけられていること、つまり、副詞を［様態性］の尺度で捉えた様態性階層（96）の心理的実在性を前提とする必要がある。

(96) 様態性階層
    a.　［純様態］
    b.　［様態］＝｛［様態］、［道具］、［手段］｝

c.　［二次様態］＝ ｛［視点］、［程度A］、［付帯性A］｝
　　　d.　［疑似様態］=｛［付帯性B］、［程度B］、［法性］｝(以上、(2)再掲)

　階層（96）の心理的実在性についての議論は、語彙意味論に立脚した動詞意味論への配慮無くしては成立しない。本章では、①動詞の意味分類及び②動詞の内部構造に着目することにより、様態副詞と動詞の結合に関わる予測可能性について論じた。動詞の外項に、意図を伴う行為主体が関与する場合、様態性の度合いの高い副詞との共起が可能となる。この傾向は、他動詞に強く観察される。一方、行為主体の意図性が読み取れない（あるいは、読み取り難い）動詞の場合、それと共起する副詞の様態性の度合いは低くなり、状況性の度合いが高くなる。

　動詞概念構造と副詞の様態性相関分析は、①動詞の概念構造における様態成分と副詞の様態性が調和しない場合、及び②動詞の概念構造が様態副詞の主語指向解釈を反映しない場合に、十分な説明力に欠ける。この欠点を補うために、本章では、③動詞が中核事象をもち得るか否かというTenny（2000）の基準、及び④Ernst（2000, 2002）における「様態規則」に着目した。③及び④により、動詞を中心に形成される事象と副詞の様態性解釈との関連性について、一層有効な説明を与えることができる。加えて、様態規則は様態副詞による事象数量化機能を前提としているという視点を導入することにより、様態規則における「比較（行為）」の概念の意義が明らかになる。

---

*1　本節及び第6節、第7節は、鈴木（2007a）に加筆、修正を施したものである。
*2　前置詞の事象形成機能については、Halliday（1985: 142）による、with a mop=using a mop などを例にした考察を参照。
*3　非対格動詞の主語の行為主体性は、個々の動詞やその使用環境によって差が生じるようである。
(ib) のfallの主語は（ia）の主語に比べ一層、行為主体的である。注8も参照。
　(i)　a.　The leaf fell from the tree owing to the strong wind.

b. John fell on purpose.（=（81d）、（小西（編）（1985: 533））
＊4　本書における「動詞の内部構造」は、Ray Jackendoffの「概念意味論」に依拠する。
＊5　例えば、Tesnière（1959）、Palmer（1965）、Leech（1971）、Vendler（1967）、Fillmore（1968）、Perlmutter（1978）、Ikegami（1970）、Jackendoff（1972, 1983, 1990, 1997）、Dowty（1975）、Gruber（1976）、Grimshaw（1990）、Pustejovsky（1991, 1995）、Levin（1993）、Levin and Hovav（1995）、Goldberg（1995）、Ritter and Rosen（1996）、影山（1996）、Kageyama,ed.（1997）、Tenny and Pustejovsky, eds.（2000）、Dixon（2005）、Ramchand（2008）などが挙げられる。
＊6　以下、『新編 英和活用大辞典』に依り、MOTION／REST型動詞と副詞の結合について、様態性の強さに着目しながら収集した用例を挙げる。大方、正確に分類しているが、分類に困難が伴う例もある。例えば、(i-c.5)の enter eagerly into the discussion（気持ちを燃え立たせながら、情熱的に）の eagerly は、[様態]、[付帯状況] のいずれの解釈も可能である。これは、副詞の意味的連続性の説明につながる事例の1つと言える。

(i) a. 副詞の様態性の解釈が優勢な例
　　1. accompany her admirably on the piano（見事に伴奏する）、2. run a company efficiently、3. walk aimlessly（あてもなく）、4. walk {awkwardly, briskly, delicatedly, drunkenly, heavily}（ぎこちなく、すたすたと、静かな足取りで、千鳥足で、大義そうに）、5. crawl wearily（疲れ果てたように）、6. slide noiselessly up and down（音を立てずに上下に動く）、slide smoothly past the string of four cars（4台の車のそばをするすると走り抜ける）、7. spin clockwise（時計回りに回る）、8. lie lazily in bed（のらくらとベッドに寝そべる）、9. kneel imploringly（哀願するように）、10. crouch low（低くかがむ）、11. arrive return safe and sound、12. enter rudely into a room（ずかずか部屋に入ってくる）、13. be approached clandestinely（ひそかに話をもちかけられる）、approach ~ diffidently（おずおずと近づく）、approach stealthily（こっそりと忍び寄る）、14. attend classes faithfully（まじめに）、15. take her bodily out of the building（彼女の体をつかんでその建物から運び出す）、16. move beautifully（身ごなしが美しい）、move the ball adroitly（（バスケットで）ボールを巧みにパスする）、17. carry oneself elegantly（優雅にふるまう）、18. transport the bridge bodily（橋を丸ごと移す）、19. grab her roughly by the shoulders（両肩を乱暴につかむ）、20. clutch her arm desperately（死にもの狂いでつかむ）、21. gather ~ assiduously（せっせと集める）、22. push ~ actively（積極的に推し進める）、23. push doggedly（どんどん突き進む）、push the baby carriage laboriously（骨折りながら）、24. pull the chain hard（鎖を思いきり引く）、pull smartly toward shore（力いっぱい陸のほうへこぐ）、25. drop gently on the ground（ゆっくりと落ちる）、26. upset easily（すぐひっくり返る）[中間動詞]、27. slip stealthily

away（足音を忍ばせて立ち去る）
b. 副詞の状況性の解釈が優勢な例①（視点）
1. enter a country <u>illegally</u>、2. settle <u>illegally</u>（不法に住みつく）、3. arrange them <u>alphabetically</u>
c. 副詞の状況性の解釈が優勢な例②（付帯状況）
1. run <u>barefooted</u>（はだしで）、2. walk <u>abreast</u>（並んで）、3. sit {<u>cross-legged, erect, heavily</u>}（あぐらをかく、体をまっすぐにしてすわる、どっかりと腰を下ろす）、4. stand up {<u>angrily, nervously</u>}（そわそわして）}、5. enter <u>eagerly</u> into the discussion、6. send 〜 <u>anonymously</u>（匿名で）、7. steal <u>compulsively</u>（盗みをしないではいられない）、8. track 〜 <u>closely</u>（ぴったりと尾行する）、9. his grief poured <u>uncontrollably</u>（彼の悲しみはとめどもなくあふれでた）、10. <u>forcibly</u> drag in（無理やり引きずりこむ）
d. 副詞の状況性の解釈が優勢な例③（事象数量化）
1. the play dragged <u>badly</u>（劇はひどくだらだらと間延びした）
e. 副詞の状況性の解釈が優勢な例④（結果状態）
1. run <u>aground</u>（座礁する）、arrange the table <u>beautifully</u>

*7 使役性が認められる動詞の場合、主語指向（e.g.（ia.,b.））あるいは結果状態（e.g.（ic.,d.,e.））の解釈が副詞に認められる傾向が強く、様態性の解釈傾向は弱い。(ib) の *down* のように句動詞の小辞（副詞辞）（particle）も総じて、結果状態を表す。

(i) a. quickly <u>run</u> the horse, b. quickly <u>sit</u> him down, c. <u>walk</u> him to <u>exhaustion</u>, d. slide a note under the door, e. <u>stand</u> the ladder <u>against the barn door</u>（以上、『新編 英和活用大辞典』及びインターネットを参照）

*8 「行為主体」としての主語 NP には、「主体性」の度合いが観察される。(i) において、主語 NP（*the leaf*）は、例えば、「強風」が、「葉を木から引き離す」という瞬間までは 'Patient'（被影響者）としての解釈が可能である（この場合、「強風」が「行為主体」となる）。

(i) <u>The leaf fell</u> from the tree owing to the strong wind.

しかし、木から離れ、地面に向かって落ちていくプロセスにある「葉」は、空気抵抗に逆らうという「行為」の主体と見做すことができる。

*9 http://history.nasa.gov/marschro.htm （2007.11.12）
*10 http://words.fromoldbooks.org/Chalmers-Biography/d/desaguliers-john-tiieophilus.html （2012.2.16）
*11 図（37）は認知言語学に則るならば更に詳細な図式を示すことができるが、ここでの説明では（37）の簡略化した図を用いる。
*12 *ponder* の意味成分［CAREFULNESS］は、*Longman Advanced American Dictionary*（2000）、*Oxford Advanced Learner's Dictionary*（2000）の同語の定義から抽出した。*discuss* の意味成分［CALMNESS］は、左記2種類の英英辞典における同語の定義及び『ジーニアス英和大辞典』（2001）の同語の解説を参考に抽出した。
*13 本文中（49a）における、*carefully* によって修飾される *knows* は、Leech（1987: 5-6）の言う、現在時制の「非制限的用法」（unrestrictive use）から一

見、逸脱しているように思われる。しかし、同文を（i）のように意訳することにより、knows の非制限性は維持される。
　　　（i）組織というものは、友好的な関係を結ぶ他の組織に対して主導権を握ってはならないということを①<u>いかなる場合でも</u>、②<u>慎重に</u>、③<u>認識して</u>おくべきものである。
(i) の①は、現在時制の非制限性を表現したものである。③の「認識する」については習慣的な心的行為と考えれば、②の様態副詞は、その本質である、「行為主体（主語 NP としての「組織」）による心的なエネルギー放出の有り様」を的確に表現しているものと言える。

*14　根源的法助動詞と［+ state］の本動詞が共起し得るか否かということについては、必ずしも十分な結論は得られていない。これは、「状態（state）」の定義が明確ではないということ、あるいは、恒常的述語（individual-level predicate）と一時的述語（stage-level predicate）の間に明確な境界線を引き難いことがあるという問題が起因しているものと考えられる。

*15　数量の観点から事象を捉えるという発想は、飯田（2001: 4）における以下の発言も参照。
　　　（i）「一年中」のような表現は、持続的副詞表現（durational adverbials）と呼ばれるが、それは、事象が最低それだけの期間は持続することを示すものである。（中略）これに対して、「一年で」のような表現は、時間幅副詞表現（time-span adverbials）と呼ばれ、ある事象が成り立つ期間の最大値を与える。つまり、「一年で花子は本を書いた」は、「花子が本を書くのにかかった期間は最大一年で、それ以上長くはない」といったことを意味する。

*16　副詞による事象数量化機能の言語分析は従来、必ずしも十分には行われてきてはいないが、とりわけ、Lewis（1975）が有益である。また、Sadock（1981）や Wierzbicka（1986）による almost の意味論的、語用論的分析も、「事象数量化」に基づいた副詞分析の可能性を示唆している。

*17　量化副詞は例えば以下の用例を見ただけでも、興味深い現象が観察される。
　　　（i）a. She writes me only (very) <u>occasionally</u>. =（正式）Only <u>occasionally</u> does she write me.（彼女はたまにしか手紙をよこさない）
　　　　　b-1. *It was <u>usually</u> that Tim replied politely.
　　　　　b-2. It was <u>usually</u> Tim that replied politely.（丁寧に答えたのはいつもティムでした）
　　　　　c. She didn't <u>even</u> open the letter.（彼女はその手紙を（読むどころか）開きもしなかった）（以上、『ジーニアス英和大辞典』、下線を引いた副詞の項より引用）
(ia) の ocasionally は sometimes とは異なり very による修飾が可能である（『ジーニアス英和大辞典』、occasionally の項）。同副詞は正式には倒置文で用いられる。usually は強調構文では、(ib) のような統語的振舞いを示す。(ic) はその和訳から、事象の達成量に加え、言外の意味までもが伝えられている。量化副詞のこのような現象についての理由づけについて、今後、形式意味論による研究が期待されよう。Nakajima（1982: 特に、345, 346）も参照。

*18 原文は以下の通り。
   a. Definition of Binding:
      A node α binds a node β iff α and β share an index and α either c-commands β or is the specifier of a node that c-commands β.
   b. Index Copying:
      Copy the index of an NP $β_i$ into a c-commanding Q node $Q_{/i}$, if $β_i$ is free.
   c. Index Translation:
      For any given node α, replace the index of α and all NPs that α binds at S-Structure with an identical variable index. (Reinhart (1987: 163))

*19 Quirk, et al. (1985: 486) は、(i) の下線部ような程度表現を、程度の明らかな高低を示唆しない計測表現（the expression of MEASURE, without implication that the degree is notably high or low）とする。
   (i) He likes playing squash <u>more than his sister does</u>. （下線筆者）

*20 同文は説明の便宜上、筆者が作成したものであり、自然な文とは言えない。

*21 「比較（という行為）」と「事象量化」の認知心理学的関連性の詳細については本書では立ち入らない。

*22 原文は以下の通り。
   <u>Manner Rule</u>: Iff a Predicational adverb occurs within PredP headed by a predicate F, and it has the form $∃x…ADJ(x,…, ¶ x' ¶)$, where Event may be selected as x, its form is (converted to): $∃e\{e' \mid ooo\}ADJ(e,…, ¶ e ¶)$, where ooo represents the argument structure of F. (When an Event is evaluated with respect to this comparison class, it may be referred to as a Specified Event.) (Ernst (2000: 340))

*23 Edwin Williams による、述語の外項情報が主語 NP に伝送されるプロセス (ia) 及び関数 (functor) の定義 (ib) は、主語指向付加詞の述語的機能を説明する上で重要な道具立てである。
   (i) a. 述語の外項情報 (i) をその最大投射の句（PredP）に伝送することにより、$PredP_i$ は、それと隣接する主語 NP と連接することができる（Williams (1994) を参照）。
      b. X と結合しても X の主題役割や主題構造に影響を与えないような要素を関数（functor）という（Williams (1994: 12)）。
   (ii) a.
```
              S
           /     \
         NPi ←── PredPi
          |      /    \
          N   AdvPi    VP
          |    |       /\
        John  Adv    read the book once again
               |
           carefully
```

第2章　副詞の様態性を支える意味論的基盤　　69

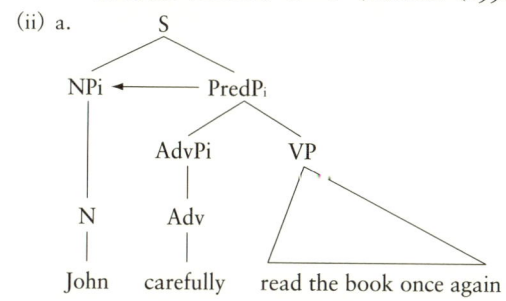

    b. [CAREFULLY (Theme$_i$, f (Arg1 (Agent$_j$) ,…, Argn))] PredP$_i$
    c. [CAREFULLY$_i$ (JOHN$_i$, READ ONCE AGAIN (JOHN$_j$, BOOK))]] PredP$_i$

（iia）は（iib）を叙述構造化したものである。VP を AdvP に対する関数として扱う構造（iia）においては、AdvP の外項情報が PredP を経由して主語 NP に浸透することになる。（iib）は、主語指向付加詞（*carefully*）を述語と想定した関数構造で、辞書（lexicon）に記載されているものとする。（iib）に適当な語彙項目を挿入した構造が（iic）で、構造（iia）と対応する。JOHN に2つの指標（i/j）を付与しているのは、①［読書行為者］としての JOHN$_j$ と②話し手が感情移入して、その属性（CAREFUL）を叙述する対象としての JOHN$_i$ は異なる（同一人物ではあるが）ものと考えられるからである。主語指向付加詞に「述語（predicate）」としての機能を担わせた（ii）は、同副詞を他の副詞と同様に「修飾語」として扱うことの矛盾を解決することにも寄与する、形式と意味の関係を的確に反映した構造であると言える。

第3章
様態副詞の位置的特性
文末、文中央部、文頭

1. はじめに

　前章では、Dixon（2005）による動詞の意味的分類、動詞内在アスペクト及び動詞の概念構造を踏まえながら、動詞と様態副詞との共起関係についての意味論的な分析の長短について論じた。そこでの議論では、Ernst（2000, 2002）の「様態規則」を語彙意味論に組み込むことが、「動詞・副詞共起関係論」の発展に結びつく、という結論を得た。本章では、前章で論じた様態副詞の意味的特性を踏まえながら、様態副詞の統語的特性について論じる。

　第2～4節において、順に、①最小のVP内付加部*1の様態副詞、②文中央部（Spec-IPあるいはSpec-VPの位置）の様態副詞、③文頭における様態副詞について論じる。特に、①については、様態副詞の延長線上に「結果副詞」を位置づけ、結果構文における「結果形容詞」との違いについて、様態規則及びWickboldt（2000）の「様態副詞の事象完結一時取消機能」を取り入れた分析を行う。加えて、③については第4節で、機能論的文法論（functional grammar）に立脚しながら、文頭における様態副詞は、文末や文中央部の様態副詞と比較して、その生起頻度は低い*2 が、談話構成的機能が強く観察されるということについて論じる。

2. 最小のVP内付加部における様態副詞

　本節では、まず、最小のVP内付加部が様態副詞の無標の位置であることを確認した上で、①最小のVP内付加部における様態副詞の情報特性及び②結果副詞（resultative adverb）と（結果構文にお

ける）結果形容詞*3 との違いについて論じる。

2.1 様態副詞の無標位置としての文末

様態副詞は、文頭、文中央部、文末のいずれにも生起し得るが、文頭及び文中央部は、様態以外の解釈も可能であり、これらの位置は文末に比べ様態副詞にとっては有標の位置となる。

(1) の *cleverly*、*clumsily* の多義性（主語指向副詞か様態副詞かということ）については、句構造による区別は可能であるが音調曲線による区別は困難である*4。

(1) a. John {cleverly, clumsily} dropped his cup of coffee.

(Jackendoff (1972: 49)、下線筆者)

b. {Cleverly, Clumsily} John dropped his cup of coffee.

したがって、様態副詞としての *cleverly* や *clumsily* の解釈に曖昧性を与えない無標の位置を文末（最小の VP 内付加部）と措定することにする。この措定の妥当性を検証するために、まず、§2.1.1 において、(2a) の動詞と様態副詞の的確な配列について論じる。次に、§2.1.2 及び §2.2 において、(2b) の文末における様態副詞の情報特性について詳述する。

(2) a. 動詞と様態副詞の配列

b. 文末（最小の VP 内付加部）における様態副詞の情報特性

2.1.1 動詞と様態副詞の配列

(3d) の機能副詞（主語指向副詞）とは対照的に、(3a, b, c) の様態副詞は「副詞配列機能階層」領域には生起せず、VP 内部に生起しているという理由により、VP における *-ly* 副詞の生起可能な位置は、(4) の①Spec-VP または②V の付加部 (adjunct) の位置*5 であると考えられる。

(3) a. Ken {1. *loudly had spoken, 2. had spoken loudly}.

b. Joe {1. *limply was shaking my hand, 2. was shaking my hand limply}.

c. Sue {1. *woodenly had ignored them, 2. had ignored them woodenly}.

d.　Sue {1. gracelessly had ignored them, 2. had ignored them gracelessly }

(Ernst（2002: 87-88）、下線筆者)

(4)　[$_{VP}$ ① AdvP^1 (sincerely) [$_{V'}$ V(speak) [$_{V'}$　② AdvP^2(loudly)...

ここで、(4) の①または②に具体的な副詞を配置してみよう。Ernst（2002）の副詞分類のうち（5a,b,c,d）の副詞は「副詞配列機能階層」領域に生起し得るのに対し、(5e) は「副詞配列機能階層」領域外（VP内部）に生起する。(5) は副詞を、純様態副詞（=(5e)）と機能階層領域内副詞（=(5a, b, c, d)）の2つに分類したものである。純様態副詞は上の句構造 (4) の①または②の位置に配置され、機能階層領域内副詞は (4) の VP よりも左方（「副詞配列機能階層」領域）に配置される。

(5) 副詞の分類

  a.　speaker-oriented:

   ・speech-act: *frankly, briefly, simply, purportedly*

   ・evaluative: *oddly, amazingly, predictably, luckily, regrettably*

   ・epistemic:

   modal: *maybe, probably, necessarily, needs, perhaps*

   evidential: *clearly, obviously, truly, definitely, really, certainly, undoubtedly, evidently, apparently, allegedly, admittedly, indeed*

  b.　subject-oriented:

   ・agent-oriented: ★***rudely***, *tactfully, wisely,* ★***kindly***, ★***busily***, ★***boldly***, ★***decently***, *piously*(1)

   ・mental-attitude: *calmly, willingly, intentionally, delightedly,* ★***eagerly***, *consciously, sincerely, piously* (2), ★***freely***, *mentally, intellectually, emotionally, deliberately, purposely*

  c.　exocomparative*6: *similarly, accordingly, independently, efficiently, correctly, personally, originally, completely, largely, exclusively, especially,* *precisely, mainly, drastically, utterly, sociologically, spiritually, technically, relatively, quantitatively, inwardly, virtually, superficially, better, otherwise, collectively, respectively, preferably, rather, electrically, instrumentally, hereby, ethically, legally, morally, first, henceforth, also, moreover, just, alternatively, instead, however, therefore, then, quite*

d. aspect-manner: *★slowly, ★quickly, ★abruptly, early, recently, temporarily, immediately, constantly, normally, traditionally, ★repeatedly, already, soon, forthwith, instantly, still, yet, simultaneously, meanwhile, again, once, seldom*

e. pure manner: *tightly, loudly, woodenly, softly*

(Ernst (2002: 96) にJacobson (1978: 71-81) の
副詞リスト内の副詞を加えた)

(5)の副詞群のうち、左肩に星印（★）を施した太字の副詞は、文脈が許せば純様態副詞の解釈も可能である。これらの副詞と (5e) の4つの純様態副詞が、(5)の副詞全体に占める割合は13% (15/120) である（Ernst (2002: 96) も参照）。このように、純様態副詞が少数に限定されているが故に、「(純) 様態副詞」を派生させる意味フレーム (6a) の<X>に代入される形容詞は少数であるのに対し、「二次様態副詞」を派生させる基本フレーム (6b) 及びその下位フレーム (8b〜d) の<X>に代入される形容詞の意味カテゴリーは多岐に亘るのである。以下、(6) に基づき、動詞と様態副詞の基本配列について論じる。

(6) a. IN A <X> MANNER, b. IN A <X> SITUATION

例えば、(7a) の *loudly* は、フレーム (6a) の変項 X に LOUD を代入した IN A LOUD MANNER から派生されたものとし、「(純) 様態副詞」に含める。

(7) a. Tom spoke loudly.

b. Tom sincerely respects Mary.

一方、(7b) の *sincerely* は、フレーム (6b) の変項 X に SINCERE

を代入した IN A SINCERE SITUATION（i.e. *from the bottom of his heart*）から派生されたものとし、「機能階層領域内副詞」に含める。(6b) は *sincerely* のような抽象概念を「空間表現への抽象性の格下げ現象」として捉えるために措定した意味フレームである。つまり、(7b) の *sincerely* は「〈'誠実な精神状態' という心的空間〉の中で、メアリーを尊敬している」という意味の状況副詞（機能副詞）として解釈*7 するならば、「副詞配列機能階層」の Mod11 (volitional) に位置づけることができる（第1章注12を参照）。この考え方は *sincerely* を文中央部副詞（preverbal adverbs）に分類した Jacobson (1978) の見解と整合する。なお、(6b) 以外の、機能階層領域内副詞の意味フレームとして、(8b~d) が挙げられる。

(8) 機能階層領域内副詞の意味フレーム
    a. IN A \<X\> SITUATION　　　　　　　　　　　　(=(6b))
    b. IT BE \<X\> THAT-CLAUSE
    c. NP$_{Subj}$ BE \<X\> PREP (IN, ABOUT, etc.)+GERUND
    d. IT IS \<X\> TO SAY THAT-CLAUSE

ここで、「純様態副詞」、「様態副詞」及び「主語指向副詞」の違いを確認しておこう。「純様態副詞」は、①それが修飾する動詞の意味と密接に関連したものであり、②話し手にとって観察可能であるという特徴を持つ。加えて、その数もかなり限定される。(7a) の *loudly* は *speak* の意味を直接反映し、話し手が直接知覚（観察）できる副詞であるため、「純様態的」と言える。一方、(9) の *intentionally* は、*put* の意味を間接的にしか補足し得ない。

(9) Tom intentionally put the book under the table.

つまり、(三人称小説における書き手の場合などは別として) 第三者としての話し手が *Tom* の心的状態に視点 (empathy) を置くことは困難である。したがって、*intentionally* のような主語指向副詞に、「主語 NP の心理的属性を叙述する」という機能を認める場合、話し手は主語 NP の心的状態を、外的状況から判断（推測）しているのである。よって、(9) の *intentionally* は文脈に応じて、様態副詞か主語指向副詞のいずれかに解釈することが妥当であって、

「純様態副詞」とは言えない(主語指向副詞については、§3でも再述する)。

(9)のように様態副詞と主語指向副詞の解釈が文脈に依存することは多々ある。以下、動詞との意味的結合度に応じて主語指向副詞(機能階層領域内副詞)としての解釈が可能になる様態副詞を含んだ文の実例として、(10)を考察した上で、様態副詞の本来的な位置を確定する。(10a, b)は、それぞれ「受話器の握り方」、「話し方」を描写しているのであるから tightly, woodenly は様態副詞としての解釈が妥当である。

(10) a. I gripped the telephone tightly and looked at my face in the little oblong mirror of the kiosk and could not, for a moment, think of a single thing to say.(私は受話器を強く握っていた。売店の小さな横長の鏡には顔が映っていた。少しの間、何も思いつかず、言葉が出てこなかった。)

b. "Emma is in hospital," he said woodenly.

c. "You should have," Alyssia agreed woodenly.

d. Rory made her way woodenly to the dressing-room, shivering slightly as she heard the familiar sounds of the nightclub band tuning up.(ローリーは、ナイトクラブのバンド演奏の聞き慣れた音を耳にし、微かに震えながら、ぎこちない足取りで更衣室に向かった。)

(BNC、下線及び和訳筆者)

(10c)の agree と woodenly の共起可能性は(10b)の say と woodenly の場合と比べ低いという理由から、同副詞は主語指向副詞(機能階層領域内副詞)(=(11a))と様態副詞(=(11b))の二通りの解釈が可能となる。一方、(10d)の woodenly は made her way との意味関係から考えて様態副詞である。

(11) a. Alyssia was wooden when she agreed, by saying, "You should have."

b. Alyssia agreed, by saying woodenly, "You should have."

以上の考察、特に、(12) のように文中央部の副詞は音形化 (Spell-Out) 後、機能階層領域内副詞（主語指向副詞）と様態副詞の 2 つの解釈が可能になるという現象を考慮すると、様態副詞の本来的な位置は最小の VP 内部*8, *9 における① Spec-VP または②「V の付加部」のうち、②「V の付加部」が妥当である、と結論づけることができる。

(12) John {cleverly, clumsily} dropped his cup of coffee.（= (1a)）

以下、§2.1.2 及び§2.2 において、様態副詞の本来的な位置が「V の付加部」であるということを前提とし、「様態副詞による動詞の厳密下位範疇化」及び「様態副詞の結果用法」に焦点を置きながら、同副詞が最小の VP 内付加部に生起するための機能論的条件について論じる。

2.1.2　様態副詞が最小の VP 内付加部に生起するための条件

様態副詞の代表的な位置は文中央部及び文末（最小の VP 内付加部）である。加えて、一部の動詞は、最小の VP 内付加部に生起する -ly 副詞（主として、様態副詞）によって厳密下位範疇化されるという Jackendoff（1972）の指摘はよく知られている。つまり、同論考は、(13) の -ly 副詞を文中央部（Λ を付した位置）に生起させることができない理由として、動詞句末部の -ly 副詞が当該動詞を厳密下位範疇化するという点に求めている。

(13) a.　John Λ worded the letter carefully.
　　 b.　The job Λ paid us handsomely.
　　 c.　Steve Λ dresses elegantly.
　　　　　　　　　　　（Jackendoff（1972: 64-65）、下線筆者）

しかし、(13) についての Jackendoff の観察は、副詞の本質的な位置は助動詞の位置であるという、同氏による仮定と矛盾する（本書第 1 章 (5) を参照）。更に、Jackendoff（1972: Ch.3）をはじめとして従来の副詞文献は、(14) のような、様態副詞が文中央部と文末（最小の VP 内付加部）の両方に生起可能であるという事実についての十分な意味論的・機能論的根拠を与えるには至っていない。

(14) a.　John carefully read the book.

b.　John read the book <u>carefully</u>.

　そこで、以下、(13)における様態副詞が動詞を厳密下位範疇化する現象について、発話の情報構造の一般的な原則である「文末重点（end-weight）の原則」に立脚しながら議論を進める。ここでの議論における結論を敷衍することにより、様態副詞が文末（最小のVP内付加部）に生起するための条件を求めることができる。

　まず、様態副詞の文末における情報特性を確認しておこう。

　(14)の *carefully* を、純粋な様態副詞（ここでは、(14a)に対して主語指向副詞としての解釈を与えない）として扱った場合、同副詞はVPの指定部（specifier）か付加部（adjunct）のいずれかに位置づけられるだけで、(14)の両文の差異はニュアンス程度のものに留まる。一方、様態副詞が(14)よりも複雑なVPに生起した場合、情報構造的な視点からの分析が重要となる。

　以下、2つのパターンに分けて、情報構造的な視点からの実例考察を行う。

　第1のパターンとして、目的語の情報価値が様態副詞の情報価値よりも高いために様態副詞が文中央部に配置される典型的な用例(15)が挙げられる。

　(15)a.　I <u>carefully</u> read each one of those papers and monographs.

　　　　　　　（—Flesch, Rudolf（1986: 61、下線筆者）、*Why Johnny Can't Read*）

　　　b.　Susan shakes her head and <u>hurriedly</u> speaks to surrounding hypothetical spirits.

　　　　　　　（Hunter, Lew（2004: 247、下線筆者）、
　　　　　　　Lew Hunter's Screenwriting 434）

特に、(15b)では、動詞直前（節中央部）の「等位接続詞＋様態副詞（*and hurriedly*）」が「先行事象から後続事象への移行の速度」の効果的な伝達に成功しているという点についても着目されたい。

　第2のパターンとして、事象の形成に必要な「行為主体によるエネルギー放出の有り様（様態）」に重心が置かれている典型的な用例(16)を考察してみよう。

(16) Then, when I take the test, I will read each question carefully, think of the answer, then select the answer on the computer.

(Jensen, Andra（2005: 99、下線筆者）、*When Babies Read*)

(16)では、節末（最小のVP内付加部）で様態副詞（*carefully*）の情報価値を高めることにより、本章§2.2で論じる様態副詞の「事象完結一時取消機能」が十全に発揮されている。つまり、「注意深い読み上げ」という事象の受容者（聞き手）は、「注意深い読み上げ」のプロセスで発生し得る事象を予測し終えるまで一時的に同事象の解釈を中断する。この、事象解釈の一時的中断の動因となるのが最小のVP内付加部の様態副詞である。VP内付加部の様態副詞はそれに続く事象内容と聞き手が前もって予測した事象内容が一致（類似）する確率を高める役割を担うのである。あるいは、様態副詞 *carefully* が〈「注意深い読み上げ」→「解答を考えやすい」〉という因果関係を聞き手にとって理解し易くする機能を担っているという説明も可能であろう。

　様態副詞が関わる文末重心の原則は定形節の場合に限らず、非定形節の場合にも談話構成上の要請から適用し得る。規範文法では、分離不定詞句（split infinitival phrase）内に副詞を配置してはならないとされてきた。しかし（17a）のように、動詞に後続する目的語の情報量が比較的豊かな場合、分離不定詞句は実際に観察される。

(17) a.　Remember to carefully read the Owner's Manual that accompanies your spa, and to complete the warranty card within 10 days of delivery.（貴方様のホテルに関わるオーナー用マニュアルを必ず、入念にお読みになり、契約書の空欄に必要事項を記入され、10日以内に郵送願います。）　　（インターネット検索＊10、下線及び和訳筆者）

b.　In the beginning of our business friendship my concern caused me to speak rapidly and hurriedly, so he could go on to other things.（彼の会社との取引が決まると、私は気持ちが先行し、せかせかと早口で話し、次々と他の話題をもちかけた。）

(Benton, D. A.（1999: 179、下線及び和訳筆者）、

第3章　様態副詞の位置的特性　　79

一方、上の (17b) 及び以下の (18) の副詞は動詞に後続している。(17b) の副詞句は、動詞句の情報量を増やすという文体上の目的でVの付加部に生起している。同様に、(18a) でも、「聖書の賢明な読み方」が既に話題になっている文脈で、文末重心の要請に従って *carefully* が節末に生起している。節末における同副詞は、談話の流れに一貫性 (coherence) を与えることに成功していることに加え、事象完結一時取消機能（本章（§2.2.5）参照）、ひいてはサスペンス効果（第4章（§5.3）参照）を発揮し得ることについても留意したい。

(18) a. The key to good exegesis, and therefore more intelligent reading of the Bible, is to learn to read the text <u>carefully</u> and to ask the right questions of the text.（聖書の優れた釈義、つまり、より一層理知的な解釈の秘訣は、原典を<u>入念に</u>読み、原典の内容に対して的確な問いを発することができるようにすることです。）

(Fee, D. Gordon and Douglas Stuart (1993: 22、下線及び和訳筆者)、*How to Read the Bible for All Its Worth*.)

b. It is meant to be read <u>slowly and carefully</u> in order to receive the full impact of the message.（教えを十分に感得するためには、それを<u>ゆっくりと入念に</u>読まなければなりません。）

(Longman, Tremper (1988: 96、下線及び和訳筆者)、*How to Read the Psalms*)

(18b) は、主語 NP (*it*) が話題化され旧情報としての扱いを受ける目的で、受動化が2回行われた複雑な構造を形成している。このことが、同文の副詞句 (*slowly and carefully*) の生起位置が (18a) の場合よりも更に限定される要因となっている。つまり (19) において、*be read* の直前の位置に副詞句を生起させると、構造 (i.e. *to slowly and carefully be read*) が過度に複雑化するために構文解析上、同副詞句の節末生起が選択されるのである。

(19) [It$_i$ is meant t$_i$ [to be read t$_i$ [$_{AdvP}$ slowly and carefully...

上の第2のパターン（事象の形成に必要な「行為主体によるエネルギー放出の有り様」に重心が置かれているパターン）についての考察から、様態副詞が最小のVP内付加部に生起するための条件を纏めると、(20)のようになる。
(20) a. 他動性の強い環境で、様態副詞の情報価値が目的語NPよりも高い場合。
　　 b. 様態副詞を節末に生起させざるを得ないような複雑なVP構造に様態副詞が関与する場合。
　(20a)は最小のVP内付加部の様態副詞によって厳密下位範疇化される少数の動詞を含んだ用例（21）の容認可能性を論じる上でも重要な条件である。
(21) a. John worded the letter <u>carefully</u>.
　　 b. The job paid us <u>handsomely</u>.
　　 c. Steve dresses <u>elegantly</u>. 　　　（以上、(13)に準ずる）
(21)の各用例は、[JOHN'S WORDING THE LETTER]（ジョンが手紙をしたためること）、[THE JOB'S PAYING US]（仕事の利益性）、[STEVE'S DRESSING]（スティーブの着衣行為）という事象を中心に構成されている。これらの事象内容に「行為者によるエネルギー放出」に伴う様態が付加されることにより、情報が完結する。この現象は、*word*、*pay*、*dress* といった動詞群はその概念構造が様態副詞による情報追加を前提とするような性質を備えているという仮定を導く。
　word、*pay*、*dress* に対する定義（22）は、同動詞群により形成される事象について、それらを、習慣的に行われるような事象であると見做すことが困難であるという共通点を有する。
(22) a. word: write or say something using <u>particular</u> words
　　 b. pay: result in some <u>advantage</u> or <u>profit</u> for somebody
　　 c. dress: wear a particular type or style of clothes
　　　　　　（*Oxford Advanced Learner's Dictionary* (2000)、下線筆者）
word は「特殊な（particular）語句を使用しながら表現する」という行為を内包する。よって、*word* の主体（主語NP）が、「どのような方法」で特殊な語句を被伝達者に伝えようとする（した）のか

第3章　様態副詞の位置的特性　　81

という情報の提示が語用論的に要求されることになる。*pay* については、結果として生じた「利益（advantage / profit）」がどの程度のものなのかという情報が被伝達者の関心を満たすことに繋がる。*dress* については、その主体が「どのような方法」で普段とは違った（particular）、服の着こなし方をする（した）のかという情報が被伝達者にとって不可欠である。

　以上のような情報構造上の要請から、*word*、*pay*、*dress* などの動詞はその内容を具体化するための様態副詞を必ず要求する、という結論が得られる。様態副詞が新情報としての役割を担わなければならない環境（文末）に生起するという談話文法上の理由づけ及び(22)の動詞群の項構造（argument structure）が（様態副詞として具現化される）「様態」項を義務的にVの付加部の位置に要求するという統語論上の理由づけにより、様態副詞が文末（最小のVP内付加部）に義務的に生起するという現象を有効に説明することができるのである。

　上の用例(21)の *word*、*pay*、*dress* と同様に、(23)の *put* や *live* といった動詞も（場所）副詞句により厳密下位範疇化される。(21)と(23)における、動詞と副詞の間には、(24)のような違いがある。

(23) a.　He put five books <u>on the table</u>.
　　 b.　He lives <u>in New York</u>.
(24) a.　*put*、*live* の概念構造には「空間」が関与するのに対し、*word*、*pay*、*dress* の概念構造には「空間」は関与しない。
　　 b.　場所副詞句は主題（theme）として文頭に移動させることができるのに対し、様態副詞の主題化（thematization）は特定の文脈に制限される。

　(24a)は次のことを示唆する。つまり、様態副詞によって厳密下位範疇化される少数の動詞には「空間」といったような具体的な概念は関与しない。その理由はこれらの動詞が非日常的な事象の<u>抽象性の格下げ</u>（downgrading）を目的として様態副詞を項構造に義務的に要求するという特性を備えている、ということにある。

事象の非日常性の度合いは同一動詞であってもその生起環境により異なり得る。*word* に関しては、(25a) を非文と判定しない母話話者が存在するし、(25b,c,d) のように、目的語 NP に副詞類が後続しているような場合、様態副詞が文中央部に生起している例も観察される。

(25) a. ?John carefully worded the letter.

（Ernst（1984:333）、下線筆者）

　　 b. Therefore, I have specifically worded this cover letter to save you the time and effort of having one of your college interns send me a generic response card.（したがいまして、貴大学の研修生のお一人に差し障りのない回答の送付依頼をお願いして戴きますことに伴うお時間とお手間の節約を配慮いたしまして、この添え状にて具体的なご説明をさせていただきました。）

（Mozian, Joe（2002:99、下線及び和訳筆者）、
Hire Me Dumbass!）

　　 c. But James had mentally worded his speech a dozen times and would not be forestalled.　（BNC、下線筆者）

　　 d. He carefully worded the letter to give the impression that he did not know exactly ....

（インターネット検索＊11、下線筆者）

　　 e. *The job handsomely paid us.

（Ernst（1984:333）、下線筆者）

　一方、*pay*、*dress* については筆者が調査した限り、様態副詞によって厳密下位範疇化されない動詞を含む用例（つまり、(25e) を文法的とする用例）は (26) のようなタイプに限定される。

(26) a. Honesty doesn't pay, does it?

　　 b. He handsomely paid us.

(26a) が文法的であるのは、同文は諺の性質上 *pay* の直後に 'us well' が省略されている特例であるからであろう。(26b) については主語 NP が人間である場合、「事象の非日常性」という性質が消失するため、同文を文法的と判断することに支障が生じないものと

第 3 章　様態副詞の位置的特性　　83

考えられる。

　以上、本節では様態副詞が最小のVP内付加部に生起するための条件について論じた。特に、文の情報構造と様態副詞の「事象完結一時取消機能」を関連づけながら説明した用例（16）、（17b）及び（18）は様態副詞の節末生起条件についての新たな視点を提供するものである。次項では、結果構文と対照させながら、文末の様態副詞の「結果用法」について論じる。

2.2 「結果状態」を表す様態副詞の機能
　　　事象完結一時取消機能*12

　（27）の2文のように英語では、①結果副詞（resultative adverb）及び②（結果構文における）結果形容詞*13 により、事象形成後の目的語等の結果状態を叙述することができる。

　（27）a.　He grows chrysanthemums marvellously.（彼の栽培する菊の出来映えは見事だ。）

（Quirk *et al.*（1985: 560）、下線及び和訳筆者）
　　　　b.　John painted the wall {red, *redly}.

本項では、結果副詞が様態副詞の延長線上に位置づけられるが故に、結果副詞に対しても事象完結一時取消機能（§2.2.5.2）が有効に観察されるということについて論じる。

2.2.1　様態規則から帰結される副詞の生起環境　結果副詞と結果形容詞の表層上の生起環境が類似*14 しているのは何故か？

　様態規則（第2章（§8）を参照）は、（28）及び（29）の副詞の分布についての説明を行う上で有効に機能する。（28a-1）と（29a-1）の *woodenly, loudly* が機能階層（functional hierarchy, cf. Cinque（1999））領域で許容されないのは、同副詞が純様態副詞（pure manner adverb）であるため、同領域での主語指向副詞としての読みが困難であるからである。

　（28）a.　She { 1. *woodenly / 2. gracelessly } had ignored them.
　　　　b.　She was speaking { 1.woodenly / 2. gracelessly }.

（Ernst（2002: 88））

(29) a. Kim { 1. *loudly / 2. quietly } had gone home to think it over.

　　 b. Kim sang { 1. loudly / 2. quietly }. 　　　　(*Ibid*.: 88)

一方、(28a-2) と (29a-2) の *gracelessly*、*quietly* が機能階層領域でも許容されるのは、比喩的 (metaphorical) な意味拡張 (cf. Ernst (2002: 88、順に *not graciously*、*unobtrusively* と類義の心理的な意味への拡張)) が可能な同副詞に、主語指向副詞としての読みが与えられるからである。つまり、比喩的な意味への拡張が行われない、専ら物理的様態を表す純様態副詞としての *woodenly*、*loudly* については、文末 (最小の VP 内付加部) に生起する傾向が見られるのは、(30a) のような機能論的要請を反映させる叙述パターン (30b) が想定されるからである。

(30) a. 様態規則が効率的に適用されるためには、構文解析上、副詞による叙述対象が聞き手に理解され易い位置に副詞を配置せよ。

　　 b. ① 1. NP $_{Subj}$ + 2. Subject-oriented Adv. + 3. Event
　　　　(2. が 1. を叙述)

　　　　② 1. NP $_{Subj}$ + 2. Even + 3. Manner Adv.
　　　　(3. が 2. の動詞を修飾、または結果副詞として目的語 NP を叙述。なお、結果副詞 (e.g. *successfully*) は、主語 NP の属性と事象の結果状態の両方を叙述する場合もある。)

(30) は、最小の VP 内付加部への、結果副詞の生起傾向を示すものでもある。具体例を見てみよう。(31a) では、人生の目標がいつ定まったのかは覚えていない主人公 *Leach* が大学 2 年生になったある頃に自分が変わったことに気づいたということが描写されている。

(31) a. It's hard to say when he found his focus, Leach said, but somewhere in his sophomore year he saw himself differently.（人生の目標がいつ定まったのかはよく覚

第 3 章　様態副詞の位置的特性　　85

えていないけれど、大学2年のある時点で自分が変わったことに気づいたんだ、とリーチは言った。)

 b. He always saw her different from other slayers, different from everyone. (彼は常々、彼女が他の―それも全ての―殺人犯とは違うように感じていた。)

(以上、インターネット検索＊15、和訳筆者)

ここで、結果副詞 differently が重要な役割を担うことが明確になる。つまり、同副詞は、直前の目的語NP（意味上の主語）に直接的に属性を付与しているのではなく、Leach の、言語化されていない人生観に属性を付与しているのである。認識動詞 see は第5文型で使用可能（cf. (31b)）であるので、(31a) の differently は different と置き換えてもよさそうに思われる。しかし、different は直前の himself に直接属性を付与してしまい、主人公 Leach が自分を客観的に見つめられない状況を的確に描写できない。一方、(31b) では、主語NP（he）が第三者の「彼女（her）」の様子を客観的に捉えているのであるから目的格補語（different）の使用が有効となるのである。

ところで、(32) は結果副詞が最小のVP内付加部に生起し易いという傾向の反例のように思われるが、これは同文の情報構造上の要請によるものである。同文で、created dishes flavorfully という語順も考えられるが、微妙に意味が変わってしまう。

(32) He flavorfully created dishes to blend harmoniously with each premium wine pairing. (彼が料理ごとに高級なワインを1種類ずつ出すと、料理とワインがセットになって良い香りが漂ってきた。)

（インターネット検索＊16、若干改訂、和訳筆者）

つまり、flavorfully created dishes という語順により、料理ごとに高級なワインが1種類ずつ出される場面で、「料理」と「ワイン」がセットになって良い香りを醸し出したことが明示される。一方、created dishes flavorfully という語順の場合、「料理」の香りだけを叙述するという解釈が優勢になる。これは、副詞 flavorfully の作用域（scope）の問題である。

2.2.2　結果副詞と様態規則

上の§2.2.1では結果副詞の分布特性が様態規則の適用のし易さの要因となっていることを見た。次に、様態規則は、結果副詞が関与する文に対して、適格な解釈を与えることができるということについて論じる。

様態規則を適用することにより、(33a) の論理表示 (33b) の 'MARVELLOUS (he, e', ¶e'¶)' が〈彼による特定化された栽培行為 (specified event) (e') は、同一人物による他の栽培行為 (¶e'¶) と「比較」して見事 (marvellous) である〉という適格な解釈が得られる。

(33) a.　He grows chrysanthemums <u>marvellously</u>.　　(＝(27a))
b.　∃e [G(e) & Agt (e, he) & ∃e' {e'' | G(e'') & Agt (e'', he)} MARVELLOUS(he, e', ¶e'¶)]

様態規則における「比較」という概念は、結果副詞に話し手の主観的判断が反映され易い（Broccias (2008: 32–33) を参照）ことを裏付けるものである。そして、この主観的判断が結果副詞に「事象完結一時取消機能」を与える動因となる。

結果副詞が関与する文の解釈に対する様態規則の適用可能性は、結果構文の場合に比べ、結果副詞が関わる文の生産性の高さを裏付ける。この、生産性の高さが、事象完結一時取消機能に基づいた結果副詞の有効な分析に結び付く。同様に、本来的結果構文と比べ、派生的結果構文*17 の場合、結果として生じる目的語NPの叙述内容は語用論的に推意され難い。(34) において、「髪をブラッシングする行為」により、結果として生じる髪の状態が3種類示されている。

(34) Use your comb to brush your hair <u>very smooth and flat, and angled to your chin</u>: Imagine a line from your chin to your collarbone.（髪がかなり滑らかで、平たく、<u>しかも顎の下が逆三角形の頂点のように見える</u>まで櫛でブラッシングしてみてください。つまり、顎から鎖骨にかけてできる髪のラインを想像してみてください。）

（インターネット検索*18、下線及び和訳筆者）

つまり、(34)のような派生的結果構文において使用され得る結果形容詞の種類の制約は緩く、結果形容詞についても様態規則がある程度まで適用され得る、と言える。

2.2.3　概念構造における結果副詞と結果形容詞の叙述対象の表示

　結果副詞には事象完結一時取消機能が適用されるのに対し、結果形容詞には同機能が適用され難いことについて、§2.2.5.3で論じるに先立ち、結果副詞と結果形容詞の叙述対象の違いを確認しておきたい。

　(35a)の *marvellously* は直前の目的語NP (*chrysanthemums*) の属性というよりも、言語化されていない「(菊の) 出来映え」に対して直接の属性を与えている。一方、(35b)の *red* は直前の目的語NP (*the wall*) の属性を直接叙述している。

(35) a.　He grows chrysanthemums <u>marvellously</u>.（彼の栽培する菊の出来映えは見事だ。）

　　　b.　John painted the wall {<u>red</u>, *<u>redly</u>}.　　（以上、(27) 再掲）

つまり、結果形容詞は「既に存在する」叙述対象（意味上の主語）に直接、属性を付与するのに対し、結果副詞とその叙述対象との間の修飾関係は間接的なものである。その理由は、結果副詞の叙述対象は、同副詞が関与する動詞が「目的語NPを創造 (create) する」という特性を持ち、当該の叙述対象（目的語NP）は、「無からの発生→形成→完成」というプロセスを経る、という点にある。

　(36a)の *grew* の目的語NP (*vegetables*) は、「何も育っていない畑という場所 (location) に野菜が生育して、一定量に達した」という、言わば、変化を伴う被影響者 (patient) という特性を示すのに対し、(36c)の *knocked* の目的語NP (*his opponent*) は、変化を伴う場所 (location) という特性を示すのである。

(36) a.　Gardening was another of Duane's passions; he grew vegetables <u>abundantly</u> with very little space.（ガーデニングはドゥエーンが情熱を傾けるもう1つの趣味であった。彼はかなり小さな土地に野菜を豊富に栽培した

のである。)
- b. ..., and the resulting muck land grew <u>abundant</u> crops for the local farmers .... (このようにして出来上がった廃植土の土地から、地元の農夫たちは<u>豊富な</u>作物を収穫することができた。)

(以上、インターネット検索*19、下線及び和訳筆者)
- c. The boxer knocked his opponent <u>unconscious</u>.(ボクサーは相手を強打し<u>気絶させた</u>。)

(影山 (1996: 252)、下線及び和訳筆者)

更に、(36b) では、収穫高の客観性が求められる文脈上、形容詞の限定用法（attributive use）を用いた、恒久的な解釈（individual-level reading）が可能な *abundant crops* という表現が相応しい*20。一方、(36a) では、個人的な野菜栽培という文脈上、収穫量の多さに対して、主観性を伴う結果副詞の使用が自然な表現を導いている（結果形容詞に比べ、結果副詞には話し手の主観性が関与する傾向があることについては、既に §2.2.2 で Broccias (2008) の発言に言及している）。

ここで、影山 (1996) の結果構文の概念構造 (37b) に基づき、結果副詞を含む (37c) の概念構造として (37d) を提案する。

(37) a. The boxer knocked his opponent unconscious.

(= (36c))

- b. [x ACT ON y] CAUSE [y BECOME [y BE AT-SENSELESS]]
  knock　　　　　　　　　　　　senseless

(影山 (1996: 253))

- c. He grows chrysanthemums <u>marvellously</u>.　(= (35a))
- d. [x MAKE-EXIST y] CAUSE [y BECOME [y BE WITH-
  grow
  [FAIRLY WONDERFUL]]]
  fairly wonderful

(38) ∃ e [G(e) & Agt (e, he) & ∃ e' {G(e'') | G(e'') & Agt (e'', he)} MARVELLOUS (he, e', ¶ e' ¶)]　　　　　　　(= (33b))

Ernst (2000, 2002) に倣った論理表示 (38) の MARVELLOUS

第 3 章　様態副詞の位置的特性　　89

は、事象（[HE GROWS CHRYSANTHEMUMS]）全体を修飾してはいるが、結果状態を表記するまでには至っていない。筆者は(38)に結果状態を反映させるために、より複雑な表記を用いるよりも、概念構造（37d）による表記の方が、結果形容詞と結果副詞の叙述対象の違いを簡略かつ的確に捉えることができるものと考える。(37b)のATの中核的な意味は［点］であり、2つの事象（[THE BOXER KNOCKED HIS OPPONENT]と[HIS OPPONENT BECAME UNCONSCIOUS]）の［同時性］を反映しているのに対し、WITH*21の中核的意味は［随伴性］であり、2つの事象（[HE GROWS CHRYSANTHEMUMS]と[THE ATMOSPHERE OF THE CHRYSANTHEMUMS BECOMES MARVELLOUS]）の［（発生上の）時間差］を反映している。

　以上、概念構造により結果副詞と結果形容詞の叙述対象の違いを明示的に捉えることができることを論じた。次の§2.2.4では、「結果名詞化」の概念が、結果副詞と結果形容詞の違いを効果的に説明し得ることを論じる。

　2.2.4　Geuder（2000）における
　　　　「結果名詞化（result nominalization）」
　§2.2.3で述べた「結果副詞による叙述の間接性」の有効性は、Geuder（2000）における「結果名詞化（result nominalization）」の概念によっても、適切に裏付けることができる。

　(39)の副詞（下線部）は結果副詞であり、(40)の結果構文（resultative construction）*22における結果形容詞とは区別される。

　(39) a.　She dressed <u>elegantly</u>.
　　　b.　They decorated the room <u>beautifully</u>.
　　　c.　They loaded the cart <u>heavily</u>.
　　　　　　　　　　（以上、Geuder（2000: 69）、下線筆者）
　　　d.　Meat may slice more <u>thinly</u> if it is partially frozen.
　　　　　　　　（『ジーニアス英和大辞典』(2001)の *thinly* の項、下線筆者）
　　　e.　It shone <u>metallically</u> under the moonlight.
　　　　　　　　（『新編 英和活用大辞典』(1995)の *shine* の項、下線筆者）

(40) a.　I opened the door <u>wide</u>.
　　 b.　I shut the door <u>tight</u>.　（以上、Geuder（2000: 69）、下線筆者）

例えば、（39a）は「服を着終わった直後」に結果として生じた「着衣状態」の解釈が自然である。ところが、この解釈では「ドアを開けた直後」に結果として生じた「ドアが大きく開いた状態」として捉えられる（40a）の結果構文との違いを明示することができない。結論を先に述べるならば、結果用法の様態副詞の文末生起傾向は、同副詞の機能と（結果構文における）結果形容詞の機能が、被影響者（patient）の結果状態を導くという点において、部分的に重複するという点に起因する。

　ここでGeuder（2000）における「結果名詞化（result nominalization）」の概念が重要となる。結果名詞化は結果用法の様態副詞と（結果構文における）結果形容詞を区別する上で有効なテストであるばかりでなく、結果副詞が文末に生起する傾向が強いことについての理由づけを的確に行うことができるのである。Geuder（2000: Ch.3.4.1）によれば、（39a, b, c）の「動詞＋副詞」はそれぞれ *elegant dress*、*beautiful decoration*、*heavy load* のような「結果名詞化（result nominalization）」の操作が可能であるのに対し、（40）の「動詞＋形容詞」をそれぞれ *wide opening*、*tight shutting* のように「結果名詞化」することはできない。この「結果名詞化」の操作は（39d, e）についても適用可能である（i.e. *thin slicing*, *metallic shining*）。以下、Geuder（2000）の「結果名詞化」の概念を援用し、「行為主体」が「結果」として「何を生み出す」のかということに着目しながら、結果副詞の機能について論じる。

　（39）の結果副詞や（41）の結果形容詞[23]は、「行為主体によるエネルギー放出が<u>原因</u>となり、エネルギー受容項が結果として状態変化を被る」という共通の特徴をもつ。「エネルギー受容項」とは所謂「被影響者（patient）」のことであり、目的語NP[24]として具現化される。

(41) a.　I opened the door <u>wide</u>.　　　　　　　　　　（＝(40a)）
　　 b.　Tom hammered the metal <u>flat</u>.
　　 c.　He pushed her roughly <u>out of the way</u>.

第3章　様態副詞の位置的特性　　91

(*Oxford Advanced Learner's Dictionary*(2000)の roughly の項)
  d. I tore the fried chicken <u>apart</u> and ate it.
(『新編 英和活用大辞典』(1995)の *tear* の項)
  e. His silver cup was engraved <u>with his name</u>.
(*Oxford Advanced Learner's Dictionary*(2000)の *engrave* の項)

　一方、結果副詞は「行為主体によるエネルギー放出後」に「結果個体（resultant individual）」（後述）が生み出されるという、結果形容詞とは異なる特徴を持つ。「結果個体」の概念は「行為主体」が明確に具現化されていない（42）のような用例の分析にも有効に働く。

(42) a. The job paid us <u>handsomely</u>. (＝(21b))
  b. The job paid us {1.well, 2.richly, 3.*rich, 4.*good}.

(42a)の *pay* は程度副詞 *handsomely* によって厳密下位範疇化されているため文法的である。一方、(42b-3, 4)においては結果構文の場合と違い、[*us rich*]、[*us good*]に小節（small clause）としての機能を与えることができない。つまり、「仕事が割にあって、その結果、我々は金持ちに／立派になった（'we became rich / good'）」という解釈は成立しない。このことは、*pay* の概念構造の前提となる定義(43)に基づいて、(44)の文法性を考察することによって更に明確になる。

(43) pay: result in some advantage or profit for somebody
(*Oxford Advanced Learner's Dictionary*(2000))

(44) a. The job resulted in <u>handsome</u> profit for us.
  b. The job resulted in {1. rich, 2. good} profit for us.

(44)は、①「行為主体によるエネルギーの放出」が②「我々にかなりの利益を（結果として）もたらした」という2つの事象間に因果関係を見出すことができる。(44)における3つの形容詞（*handsome, rich, good*）によって、属性を直接付与されているのは *profit* であって、*us* ではないことがわかる。

　ここで、(42)及び(44)との関連で、「行為主体」とは実質的に何を指示するのか、ということを明らかにしておきたい。「仕事」（*job*）は行為の種類であり、本来の「行為主体」とは区別されるべ

きものであることは、(44a) を意味表示した (45) の主語 NP の「行為主体」が、意味上の主語 OUR であることにより明確になる ((45) に PROFIT を表記することの妥当性については§2.2.3 で論じた結果副詞の叙述の間接性及び結果副詞における結果様態の定義 (§2.2.5.1 (59)) を参照)。

(45) [OUR DOING OF THE JOB BROUGHT US HANDSOME PROFIT]

(44a) のように「行為主体」が必ずしも主語 NP として明示されるとは限らない*25 ということを踏まえ、ここに、様態副詞の結果用法の成立条件 (46) を提唱する。

(46) 様態副詞の結果用法の成立条件

様態副詞を含む文 a. を b. のように書き換えることが可能な場合に、同副詞の結果用法が成立する。特に、b. の [NP('s V-ing)] はその行為主体性が弱い場合、[NP] として具現化する。

 a. NP+V+Manner AdvP
 b. [NP('s V-ing)] RESULT IN [RESULTANT INDIVIDUAL]

(46b) の RESULTANT INDIVIDUAL は上で触れた Geuder (2000) の用語である。同論文は「結果名詞化」に関与する NP を「結果個体 (resultant individual)」(e.g. *elegant dress* における *dress*) とするが、本書では、むしろ、動詞を名詞化した NP (e.g. *elegant dressing* における *dressing*) を「結果個体」とする。

次の (47) は条件 (46) の妥当性を更に裏付ける用例である。(47a) は (47b) とは対照的に、様態副詞の結果用法が許されない例である。両文はそれぞれ (48a) と (48b) のように書き換えることができる。

(47) a. Tom hammered the metal {1.*flatly, 2. flat}.
  b. Tom dressed {1. elegantly, 2. *elegant}.
(48) a. Tom's hammering of the metal resulted in the flat metal.
  b. Tom's dressing resulted in his elegant dressing.

(48a) では先行事象の行為 (*hammering*) の変容が後続事象において具現化されていない、つまり、後続事象に「結果個体」が観察

されない。ところが、(48b) では先行事象の行為 (*dressing*) に伴う「結果個体 (*elegant dressing*)」が観察される。この点が両文の明確な違いである。

一方、(49) は「結果個体」の存在に着目しても、結果副詞と結果形容詞の違いを明示することができない用例である。

(49) a. Meat may slice more <u>thinly</u> if it is partially frozen.

(＝(39d))

b. He sliced {1.the raw fish <u>thin</u>, 2.the raw fish <u>in six</u>}.

(『ジーニアス英和大辞典』(2001) の *slice* の項、下線筆者)

(50) a. Your slicing of meat may result in <u>its becoming thinner</u> …

b. Your slicing of meat may result in <u>its thinner slicing</u> …

c. His slicing of the raw fish resulted in <u>its becoming thin</u>.

d. His slicing of the raw fish resulted in <u>its thin slicing</u>.

(49a, b) はそれぞれ (50a, b) と (50c, d) に書き換えることにより、両文は「結果個体」の存在を必ずしも前提としない、ということが分かる。そこで、次に、「結果個体」の概念によって、結果副詞の存在理由を十分に説明できない場合には、「様態規則」(第2章 (§8) を参照) を取り入れることにより、有効な説明が可能になることについて論じる。

中間構文であるために様態副詞 (*thinly*) の生起が義務づけられている (49a) が文法的であるのは、比較級 (*more thinly*) が用いられているからである。動詞 (*slice*) が副詞 (*thinly*) の意味を内包するので、(49a) に *thinly* を原級のままで生起させた場合、冗長な (redundant) 表現となる。同文は「少し冷凍した肉を調理するという状況で、調理者が選択しうる複数の行為様態の中から、〈通常の切り方<u>よりも薄く</u>〉という様態が選択されている」ことを意味する。したがって、様態規則により、(51a) のような結果構文は排除される。

(51) a. *Meat may slice <u>thinner</u> if it is partially frozen.

b. *He sliced the raw fish <u>thinly</u>.

c. He sliced the raw fish <u>beautifully</u>.

d. … they don't slice it <u>beautifully</u> …

(d. は、インターネット検索＊26、it=smoked salmon、下線筆者)

一方、(49b-1) の意味としての (51b) が非文となるのは、上の (49a) に対する分析の場合と同様に、動詞 (*slice*) が副詞 (*thinly*) の意味を内包するからに他ならない。(49b-1) の結果形容詞は、先行事象 ([HE SLICED THE RAW FISH]) 完結後の結果状態が行為主体の意図 (*i.e.*「魚を薄切りにすること」) どおりになったことを補足する役割を担う。

更に、(49b-2) や (51d) では、様態副詞 (それぞれ、*in six*, *beautifully*) の生起が可能である。よって、(49b-1) の *thin* を *beautifully* に置き換えた (51c) においても、様態副詞の結果用法が容認できる。つまり、(51c) で様態副詞を使用することにより、行為主体が「生魚の調理法」として選択した行為様態としての〈生魚の美しい切り方〉を的確に反映させることができるのである。

以上、「結果個体」の概念と「様態規則」を併用することにより、結果用法の様態副詞と (結果構文における) 結果形容詞との違いを区別し得ることを論じた。要約すると (52) のようになる。

(52) 様態副詞と結果形容詞の違い

　　　結果形容詞は被影響者 (patient) の属性を<u>直接叙述</u>する。
　　　一方、「結果個体」の形成と「様態規則」の遵守が認められる場合、様態副詞の結果用法が成立する。加えて、結果用法の様態副詞は被影響者 (patient) の属性を<u>間接叙述</u>する。

(51c) の「結果個体」(*beautiful slicing*) は、「薄切りにした刺身の見栄え」の属性を直接的に叙述し、被影響者 (*the raw fish*) の属性については間接的な叙述をしている、と言える。更に、結果用法の様態副詞が文末 (最小の VP 内付加部) に生起し易いのは、結果構文における結果形容詞と同様に、2つの事象 (例えば (51c) では、本動詞を中心とした事象 (*i.e.* [<u>HE SLICED THE RAW FISH</u>]) と結果様態に関する事象 (*i.e.* [<u>THE BEAUTIFUL SLICING RESULTED</u>])) の時間的生起順序を反映させるためであろう＊27。

本セクションでは、要するに、様態副詞の生起条件を解明するうえで、動詞を中心に形成される事象に着目しながら、特に、結果副詞は被影響者 (patient) の属性を<u>間接叙述</u>するという特性を明ら

かにした。この、結果副詞による<u>間接叙述</u>という機能は、Wickboldt（2000）による「事象完結一時取消機能*28」によって、その妥当性を高めることができる。以下、事象完結一時取消機能が、結果副詞の重要な機能として捉え得るということについて論じる。

2.2.5　結果副詞と事象完結一時取消機能

Wickboldt（2000）は（53）の様態副詞の生起の可否について次のような指摘をする。

(53) a. Since John entered the room (*<u>quietly</u>), he's been looking for a seat.
　　b. Since John entered the room <u>quietly</u>, no one noticed him.
　　　　　　　　　　　　　　　　　　　　　（*Ibid.*: 359、下線筆者）

（53a）が様態副詞 *quietly* を含む場合、副詞節の *since* に「時」の解釈を与えることはできるが、「理由」の解釈を与えることはできない。一方、（53b）の場合、様態副詞 *quietly* を含んでいても「理由」の解釈が可能である。

Wickboldt（2000）の上の指摘は、様態副詞の内部構造を記述する場合、その生起環境についても言及する必要があることを示唆している。同論文（特に、p.364）は Ernst（1984: 91-3）及び Pustejovsky（1991: 70）による様態副詞の機能を敷衍し、「事象の完結性（telicity）の一時的取り消し（suspension）機能」という概念を提唱する。

「事象完結一時的取消機能」について、（53）の *quietly* と関連づけて説明するならば次のようになる。様態副詞 *quietly* が「ジョンの静かな入室」という事象の完結を一時的に取り消し、「入室プロセス」に関わる聞き手の一般常識（world knowledge）が文脈に登場する。聞き手が一般常識に照らして「入室プロセス」と関係づけられ得る事象候補を脳内にリストアップしている間、「入室プロセス」は完了しない（一次的に中断される）。例えば、（54a）の両事象は時間の同時性は成り立つにしても、因果関係としての読みは不自然である。

(54) a. ［静かな歩行］→「空席を探す」
　　 b. ［静かな歩行］→「近くの人に気づかれない」

一方、(54b) の両事象は自然な因果関係を形成している。つまり、①〈「空席を探す行為」と「静かに入室する行為」〉の因果関係を、②〈「誰にも気づかれない行為」と「静かに入室する行為」〉の因果関係と比較してみると、一般常識に照らし合わせてみて、②の方が自然な因果関係が築かれていると言える。よって、(53a) の様態副詞は、「事象完結一時取り消機能」を発揮することができず、同文の従節を理由節とする解釈は成立しない。

(54) は Wickboldt (2000) の「様態副詞による事象完結一時取消機能」の有効性を裏付ける更なる用例である。

(55) a. 　John died slowly. For hours he struggled for breath.
　　 b. #John died slowly. At the reading of the will, his children were furious.
　　 c. 　John died last year. At the reading of the will, his children were furious.
　　 d. #Since the police entered the apartment illegally, they have been eating pizza. (=causal reading)
　　 e. 　Since Mary started working conscientiously, she has had three promotions. (=causal reading)

(Ibid.: 364–370、下線筆者)

(55) の左端の # は (55) の各用例の、2つの事象間に因果関係が (十分に) 形成されていないことを示すものである。(56) を参照されたい。

(56) a. 「ジョンが徐々に息を引き取ったこと」→「何時間も苦しんだこと」
　　 b. #「ジョンが徐々に息を引き取ったこと」→「遺書を読んだ時、子供たちが激怒したこと」
　　 c. 「ジョンが昨年、亡くなったこと」→「遺書を読んだ時、子供たちが激怒したこと」
　　 d. #「警官の不法な入室」→「彼らがピザを食べていること」

e.「メアリーが良心的に仕事を始めたこと」→「彼女の3階級昇進」

　(55a, e) において先行事象と後続事象の間に因果関係が成立しているのは、様態副詞（slowly, conscientiously）を含む先行事象が完結するまでのプロセスにおいて発生した後続事象の内容が聞き手にとって受け入れ易いものであるからである。つまり、様態副詞は言わば、聞き手にとって受け入れ易い情報を提示するための標識（marker）としての機能を担うこと、ひいてはサスペンス効果（第4章（§4、§5.2、§5.3）を参照）を担うことができるのである。

　一方、(55b, d) では先行事象に含まれる様態副詞（slowly, illegally）の意味から結果として予測される内容が後続事象に含まれていない。よって、両事象間には因果関係が成立せず、様態副詞による「事象完結一時的取消機能」は適用されない。なお、(55c) の last year は時間副詞であるため、同副詞の有無に関係なく2文間の一貫性（coherence）は保たれる（「様態副詞による事象完結一時的取消機能」は適用されない）。

2.2.5.1　結果副詞の機能を解明するための［様態］の再定義

　上述の事象完結一時取消機能は、結果副詞と結果形容詞の違いを明確にすることができるという議論を次の§2.2.5.2 で行うにあたり、本セクションでは、まず、［様態］の再定義を行った上で、結果副詞の機能を解明する。なお、結果副詞の機能については、既に(52) でも言及している。そこでの、「間接叙述」の概念に基づいて、本セクション及び §2.2.5.2～§2.2.5.3 において、結果副詞の機能の本質に迫りたい。

　結果副詞は基本的に様態副詞の範疇に属する。(57) のような様態副詞と動詞との意味的関係に着目すると、定義(58) を導き出すことができることについては既に第2章で論じた。

(57) a.　Mr Major talked abundantly, often tediously, about tax, ...（メイジャー氏は税金について多弁だがしばしば退屈そうに語り、…）

　　 b.　We are living here peacefully and want no trouble.（私

たちはここで平静に生活しているので、面倒なことには巻き込まれたくない。）　（以上、BNC、下線及び和訳筆者）

(58) 様態①：動作の過程や状態の存続に関与するエネルギー放
　　　　　　出の心理的・物理的な有り様。　　　（=第2章 (3)）

(57) の *tediously, peacefully* は共に行為主体である *Mr Major* の心理的・物理的様態を描写している。心理的か物理的か、ということについてはこの文脈では曖昧である。また、*abundantly* についても、「（多弁さという）様態」と「（語った内容の）量（quantity）」の2つの意味要素が混交しており、同副詞に正確な解釈を与えるにあたり、より具体的な文脈が必要となる。

　定義 (58) は (57) の様態副詞の様態性を捉える上では問題はない。ところが、同定義では、結果副詞の機能を十分に捉えることができない。様態副詞がどの様な動詞を修飾するのかということにより、様態性の程度にズレが生じるからである。そこで、結果副詞を分析するにあたり、筆者は定義 (59) に立脚しながら議論を進めていく。

(59) 様態②：動作の過程や状態の存続に関与するエネルギー放
　　　　　　出対象に、結果として間接的に付与される出来高、
　　　　　　出来映え、雰囲気などの属性。

2.2.5.2　結果副詞と結果形容詞の事象完結一時取消機能

　結果副詞は原因事象と結果事象の「発生上の時間差」を表すことができるということが、同副詞の事象完結一時取消機能の有効性を説明する上で重要な視点と言える。この点を念頭に置きながら、以下、結果副詞と結果形容詞の事象完結一時取消機能の適用可能性について見ていく。

　上の「様態」の定義 (59) における「エネルギー放出」は「時間的推移」を前提とするために、結果副詞には事象完結一時取消機能が適用される。一方、結果形容詞には基本的に、事象完結一時取消機能が適用されない。例えば、(60a) の後続文は先行文の事象完結後の結果を述べている。また、(60b) では、先行文の結果形容詞ではなくアスペクト様態副詞（*in three seconds*）が事象完結一時

取消機能を担っている。

(60) a. Tom painted the wall(red). His mother gave him some money for the job.（トムは塀にペンキを塗った（塀を赤く塗った）ので、お母さんは彼にお小遣いをあげた。）

b. The magician painted the house red #(in three seconds). We couldn't believe our eyes.（マジシャンは家を（3秒で）赤く塗ってしまった。私たちは今見たことを信じられなかった。）

つまり、(60b)においては、①マジシャンが奇術を行っている「3秒間」のプロセスのなかで、②見物人（we）は、家が赤く塗られていく「光景」に対して目を疑っている。③3秒後、「光景」は常識的に考えて現実ではなく、マジシャンが見物人を錯覚させるために創り出したものであることを（見物人が）認識する。③における「認識完了」と同時に、(60b)の第1文で、（一時的に取り消されていた）事象完結の取消が解除される。

一方、(60a)の場合とは異なり、(61)の後続文は、先行文が表す事象形成過程で発生した事象に言及している。この現象は、本来的な様態副詞と同様に、結果副詞にも、事象完結一時取消機能が明示的に観察されることを裏付けている（(60b)における後続文の、先行文の事象形成への参与の度合いは、(61)の場合よりも低い）。

(61) He grows chrysanthemums marvellously. His family take extra care not to get on his nerves.（彼の栽培する菊の出来映えは見事だ。家族の者たちは彼を苛立たせぬよう気遣っている。）

以上の考察から、「様態」の第2定義(59)が得られる。様態の定義(59)における「間接的に」は、結果副詞がエネルギー放出対象に対する本質的な属性付与子ではない、ということを含意させるための修飾語である（(52)の「様態副詞と結果形容詞の違い」も参照）。この「間接性」を簡略に意味表示すると(62)のようになる。つまり、結果副詞の事象完結一時取消機能は様態副詞の場合と同様に、後続事象の内容を聞き手に前もって推意させ、実際に表現

される内容（の一部）との整合性を保証することを本務とするのである。

(62) He grows chrysanthemums, WHICH RESULTS IN A FAIRLY WONDERFUL ATMOSPHERE.

更に、結果副詞の事象完結一時取消機能には、文副詞と語修飾副詞を統一的に捉え得るという利点も観察される。

(63) a. ... an official marched up to it [the table] and began to remove all the booklets. I interrupted, "Excuse me, what do you think you are doing?" <u>Rudely</u>, he ignored me and continued removing the materials.（…1人の役人がテーブルのところまで足を踏み込んで来て、全ての小冊子を取り去り始めた。彼の行為を遮るように、「ちょっと、何をなさるんですか」と言った。役人は、<u>失礼なことに</u>、私の言葉を無視し、資料を取り去り続けた。）

（インターネット検索*29、下線及び和訳筆者）

b. WHAT I JUDGE TO HAVE BEEN A RUDE BEHAVIOR ABOUT HIM is that he ignored me and continued removing the materials.

(63a)で、〈彼（役人）が私を無視して、資料を抜き取り続ける行為〉は、結果として、失礼であった、と話し手がコメントを加えている。同文の文副詞（attitudinal disjunct）*rudely* は、〈これから、私が、失礼な行為と判断した出来事について話す〉という事象を表す。

〈失礼な行為〉という発話の一部に対して、聞き手は、文脈から可能な限りの行為を心理的にリストアップする。*rudely* を含む文の直前の文脈で、彼（役人）に対する話し手の苛立ちが言語化されていることも的確なリストアップにつながる。つまり、*rudely* を中核とした事象の完結が一時的に取消され、〈彼が私を無視して、資料を抜き取り続けた〉が発せられた時点で、同事象の形成が完了する。

以上、結果形容詞とは違い、結果副詞には事象完結一時取消機能が顕著に観察されるという特徴について論じた。

2.2.5.3 結果形容詞による事象完結一時取消が観察され難いのは何故か？

結果副詞は、事象完結一時取消機能に加え、後続事象の原因（の一部）としての情報を提示する機能をも担う。一方、結果形容詞は、後続事象の原因としての情報を提示する機能は担うが、原則として、事象完結一時取消機能を担うことはできない（cf. (64a)）。

(64) a. Tom talked himself <u>hoarse</u>. He felt great pain in the throat the next day. （トムは<u>声が枯れる</u>まで話し続けた。翌日、彼は喉にひどい痛みを感じた。）

b. [Night after night, poor Mr Stafford talked himself <u>hoarse</u>], {feeling that he was the acknowledged mouthpiece of the ministry} ; but in vain. （スタフォード氏は誰もが認める内閣の代弁者であると自覚しながら、来る夜も来る夜も、気の毒に声が枯れるまで演説を続けた。しかし、それは骨折り損に終わった。）

(b.はインターネット検索*30。下線、b.の[ ], { }及び和訳筆者)

とは言え、結果形容詞による事象完結一時取消が全く観察されないわけではない。(64b)では、「彼が演説を続けた」と「声がかすれる（hoarse）」という２つの事象の間に明示的な時間差*31 が認められるため、先行節（[...] 部）と後続節（{...} 部）の談話上の一貫性が保証されている。

Washio (1997) における疑似結果構文（spurious resultatives）についても、事象完結一時取消機能（cf. (65b)）に加え、後続事象の原因（の一部）としての情報を提示する機能（cf. (65c)）が観察される。(64)の場合と同様に、{髪 > 編む > 堅い（編み方の）髪} という比喩化プロセスに時間差が認められるからであり、(65a) の *tight* は、単純形副詞（flat adverb）としての結果副詞であると考えられる*32。

(65) a. Janet braided her hair <u>tight</u>. （ジャネットは髪を<u>堅く</u>編んだ。） (Levinson (2010: 135)、下線及び和訳筆者)

b. He quickly braided her hair <u>tightly</u>. Ashley tried not to squirm. （彼は素早くアシュリーの髪を<u>堅く</u>編んだ。彼

女は身をよじらさぬようにしていた。)

c. Wendy braided her hair <u>tightly</u> and then fitted it under the fur cap.（ウエンディーは髪を堅く編み、毛皮の帽子の下のところで綺麗に垂れさがるように整えた。)

(b., c.はインターネット検索＊33、下線及び和訳筆者)

以上、結果形容詞は、後続事象の原因としての情報を提示する機能を担うことに重点が置かれるために、事象完結一時取消機能が観察され難いことについて論じた。但し、(64b)で見たように、結果形容詞に事象完結一時取消機能が観察されることもある。本書では、先行事象と後続事象の間に明示的な時間差が認められる場合に、結果形容詞が事象完結一時取消機能を担うことがある、という結論に留めておく。

2.2.5.4　むすび

結果副詞と結果形容詞による結果状態の具現化のされ方の違いは、①「結果個体」の概念を組み込んだ「様態規則」の適用可能性及び②「事象完結一時取消機能」の観察可能性の可否に着目することにより、有効な説明が可能となる。結果副詞に「事象完結一時取消機能」が観察され易い理由は次の2つである。1つ目の理由は、同副詞が語彙的に様態副詞から統語派生されるため、様態規則（Manner Rule）における「比較」の概念を取り込むことができるというものである。「比較」の概念は原因事象と結果事象の発生上の時間差を含意するため、原因事象と結果事象の形成プロセスにおいて生じた事象を新たに提示することが可能になるのである。もう1つの理由は、結果副詞には話し手の主観的判断が反映される傾向があるということである。主観的判断の根拠を聞き手に分かり易く伝えたいという心理が、話し手に「事象完結一時取消機能」の適用を促すものと考えられる。

2.3　まとめ

以上、①本来の様態副詞と②結果状態を表す様態副詞の文末生起条件について論じた。①と②の両副詞に、文末（最小のVP内付加

部）での生起傾向が強く観察されるのは、文末で、事象内の動詞を修飾（①の場合）したり事象内の目的語NPについて間接的な叙述（②の場合）がし易いからである。様態副詞は文末に加え、文中央部でも容易に観察される。しかし、この位置は、主語指向副詞が生起する位置でもあり、PF（音声形式）にスペルアウト後の構造の解釈に曖昧性をもたらすこともある。次節では、両副詞の分布特性について機能統語論の観点から論じる。

3. 文中央部における様態副詞と主語指向副詞の機能統語論的特性

　本節では、文中央部における様態副詞が主語指向副詞に機能変更する現象は、本来の様態副詞がVP内部で併合（Merge）され、主語指向副詞は副詞配列機能階層上で併合されるものと仮定することにより、同現象の有効な説明が可能になる、と主張する。

　主語指向副詞*34 は総じて、動詞を修飾する様態副詞と同形態である。主語付加詞（subject adjunct）（Greenbaum（1969）を参照）とか主語指向副詞（subject-oriented adverb）（Jackendoff（1972）を参照）としてよく知られているこの種の副詞は、(66)のような特徴をもつ。

　(66) 人間*35 を表す主語NPが、ある行為を行った時のその物
　　　理的・心理的状態を叙述する。

　文中央部においては、①主語指向副詞と様態副詞の2つの解釈が可能である場合と②両者のうち一方の解釈のみ可能な場合がある。①と②を統語論的に判別するにあたり、助動詞（have、be）との位置関係に基づいた分析が有効である。

　岡田（1985: 140）の句構造樹によれば、(67a, b, d)のcarefullyは様態副詞と主語指向副詞としての解釈、(67c, e, f)のcarefullyは主語指向副詞としての解釈だけが可能である*36。いずれにせよ、(67)の副詞は全て主語指向副詞としての解釈を許す。つまり、文中央部で同形態の主語指向副詞と様態副詞が動詞に隣接している場合（cf. (67a, b, d)）、文解釈上、曖昧性が生じてしまう。

(67) a. Tom carefully read the book .
　　 b. Tom has carefully read the book .
　　 c. Tom carefully has read the book .
　　 d. The book has been carefully read by Tom .
　　 e. The book has carefully been read by Tom.
　　 f. The book carefully has been read by Tom .

(67) における、様態副詞と主語指向副詞が生起する「文中央部」について、本書では「文中央部」を① Spec-VP と② Spec-IP の2箇所であると規定してきた。しかし、様態副詞及びそれと同形態の主語指向副詞は機能が異なるのであるから、両副詞の派生方式は同一ではない。本書では次のような派生方式を採用する。様態副詞は、辞書（lexicon）から様態副詞を統語部門に列挙（numeration）する時点で、義務的に最小の VP 内付加部に位置づけ、必要に応じて、Spec-VP（様態副詞の解釈）の位置（68-②）に移動させる。主語指向副詞は、Spec-IP の位置（68-①）で直接併合*37 させる（第7章（§2.5も参照）。

(68) [$_{CP}$ [$_{C'}$ [$_{IP}$ N$_{PSUBJ}$ [$_{I'}$ I(NFL)　[$_{VP}$ AdvP　V　AdvP ...

　　　　　　　　　　　① (Merge)　　② (Move)

以下、本節では (68) に見られるような様態副詞と主語指向副詞の派生プロセスの違いを踏まえて、文中央部における両副詞の機能統語論的特性について論じる。

3.1　様態副詞と主語指向副詞の分布特性

上の (68) のように、文中央部に生起する様態副詞は Spec-VP に配置され、様態副詞と同形態を取る傾向のある主語指向副詞は、副詞配列機能階層 (69b) の Mod2, 3, 6 に配置される。本項では、様態副詞と主語指向副詞の文中央部での生起位置について、(68) のような違いがあることの妥当性にについて論じる。

(69) a.　Mood1 > Mood2 > Mood3 > Mod4 > T(Past) > T (Future) > Mood5 > Asp6 > T(Anterior) > Asp7 >

$$\left\{\begin{array}{l} \text{Asp8} > \text{Asp9} > \text{Asp10} > \text{Asp11}/\underline{\text{Mod12}} \\ \text{Asp13} > \text{Asp14} > \text{Asp15} > \text{Asp16} \end{array}\right\} > \text{Voice}$$

(1=speech act, 2=evaluative, 3=evidential, 4=epistemic, 5=irrealis, 6=habitual, 7=perfect, 8=retrospective, 9=durative, 10=progressive, 11=prospective, 12=root, 13=celerative, 14=completive, 15=(semel)repetitive, 16=iterative)

b. <u>Mod4</u> ... > <u>Mod12</u> (Mod2 > Mod3 > Mod4 > Mod5 > Mod6)

(順に、4=epistemic, 12=root, 2=necessity, 3=possibility, 4=volition, 5=obligation, 6=ability/permission)

(a.=Cinque (1999: 76) の (95)、Ibid.: 81 の (12) に準拠、b. は a. の下線部を詳細化)

Kim (2000) は、副詞の生起位置にどのような種類の副詞が配置されるのかということについて、Jackendoff (1972) に依拠しながら副詞を (70) のように6つに分類する。

(70) a. Class I: Initial, Aux, VP-final (meaning change)

e.g. <u>*cleverly*</u>, <u>*clumsily*</u>, <u>*carefully*</u>, <u>*carelessly*</u>, <u>*happily*</u>, <u>*truthfully*</u>

b. Class II: Initial, Aux, VP-final (no meaning change) *38

e.g. *quickly, slowly,* <u>*reluctantly*</u>, <u>*sadly*</u>, *quietly, frequently*

c. Class III: Initial, Aux

e.g. *evidently, probably, certainly, unfortunately, naturally*

d. Class IV: Aux, VP-final

e.g. *completely, easily, totally, handily, badly, mortally,*

e. Class V: VP-final

e.g. *hard, well, more, less, early, fast, home, slow, terribly*

f. Class VI: Aux

　　　e.g. *truly, virtually, merely, simply, hardly, scarcely*

(70) の下線を施した様態副詞 (71) は、文中央部で主語指向副詞への機能変更*39 が可能である。

(71) *cleverly, clumsily, carefully, carelessly, happily, truthfully, reluctantly, sadly*

これらの副詞から［様態］素性を取り除き、その代わりに［主語指向］素性を含ませると、同副詞は、「副詞配列機能階層領域」(本章 (69) 及び第1章の注12参照) の話者指向副詞 (speaker-oriented adverb) よりも低い階層*40 上の Spec-IP の位置への生起が可能になる。

(72a) の様態副詞 *cleverly* は briefly Asp_{dur.} よりも句構造階層下位の、最小のVP内付加部の位置で併合し、(72b) の主語指向付加詞 *cleverly* は Haumann 副詞配列階層 (第1章注13参照) に従い、briefly Asp_{dur.} よりも階層上位の SoP (subject-orienteed advP) の位置で併合したものである*41 (様態副詞及び、それと同形態の主語指向副詞の派生は別個に行われることに留意されたい)。

(72) a. He will briefly Asp_{dur.}P stay cleverly at the coffee shop this afternoon.

　　　(上の briefly Asp_{dur.}P 、Haumann 副詞配列階層 (第1章注13参照) の Spc-Asp_{dur.}P に位置づけられている *briefly* が *stay* よりも句構造階層上位に生起していることを意味する。(72b, d)、(73) も同様。)

　b. He will cleverly briefly Asp_{dur.}P stay at the coffee shop this afternoon.
　c. [HE WILL BE CLEVER [IF HE BRIEFLY STAYS AT THE COFFEE SHOP THIS AFTERNOON]]
　d. He cleverly will briefly Asp_{dur.}P stay at the coffee shop this afternoon.
　e. [HE BE CLEVER [IF HE WILL BRIEFLY STAY AT THE COFFEE SHOP THIS AFTERNOON]]

一方、話者指向 (認識的用法 (epistemic use)) の法助動詞 *will*

よりも高い階層に*cleverly*を移動させた（72d）は一見、Haumann階層やCinque階層と整合しない（*will > cleverly*が正しい配列）。つまり、LF（論理形式）のレベルでCLEVERの方がWILLよりも広い作用域を形成している概略（72e）のような意味構造と（72d）は対応しない（（72c, e）のIF節におけるWILLの生起条件については金子（2009: Ch.5）を参照））。ここでは、PF（音声形式）レベルで文体規則が適用され、（72d）が派生されると考えるに留める（助動詞と副詞の語順についてはBaker（1971, 1981）、Sag（1978, 1980）、Ernst（1984）、Abels（2003）などを参照）。

（73a）が文法的であるのは*intentionally*を主語指向副詞とし、*reluctantly*を様態副詞とする解釈が可能であるからである。

(73) a. She has intentionally SoP said so reluctantly.
  b. *She reluctantly has intentionally SoP said so.
  c. *She has reluctantly intentionally SoP said so.

ところが、（73b, c）は非文である。その理由は、「副詞配列機能階層」領域に2つの-ly副詞（*reluctantly, intentionally*）が接近あるいは隣接した位置に生起しているということに加え、*reluctantly*が*intentionally*（主語指向副詞）に先行しているために、その機能（様態副詞、主語指向副詞）の判別に困難を伴うからである。

以上、様態副詞と主語指向副詞は機能が異なるのであるから、両副詞の句構造上の着地点も異なるということについて論じた（(68)を参照）。主語指向副詞は、それと同形態の様態副詞が内包する様態性を維持していないのであるから、「機能階層領域主語指向副詞」と呼んでもよい。

3.2　文中央部副詞の解釈の曖昧性と一義性

本項では、文中央部において生じる主語指向副詞と様態副詞の文レベルでの解釈の曖昧さが、談話レベルでは緩和されるということを考察する。

まず、動詞句の意味が、副詞の様態性の解釈や、ひいては動詞と副詞の配列に影響を与える場合について、実例を考察してみよう。文脈から判断して、（74a）では「読書の習慣」（二重下線部）、

(74b) では「スキナー氏がナイル・キノック氏の拒否行動を支持したこと」(二重下線部) が聞き手にとって重要な情報である。談話文法上の文末重心の原則が働いている。

(74) a. Towards his household he is not threatening nor is he contemptuous of counsel when offered, nor vindictive when searching out a fault. He earnestly reads the Scriptures and adventures of ancient kings.（彼は家族に対しては、威圧的でもないし、相談を蔑ろにすることもないし、落ち度を根に持ったりもしない。聖書や古代王たちの冒険譚を熱心に読むだけなのである。）

b. ... He maintained there was only one way to resolve differences within the party leadership over Labour's policy towards a privatised water industry: 'Take water back without compensation.' However, Mr Skinner firmly supported Neil Kinnock's rejection of electoral pacts with other parties to help to defeat the Tories.（水道事業が民営化されたことを受け、「賠償金を払わずに水道を公営に戻せ」という、労働党の政策を巡る党内の主導権争いを解決する道は1つしかないと彼［スキナー氏］は主張した。とは言え、他党と選挙条約を結び、トーリー党打倒を目指すことをナイル・キノック氏が拒否したことについては、スキナー氏は強くこの行動を支持した。） (以上BNC、下線及び和訳筆者)

(74a, b) の副詞 earnestly、firmly は、(75a, b) の earnest、firm と同様に、主語NPの属性（心理状態）を叙述する主語指向副詞としての機能を担い、二重下線部に対する補足情報に過ぎない（両副詞は、例えば only（もっぱら）と置換しても情報の流れに影響を及ぼさない）。earnest(ly)、firm(ly) を中心とした事象を簡略に意味表示すると (76) のようになる。

(75) a. He is earnest about reading the Scriptures and adventures of ancient kings.
b. However, Mr. Skinner was firm about supporting Neil

Kinnock's rejection of electoral pacts with other parties to help to defeat the Tories.

(76) [$_{\text{State}}$ BE([NP$_{\text{Subj}}$], [IN A PSYCHOLOGICAL SITUATION OF EARNESTNESS / FIRMNESS])]

意味表示（76）は、主語指向副詞は、様態性の尺度上で、比較的、［状況性］の強い位置（［様態性］の弱い位置）に位置づけられることを示すものである（第7章の（12）も参照）。

次に、上で見た「解釈の絞り込み」は2つのパターン（①様態副詞の解釈が優先される場合と②主語指向副詞の解釈が優先される場合）に分類される。これら2つのパターンの判別には、「様態規則」の適用が有効である。様態規則を有効に適用するためには、様態副詞が生じている文脈の的確な解釈が必須である。以下、パターン別に、実例の、文脈を配慮した解釈を示す。

第1のパターンとして、様態副詞の解釈が優先される実例を2例挙げる。

（77a）においては、女性に話しかけながらコートを着せる場面での主語NP（*he*）の動作の「様態」を叙述する上で可能な様態副詞の集合から最適な副詞として、*clumsily* が選択されている。

(77) a. "Brilliant, wasn't it?" he remarked, as he <u>clumsily</u> helped her on with her coat. "Yes, it was good," she replied, ...

b. The crowd then start yelling at him to read it, so he <u>cleverly</u> pretends that he has no alternative left but to read it. 　　　　　（以上、BNC、下線筆者）

一方、歴史的現在で表現された「ト書き」(77b) の *cleverly* は、主語NP（*he*）が群衆の要求に従うことを装う場面で、「装い方」が「器用である」という動作様態を描写する様態副詞である。「装うことを判断する」時点における主語NPが「賢明である」ことが叙述（主語指向付加詞の解釈）またはコメント（主語指向離接詞の解釈）されているというのではない。つまり、(77) においては、様態規則が適用され、行為主体が選択し得る可能な「様態」の中から、最も的確な「様態」が様態副詞として言語化されているのである。

第2のパターンとして、主語指向副詞の解釈が優先される実例を4例挙げる。ここでは、行為主体に与えられ得る「属性」の集合から、話し手による「比較」（様態規則の中核的概念）という心的行為により、最も的確な「属性」が、主語指向副詞として言語化される、ということに特に留意されたい。

　(77b)の場合とは対照的に(78)のcleverlyは「ガソリンを少なめに給油して、車を軽い状態で走らせた」時点における主語NPが「賢明であった」ことを叙述する主語指向付加詞としての解釈のみが適当である。

(78) The strong Ferrari team decided to run the entire race non-stop ..., while Maserati, and Fangio, decided to run on half fuel, and then refill. He cleverly made use of the lowering fuel weight and bedding in of new tyres,...（強いフェラーリチームはレース中、休止せずに走ることにした。…一方、ファンジオをドライバーとするマセラーティチームはガソリンを半分にして走り、途中で給油することにした。ガソリンを少なめにして、車を軽い状態で走らせ、途中で新しいタイヤに交換するという考えは賢明であった。）

(BNC、下線及び和訳筆者)

　(79)のrudelyについても、主語NPが「早く子供が欲しいと妻に話す」ときの「話し方」が無神経であったという様態副詞の解釈ではなく、「早く子供が欲しいと話す行為」に関与した主語NPが「（私は）妻の気持ちも顧みず」という含みを伝える主語指向態度離接詞（文副詞）の解釈が自然である。

(79) Also, I must admit I saw a pair of green suede baby shoes in Gap and I all but swooned: size 0, cute as Goldie Hawn's left ear, very nearly her right. I rudely announced to my wife Claudia that I simply had to have a baby by the time I was 35.（また、ギャップ社のスエード革の緑のベビーシューズを目にすると、私は正に卒倒しそうになった。靴のサイズはゼロで女優のゴールディー・ホーンの左耳、いや右耳のように可愛らしかった。私は無神経にも、35歳までにはど

うしても子供が欲しいな、と妻のクローディアに話しかけてしまった。）　　　　　　　　（BNC、下線及び和訳筆者）

（80）と（81）は助動詞（must, have）に副詞が後続する例である。

(80) These numerous drawings show that he must <u>carefully</u> have studied the curves formed by fine iron filings sprinkled on a surface placed above the magnets.（この夥しい数の絵が物語るのは、磁石を下に置いた表面に細かいやすり粉を散りばめて、曲線を引く時、彼はさぞ<u>神経を尖らせて</u>いたに違いない、ということだ。）

(Tansley, Isaiah（2003: 10）, *Introduction to the Principia of Emanuel Swedenborg*（下線及び和訳筆者））

（80）の *carefully* は、動詞と隣接していないという統語的特徴に加え、文脈から判断して、「曲線の描き方を練習する時の主語NP（*he*）の神経の繊細さ」を叙述しているという、主語指向付加詞としての解釈のほうが自然であり、「曲線の描き方の練習方法」を様態副詞として叙述しているわけではない。

一方、（81）は、実質的にはスペイン共産党（the Spanish Communist Party）の支配下にある「急進統一党（the Leftist Unity Party）」という党名のことが話題に上がっている。

(81) The Leftist Unity Party is, in effect, led and controlled by the Spanish Communist Party, but Mr Anguita has <u>wisely</u> realised that this new name is less dangerous.（急進統一党は事実上、スペイン共産党が指揮・監督しているのだが、この新しい名称のほうが危険性が低い、というアンギィッタ氏の実感は<u>的を射た</u>ものであった。）

（BNC、下線及び和訳筆者）

そして、この党名が、スペイン共産党は危険な政党であるという印象を和らげている、とAnguita氏が実感している。この場面における同氏に対する書き手のコメントが、副詞 *wisely* によって言語化されている。したがって、文脈から判断して同副詞は主語指向離接詞である。

(78)〜(81) の4例における様態規則の適用のされ方は、(77) の場合とは異なる。つまり、上で述べたように、行為主体に与えられ得る「属性」の集合から、話し手による「比較」という心的行為により、最も的確な「属性」が、主語指向副詞として言語化されているのである。
　以上、文レベルでは様態副詞と主語指向副詞の解釈に曖昧性(ambiguity) が生じている場合でも、談話レベルでは一義的な解釈の可能性が高まるということについて論じた。総じて、様態副詞にせよそれと同形態の主語指向副詞にせよ、「様態性の度合いについての解釈」は、様態規則（特に、第2章§8を参照）に従えばよい。

3.3　まとめ

　動詞の左側に隣接している文中央部（Spec-VP）の様態副詞と副詞配列機能階層上に直接併合される主語指向副詞は、その叙述対象が異なるが故に、両者が同形態であっても、その派生方法は別個に考える必要がある。また、主語指向副詞と様態副詞が、文の左方からこの順に階層化されているのは、主語NPと主語指向副詞との距離が接近することにより、両者の間に叙述の関係を築くことが構文解析上、容易になるからである。

4.　文頭の様態副詞

　本節では、文頭に生起する様態副詞を「場面設定子（scene-setter）」として分析する。場面設定子と話題（topic）の違いについては、第4章（§3.2）で詳説する。

4.1　論題設定の背景と実例考察

　談話の流れの中で、文の先頭要素が聞き手にとって既知の情報であることが望ましいという原則は、M. A. K. Halliday（例えば1967）の「Theme-Rheme 談話構成論」や H. P. Grice（1975）の「協調の原理（cooperative principle）」や Sperber and Wilson（1986）の関

連性理論（relevance theory）を援用するまでもなく、ごく当然の談話構成法と言える。機能論的な視点から、文頭の副詞句も主題要素（theme）として分析することができる。この分析の背景には、時や場所などを表す副詞的前置詞句は、名詞性（nouniness）*42 の強い統語範疇である、という考え方がある。つまり、従来、文頭に生起する名詞性の強い副詞的前置詞句について、「聞き手にとって既知の情報」としての分析が行われてきたわけである。

ところが、(82b) のように、聞き手にとって既知の情報とは思われない様態副詞が唐突に文頭に生起する場合がある。

(82) a. <u>Your mother</u> looks very graceful.
  b. <u>Very quickly</u>, he ran away.

(82a) の NP (*your mother*) が聞き手にとって自然な情報であるための条件は、NP の指示性（referentiality）に求めることができる。一方、(82b) の様態副詞句 (*very quickly*) は、動作一般の「俊敏性」が提示された後で、具体的な内容を表す「題述 (rheme)」('he ran away') が連接する。(82) において *very quickly* と *your mother* の指示性を比べた場合、一見、NP (*your mother*) の方がその程度が高い。一方、AdvP (*very quickly*) は、文頭に生起し得るための、聞き手の文理解を支援するうえでの十分な指示性（情報価値）を備えていない。(82b) の容認可能性は詰まる所、文頭の AdvP (*very quickly*) は談話の重要な機能である場面設定化（scene-setting）を担い得る文脈に生起しているか否か、ということに依る。そこで筆者は、文頭要素の情報特性を「旧情報」（given information）として捉え、それを (83) のように下位分類する。

(83) 旧情報
  a. 話し手と聞き手が共有しており、かつ、話し手が発話したときに、聞き手が心理的、物理的に指し示す (refer) ことのできる情報。
  b. 語用論的な前提に基づいて、話し手が指し示したいと思っている情報を、話し手が発話した瞬間に、聞き手が<u>同定しうる</u> (identifiable) 情報*43。

(83b) は、(84) の下線を施した文頭の情報特性を説明する際に有効な定義である。

(84) a. A: What day of the week do you practice playing the guitar?
B: Every day, I practice it.
b. A: How did he speak to the lady?
B: Very rudely, he spoke to her.

(84a) については、質問者Aは、応答者Bが「特定の曜日」を答えることを前もって予測している場面であるので、*every day* の文頭生起に不自然さは感じられない。(84b) についても、質問者Aは、応答者Bが「婦人に対する特定の話し方」を答えることを前もって予測している場面であるので、*very rudely* が文頭に生起しても唐突でない。従って、これらの副詞句は、聞き手にとって予測可能な情報であり、通常の「新情報」とは性質を異にするものである。

談話における様態副詞には、(85) の3つの文頭生起特性が観察される。更に、(85) の3点は (86) のような、共通の機能論上の特性を持つ。以下、文頭の様態副詞の情報特性について考察してみよう。

(85) 談話における様態副詞の文頭生起特性
　a. パラグラフ先頭に生起することができる。
　b. パラグラフの先頭以外の文の文頭に生起することができる。
　c. 接合詞（conjunct）の直後に生起することができる。

(86) 文頭の様態副詞の機能的特性
程度副詞を加えることにより、場面に対する読み手の臨場感を増幅させる。

まず、パラグラフ先頭に様態副詞が生起している実例を挙げる。(87) において、改行前のパラグラフで、「女王がいきなり気絶した」('*knocked her cold*') という情報が提示される。

(87) They had been riding for the good part of an hour, with the Queen paying more attention to the seat of her young charge then where her mare took her, when a low-hanging branch

第3章　様態副詞の位置的特性　115

swept the Queen from her mount, and knocked her cold.（改行）Quickly the young Page dismounted, and tried to restore her Queen to consciousness.（彼らは既に、たっぷり1時間、馬に乗っていた。女王は若い女従者が腰かけている雌馬の背中に一層気を留めていた。そのとき、女王は低く垂れさがった枝に当たり、馬から振り落とされ、気絶した。（改行）素早く、若い女従者が馬から降り、女王の意識を回復させようとした。）

(インターネット検索＊44。下線、（改行）表示及び和訳は筆者)

読み手は、{「気絶」→「一刻も早く、回復させなければならない」}という経験的基盤を持ち合わせていれば、次のパラグラフ先頭で、様態副詞（*quickly*）が（一見、唐突に）提示されても、読み手は、自然に情報の流れを捉えることができる。その要因は、*quickly* に「事象完結一時取消機能」（§2.2.5を参照）が観察されるということにある（(88)～(90)についても同様）＊45。

次に、同一パラグラフ内で様態副詞が文頭に提示されている実例を6例挙げる。

第1例として、(88)では、主人公が衣服を入れる袋を探していて、ふと、袋の場所に気づき、そちらに向かう場面が提示されている。

(88) He put his few clothes in a neat pile on the bed and then looked round for something in which to carry them. Quickly he went down the ladder, crossed the kitchen and snatched up the top one of a pile of washed sacks from behind the kitchen door.（彼は自分の服を数着、ベッドにきちんと積み重ねると、服の束を運ぶものがないかと辺りを見回した。すると素早く、梯子から降り、台所を通って、扉の後ろにあった、洗って重ねてある一番上の布袋を素早くつかんだ。） (BNC、下線及び和訳筆者)

文頭の様態副詞は、{①「何かを思い出そうとする」→②「思い出す」→「行動に移る」}のプロセスの一部である下線部②のプロセスの「瞬間性」を効果的に読み手に伝えることに成功している。

第2例目として、同一パラグラフ内で様態副詞が文頭に提示されていることに加え、様態副詞が接合詞（conjunct）の直後に生起している例（89）を挙げる。

(89) The researchers conclude that the two-centimeter clay layer was deposited in approximately 10000 years. <u>Then</u>, <u>very quickly</u>, the tiny creatures that create limestone deposits reemerged and again began leaving their corpses on the ocean....（研究者たちは、2センチの粘土層はおよそ1万年かかって堆積した、と結論づけた。粘土層の堆積<u>直後に</u>、石灰岩を堆積される性質をもつ小さな生物が再び現れ、その死骸を海に残し始め、…。）

（インターネット検索＊46、下線及び和訳筆者）

接合詞（*then*）が、先行事象と後続事象の結束性を高め、それに続く、様態副詞の唐突さを緩和する役割を担っているが故に、接合詞を加えない場合と比べ、先行事象から後続事象への移行の「速さ」が読み手に一層効果的に伝達されるのである。

次の4つの実例（90a-d）も上の（88）及び（89）と同様の例であるが、特に、(90b, d) は（89）の場合と同様、程度副詞（*very*, *so*）が様態副詞を修飾している点に着目したい。つまり、単独で様態副詞を文頭に生起させるよりも、程度副詞を加えることにより、場面に対する読み手の臨場感を増幅させることができるのである。

(90) a. Of course it had been an accident—it must have been. <u>Slowly</u> he rose to feet.（もちろんそれは事故だったのだ—事故だったに違いない。<u>そう確信しながらゆっくりと</u>、彼は立ちあがった。）

b. He did not run far. <u>Very quickly</u> he found it increasingly painful to breathe.（彼が走り出して間もなくのことだった。<u>すると、突然</u>、呼吸をすると痛みが増していった。）

c. He was a man drinking to forget. <u>And slowly</u> he let his sorrow spill.（彼は酒を飲んで現実逃避するような男だった。<u>それで、ゆっくりと</u>、悲しみを語りだした。）

第3章　様態副詞の位置的特性　117

d. ... he's determined now to see that Ruth and Naomi receive all that is there's [theirs] by right. <u>And so quickly</u> he makes his way to the gate of the city ....（…彼は今ルースとナオミが自分たちの所有物を全て受け取るのは当然の権利であると確信した。<u>それで</u>、<u>大急ぎで</u>、街路に飛び出して行き、…。）

(以上 BNC、和訳及び下線筆者)

以上、①パラグラフ先頭に様態副詞が生起する実例（87）及び②同一パラグラフ内で様態副詞が文頭に提示される実例（88）～（90）を考察した。文頭に様態副詞が生起し得るか否かということは、当該の副詞が、「様態副詞の事象完結一時取消機能」、ひいては「サスペンス効果」を十分に発揮し得るか否かということによって決まる。

4.2　様態副詞の文頭生起条件

上の実例における様態副詞の文頭での情報特性を踏まえると、様態副詞の文頭生起条件について、（91）のような結論が得られる。

(91) 様態副詞の文頭生起条件
　　　先行事象の内容に照らし、様態副詞が文頭に生起していることに対して、<u>聞き手が唐突さを感じない程度の情報量</u>を満たしている場合、当該の様態副詞は、文頭に生起することができる。

（91）の「聞き手が唐突さを感じない程度の情報」とは、（83b）の「聞き手が同定しうる（identifiable）情報」のことである。この「聞き手が同定しうる情報」という概念は、文頭の様態副詞の存在意義を有効に反映する。（92a, b）の *sadly* と *gladly* は主語指向付加詞として、また、（92c）の *sadly* は態度離接詞（文副詞）としての解釈が適切である。

(92) a. Tom and Mary waved to each other. He waved <u>cheerfully</u>, but, <u>sadly</u>, she waved.（トムとメアリーは互いに手を振った。彼は<u>陽気に</u>手を振ったが、彼女は<u>悲しそうに</u>手を振った。）

  b. Father asked me to go to meet my uncle at the airport, and gladly, I did it.（父は私に空港まで伯父を迎えに行くようにと言った。私は喜んで父に従った。）

  c. Tom waved to Mary, but, sadly, she didn't wave.（トムはメアリーに手を振ったが、残念ながら、メアリーはそれに応じなかった。）

 (92a, b) の sadly と gladly は、聞き手が先行事象及びその直後の等位接続詞 but や and の機能を手掛かりにしながら予測しうる情報である。一方、(92c) の sadly の、先行事象や接続詞 but の機能を手掛かりに、後続事象の内容を聞き手に予測させ易くする機能は、(92a, b) の様態副詞の場合と比べ、やや劣る。むしろ、同副詞については、「それに続く新情報としての事象に対する話し手のコメントを前もって述べておくことによって、聞き手の関心を惹きつけるサスペンス効果を高める」機能が優先している。

 上の「聞き手が同定しうる情報」としての文頭の様態副詞は、Tenny and Speas（2004: 10）による (93) の「改訂定性親密性理論*47」と関連づけることにより、その内容が一層明確になる。

(93) 改訂定性親密性理論

  聞き手は、いかなる不定表現を解釈する場合でも、それらを脳内語彙リストに新たに追加する。一方、いかなる定性表現を解釈する場合でも、それらを、脳内語彙リストに既に存在する同一の定性表現と照合する。（以上意訳、下線筆者）

要するに、文頭の主語指向付加詞や様態副詞は定性（definiteness）が低く、限りなく不定（indefinite）であると考えられるにもかかわらず、聞き手が自然にその生起理由を察知することができるのは次のような場合に限られる。つまり、聞き手が、同定可能な（identifiable）情報として、文脈に適合するような、新たな解釈（a new card）を、当該の文頭副詞に与えることが可能な場合に限定される。換言すれば、様態副詞・主語指向付加詞の文頭生起は、その生起理由を、聞き手が文脈から容易に推察できる場合に限定される。一方、命題内容にコメントを加える権限を握っているのは話し手であるため、文頭の文副詞は話し手の知識が優先される。その

第3章 様態副詞の位置的特性 119

結果、文頭の様態副詞（聞き手の知識が優先される）と比較し、同定可能性の度合いが低下する。この現象は、文頭における文副詞と様態副詞の、①サスペンス効果及び②事象完結一時取消機能（§2.2.5 を参照）の適用可能性を比べた場合、文副詞の方が、①及び②の機能を担い易いということが原因している。

　以上、本節では、文頭の様態副詞の場面設定子としての機能に着目した分析を行った。特に、様態副詞の文頭生起条件（91）は談話レベルでの今後の副詞分析の重要な手掛かりとなるものである。

5. おわりに

　本章の論点は次の3つである。

　第1に、様態副詞は、最小のVP内付加部の位置でその本来的な機能が最大限に発揮されるということである。加えて、結果状態をあらわす様態副詞（結果副詞）も、最小のVP内付加部（節末）に生起する傾向がある。その主な理由は、結果副詞 AdvP とその叙述対象 NP_{Obj} が〔(V＋)NP_{Obj}＋AdvP〕のように配列されることにより、効率的な構文解析が可能になるからである。

　結果副詞と（結果構文における）結果形容詞はその分布が類似しているが、結果副詞は、①「事象完結一時取消機能」が観察され易いということ及び②様態副詞の結果用法の成立条件（46）が適用される、という点において結果形容詞とは異なる。この、両者の違いは、「結果個体」の概念を「様態規則」に組み込むことにより、更に明確に区別できる。つまり、「結果個体」の形成と「様態規則」の遵守が認められる場合、様態副詞の結果用法が成立する。加えて、「事象完結一時取消機能」は、結果副詞が被影響者（patient）の属性を間接叙述することを説明する上で不可欠な機能である。

　第2に、PF（音声形式）レベルでは、文中央部における副詞の「主語指向性」と「様態性」が交錯し、文解釈に曖昧性（ambiguity）が生じることがある。しかし、句構造上ではSpec-VPに様態副詞、Spec-IP（副詞配列機能階層領域）に主語指向副詞を配置することによって両副詞を区別することができる。更に、副詞

配列機能階層上の主語指向副詞が、動詞の左側に隣接している文中央部（Spec-VP）の様態副詞に先行するのは、主語 NP と主語指向副詞との距離が接近することにより、主語 NP と主語指向副詞との間に叙述の関係を築くことが構文解析上、容易になるからである。

第3に、文頭（節頭）の様態副詞は、先行事象の内容を引き継ぐ接合詞（conjunct）的な機能を担う。本章では、文頭に生起する様態副詞を「場面設定子（scene-setter）」として分析し、様態副詞の文頭生起条件（91）を提唱した。

次の第4章では、第2章及び本章で得られた知見を基に、副詞の様態性の対概念である副詞の「状況性」について論じる。

---

*1　Jackendoff（1972: 60）は、-ly 副詞（様態副詞を含む）の位置を基本的に、助動詞の位置と規定しているのに対し、Ernst（2002: 269-276）は、様態副詞の無標の位置を VP 内付加部（adjunct）と規定している。本書においても、VP 内付加部を様態副詞の本質的な位置とする。その主な理由として、VP 内付加部の様態副詞に比べ、①文頭（節頭）に生起する様態副詞は、「場面設定」または「焦点化」の目的で派生され、文副詞的な機能を担い、②文中央部に生起する様態副詞には「主語指向性」が読み取れる傾向がある（PFレベルで、主語指向副詞と様態副詞の解釈が曖昧になる傾向がある）、ということが挙げられる。このような理由から、筆者は、VP 内付加部の位置を様態副詞の無標の（unmarked）位置と措定する。

なお、(ia) の VP 内付加部の様態副詞は叙述的（predicational）で、しかも、一時的な解釈（stage-level reading）が可能であるということは、(ib) の形容詞の限定用法（attributive use）における、恒久的な解釈（individual-level reading）との区別の必要性を含意する。

(i)　a.　Tom read the book <u>carefully</u>.
　　 b.　Tom is a <u>careful</u> reader.

(i) の両文に対する2通りの解釈は、第2章（55d, e）と（58）の文法性の差についての有効な説明に結びつく。その際、「様態規則」（第2章（89）を参照）に言及することにより、説明の説得力が高まる。

*2　例えば、Greenbaum（1969: 171）や Jackendoff（1972: 49）は、様態副詞の文頭生起に対して否定的見解を示している。しかし、本章§4で論じるように、談話構成上、同副詞が文頭に生起することが自然な場合が現実に観察される。

*3　結果構文における結果述語（二次述語）を「結果形容詞」と呼ぶ。「結果

形容詞」という用語は現行の英文法論では一般的ではないが、結果形容詞と結果副詞との機能上の差異を求めることを目的とする本節では、カテゴリーミステイクを避ける上で、同用語を用いる。なお、結果副詞も広義の結果述語である。

*4 主語指向副詞と様態副詞の句構造上における位置については、§3.1で論じる。両副詞の音調曲線による区別は総じて困難であるということについては、Greenbaum (1969: 187–188) を参照。

*5 (3d-2)は一見、二次様態副詞の「VP左方生起特性」の反例として挙げられよう。そこで、(3d-1)のVP (*had ignored them*) を副詞 (*gracelessly*) の直前に内置移動 (intraposition movement) させて (3d-2) を派生させる方式を提案する (「内置移動」については Rackowski and Travis (2000) を参照)。ここでの内置移動の動因は (3d) 両文の情報構造の違いに求められる。

*6 「外部比較副詞 (exocomparative)」とは、言語外に比較し得る事象や事物が存在する副詞で、相当広範囲に亘る。

*7 コピュラ (copula) としてのBE動詞 (pedication、equation、existenceを具現化) の叙述機能について、Adger and Ramchand (2003) によるスコットランド＝ゲール語 (Scottish Gaelic) のコピュラ分析がある。本書では、スコットランド＝ゲール語の叙述構造に倣い、(ib) の IN の意味が不定冠詞に吸収され、PF で削除される要素と考えることにする。

(i) a.　　Tha　　　　Calum　'na　　　　 tidsear.
　　　　　Be-$_{PRES}$　Calum　in-3$_{MS}$　teacher 'Calum is a teacher.'
　　　　　　　　　　　　　　　　　　　　　　　　　　　(*Ibid.*: 332)
　　b.　Calum is IN a teacher.　　　　　　　(鈴木 (2004a.: 25))
　　c.　<u>Tom sincerely respects Mary.</u>
　　d.　[TOM WAS IN A PSYCHOLOGICAL SITUATION OF SINCERITY]

上のように考えることによって、(ic) の下線部の叙述構造に対応する意味表示 (id) の IN に意味論的根拠を与えることができる。

*8 V直後の副詞は、正確には、様態副詞が最小のVP内付加部に配置され、状況副詞句はVPに右方付加される。つまり、英語においては、「動詞＋様態副詞句＋場所・空間副詞句＋時の副詞句」という配列が無標である。同配列の機能論上の理由づけについては第4章§2.2.1、統語論上の理由づけについては以下の注9を参照。

*9 様態副詞が最小のVP内付加部に配置されることについての統語論プロパーでの分析は従来、必ずしも十分には行われていないが、本書では基本的にAdger and Tsoulas (2004) の統語分析を採用する。同論文は、Ernst (2002) による状況副詞句VP右方付加構造や Schweikert (2005) による接辞投射句構造 (第6章参照) の妥当性を支持するための理論的基盤としての役割を担い得るものと言える。以下、概要を述べる。

同論文は、様態副詞句に場所副詞句を右方付加した構造 (i) を支持しながら、場所副詞句の位置的妥当性を論証している。

(i)　...[[[...V...]Manner]Locative]
(ii) a.　Which woman did he glance <u>quickly</u> at a picture of <u>t</u> ?

b. * Which woman did he glance in the Louvre at a picture of t ?
(Adger and Tsoulas (2004: 49))

加えて、同論文は、(iiia) の場所副詞句 (in its_i hutch) を束縛理論と矛盾しないように派生させる方策として、in its_i hutch が every rabbit_i に C 統御 (c-command) される位置、例えば、every rabbit_i を Spec-AgrO の位置に派生させる VP Shell 構造に基づいた分析を主張する。

(iii) a.　Maire tortured every rabbit_i in its_i hutch.
 b.　[_{Asp1P} Asp1 (V) [_{vP} DP_1 [_{v'} v (t_v) [_{Asp2P} (t_v) Asp2 [_{VP} V DP_2]]]]
(a.=Ibid.: 50; b.=Ibid.: 57 の句構造樹 (40) に基づく、下線筆者)

(iiia) の every rabbit_i は、(iiib) の DP_2 から DP_1 に繰り上がるとするならば、every rabbit_i と (VP に左方付加される) in its_i hutch との間に束縛理論からの逸脱は生じない。語彙的 VP 構造 (iiib) において、機能的主要部 Asp2 (語彙的アスペクト) (= (iv) の H) の [uQuant] 素性は、VP に併合された場所副詞句中の、事象を計測 (measuring out) する空間前置詞の [Quant] 素性と照合された後、削除される ([Quant(ization)]) (量子化素性) は、Adger and Tsoulas (2004: 特に 56) の用語で、同素性は、事象の完結性 (telicity) を導くものとされる)。

(iv) [XP_1 YP... ZP H{Probe, EPP} [......XP_2 {Goal}...]] [_{VP} V... (Probe=Goal)
(Ibid.: 56 に基づく)

(iv) において、H (=Asp) の EPP 素性は、XP_2 が XP_1 の位置に上昇 (H に XP_1 を併合) することにより、解釈不可能要素として削除される。(iv) の XP_2 における空間前置詞の [Quant] 素性は事象計測化機能を担う。同機能は、「動詞＋様態副詞＋場所副詞句」の配列を導く。(va) を例にとるならば、時間副詞句 (this morning) に省略されていると考えられる前置詞 in には事象計測子としての [Quant] 素性を付与することができない。よって、場所副詞句 (in its hutch) を削除すると非文あるいは文法性の低い文が派生されてしまうのである。

(v) a.　Maire tortured every rabbit ?/* (in its hutch) this morning.
(Ibid.: 50 の用例 (27) に基づく)
 b.　Maire tortured three rabbits {1. in their hutch, 2. this morning}.

しかし、量化詞が関与しない (vb) は、副詞句が無くても事象の完結が可能である。「場所」と「時」のどちらの副詞句も「メリーが 3 匹のウサギをいじめた」という事象内容の具体化に寄与しているに過ぎない。よって、(vb) の副詞句の配列は傾向の問題であり、1>2 と 2>1 のどちらが無標の配列かということについては、統語論よりも機能論による分析が有効であると言える。

*10　http://www.solanaspas.com/pdfs/solana_pre-delivery_inst_02.pdf (2010.2.14)
*11　http://titusonenine.classicalanglican.net/?p=15978 (2006.11.26)
*12　本項は、日本言語学会第 143 回大会 (2011 年 11 月 26〜27 日、於：大阪大学) における筆者の口頭発表予稿集原稿 (鈴木 (2011b)) 及び鈴木 (2012) に加筆、修正を施したものである。
*13　注 3 に同じ。
*14　正確には、VP 末部で次のような語順になる。
(i) I've seen them painted true black beautifully.

第 3 章　様態副詞の位置的特性　123

(http://activerain.com/blogsview/1535027/should-you-paint-the-kitchen-cabinets-（2011.8.20））
＊15 （31a）http://debatekc.edublogs.org/2011/05/12/success-story-from-debate-squad-returns-to-encourage-others/
（31b）http://www.fanforum.com/f88/couples-moment-197-~-even-after-all-these-years-feels-just-like-were-meeting-first-time-63010062/index10.html
（以上、2011.8.20）
＊16 http://www.waikikiimprovement.com/Waikiki/Newsletter/Waikiki_Wiki-Wiki_Wire_XI_04.pdf（2011.8.20）
＊17 結果構文の分類における、「本来的」と「派生的」という用語は影山（1996）に依る。
＊18 http://www.thefedoralounge.com/showthread.php?43375-The-Middy-Thread/page10（2011.8.20）
＊19 （a）http://www.cdapress.com/records/obituaries/article_1b3099e2-7eac-5c70-a3aa-988284a6d761.html
（b）http://www.livonianyhistory.org/towns.html#（2文ともに2011.8.20）
＊20 換言すれば、（36b）の限定用法の形容詞は、名詞に属性を直接付与し、作物の出来高というよりもむしろ、豊富な作物そのモノを前景化する機能を担っている。
＊21 （37d）の概念述語WITHの使用についてはJackendoff（1990: 187）を参考にしている。「～と一緒に」というWITHの代表的な意味は、2つのイメージを持つ。その1つは、例えば、①「太郎と花子が少し離れて一緒に散歩をしている」（不連続性）というイメージ。もう1つは、②「太郎と花子が手をつないで一緒に散歩をしている」（連続性）というイメージである。概念構造（37d）のWITHは左記の①のイメージを意識して提案している。
＊22 結果構文の研究文献は多岐にわたり、1970年代後半から今日に至るまで国内外で相当数の研究文献が公開されている。本書における結果構文はLevin and Rappaport Hovav（1995）による、動詞の種類（他動詞、非能格動詞、目的語無指定動詞（unspecified object verbs）、非対格動詞）に基づいた分析に依拠する。
＊23 結果構文における結果述語が全て形容詞と言えるかどうかということについては本書では立ち入らない。特に（41e）の結果述語の語類に留意されたい。
＊24 正確には、非能格動詞の場合は目的語位置の見せかけの再帰代名詞（fake reflexive object）、目的語無指定動詞の場合はその直後の目的語、非対格動詞の場合は内項としての目的語を指す（Levin and Rappaport Hovav（1995））。
＊25 （i）のように、行為主体が主語NPとして明示されているように見えても、主語NPの行為主体性の度合いは文脈から判断せねばならないことがある。
　　（i）He left his friend a fortune.（彼は友人に財産を残して死んだ）
　　　　　　　　　　　　　　　　　　（小西（編）（1985: 851）、下線筆者）
それは、動詞（left）の語彙的特性が原因し、主語NP（He）の意図性が曖昧であるからである（Ibid.: 850–851を参照）。
＊26 http://www.chowhound.com/topics/381652（2007.11.3）

*27 (ia) の *successfully* のように、結果用法の様態副詞が文中央部に生起する場合もある。但し、(ia) のパラフレーズ (ib) から判断して、*successfully* は主語指向副詞の機能をも担っているために、文中央部への生起が許容されるものと考えられる。
 (i) a. He has <u>successfully</u> quit smoking.
   b. He has <u>succeeded</u> in quitting smoking.
*28 Wickboldt (2000) は、事象の完結性 (telicity) を一時的に取り消す (suspend) 機能について、特定の用語を与えてはいない。筆者は同機能を「事象完結一時取消機能」とする。
*29 http://www.midnightinamerica.net/docs/lit/mw/mw-dig.htm (2011.8.20)
*30 http://www.archive.org/stream/passagesfromdiar03warr/passagesfromdiar03warr_djvu.txt（2011.8.20）
*31 原因事象と結果事象の時間関係については、Goldberg and Jackendoff (2004: 545-546)) を参照。同論文における、2つの事象間の時間差の解釈に曖昧さが残る (i) のような用例への言及も参照。
 (i) Sam sang enthusiastically during the class play. He woke up <u>hoarse</u> the next day and said, "Well, I guess I've sung myself <u>hoarse</u>. (Rappaport Hovav and Levin 2001: 775)   (*Ibid*.: 546、下線筆者)。
*32 「編まれた髪の堅さ (tightness)」の判断には、話し手の主観が関与する。
*33 (b) http://www.angelfire.com/musicals/dyanarosejl/starlight/story/rusash/ra04.html
(c) http://m.fanfiction.net/s/1698463/2/ (b., c. ともに 2012.4.14 最終確認)
*34 主語指向副詞は、文副詞（主語評価離接詞）と主語付加詞に分類される。両者とも文中央部に生起し、両者の区別が困難な場合がある。
 (i) a. He <u>wisely</u> escaped from the POW camp.（主語評価離接詞）
             （小西（編）(1989: 2074)）
   b. John <u>carefully</u> kept to the left of the room.（主語付加詞）
            （*Ibid*.: 362、以上、下線筆者）
話し手が、主語NPが関与した事象に対して評価を下すことが可能か否かということが、両者を区別するための判断基準と言える。一方、文中央部における、同形態の主語付加詞と様態副詞を区別するためには、両者が生起する文の文脈から判断するか、あるいは、「文中央部」を下位分類し、(68) のように両者の生起位置を特定することが考えられる。叙述論 (predicational theory) による主語指向付加詞の扱い方については、第2章、注23で論じている。
*35 ここでの「人間を表す主語NP」の人間は、擬人化された無生物も含む。ところで、(i) の主語は擬人化されているとは言い難い。
 (i) a. <u>Wisely</u>, the meeting ended early today.
   b. <u>Rightly</u>, the book costs only five dollars. （鈴木英一 (1984: 237)）
鈴木英一 (1984) は、「会議を終えたり、値段をつけるという行動が含意されるだけではなく、行為者の存在も感じられる」(p.237) とする。なお、よく知られているように、主語指向副詞が係わる主語は、形式上の主語の場合と意味上の主語の場合がある（次の注36も参照）。

第3章 様態副詞の位置的特性 125

*36 用例（67d, e, f）の *carefully* は、意味上の主語（*Tom*）を指向する。主語指向副詞が叙述する主語は①形式上の主語の場合と②意味上の主語の場合がある。①と②の判別が文法のどのレベルで行われるのかということについては必ずしも十分な議論がなされてはいない。とりわけ、McConnell-Ginet（1982: 146）は、Jackendoff（1972）が扱った副詞の主語指向性の問題について、(i) の *reluctantly* のように受動文において意味上の主語に係わる副詞（passive-sensitive adverb）は、述部（VP）全体を作用域とするものと規定する。

(i) a. Reluctantly, Joan instructed Mary.
    b. Reluctantly, Mary was instructed by Joan.　　　　(*Ibid.*: 145)

*37 IP領域における副詞と助動詞（法助動詞、*have*、*be*）の無標の位置関係は、強調などの文体的理由から維持されない場合がよくある。

*38 *reluctantly*（言いにくいことですが；渋々）、*sadly*（残念ながら；悲しそうに）は、離接詞（文副詞）と主語指向付加詞（語修飾副詞）の2つの機能を担い得るので、Class I に位置づけられるべきである。

*39 但し、音調調整により、文中央部における *happily*、*obviously* などが、離接詞（文副詞）であるか様態副詞であるか、ということについての判断は総じて困難であり、文脈に頼らざるを得ない（Greenbaum（1969: 187-188）を参照）。

*40 話者指向副詞（speaker-oriented adverb）と主語指向副詞（subject-oriented adverb）が同一文中に生起する場合、前者が後者に先行する（Jackendoff（1972: 103）を参照）。

*41 （72b）の主語指向副詞 *cleverly* の派生について、Cinque 階層（69）を使うと、*briefly* > *cleverly* という誤った配列が導き出されてしまう。よって、ここでは、Haumann 階層を使用する。なお、(72b) は -ly 副詞が連続しているため、構文解析上の理由から容認度が落ちる。これを回避するためには、*cleverly* の直後にコンマイントネーションを落とせばよい。

*42 名詞性（nouniness）については、Ross（1973a）を参照。(i) の前置詞句は主語 NP の機能を担う。また、(ii) の裸名詞句副詞（bare-NP adverb）には斜格が内在している、とする Larson（1985）の主張にも前置詞句と名詞句の意味的連続性が読み取れる。

(i) Under the bathtub was where we slept.　　　(Ross（1973a: 156））
(ii) I saw John that day/someplace you'd never guess.
　　　　　　　　　　　　　　　　　（Larson（1985: 595）の（1）に基づく）

*43 定義（83b）は、Lambrecht（1994: Ch. 3.2）に基づく。

*44 http://home.comcast.net/~roger.redundant.roger/GKH/gkh_story_03.htm（2006.11.18）

*45 この文頭の *quickly* に対して (ia) のような事象表示が可能である。読み手が (ib) を解釈し終えるまで、事象 (ia) の完結は一時的に取消される。

(i) a. [SOMETHING QUICK HAPPENED]
    b. [THE YOUNG PAGE DISMOUNTED]

*46 http://www.sciforums.com/showthread.php?t=2701（2006.11.18）

*47 Heim（2002: 227）の定性親密性理論（Familiarity Theory of Definiteness）

をTenny and Speas（2004）が（93）のように改訂した。原文は以下（i）の通り。
  (i) Familiarity Theory of Definiteness Revised
      For every indefinite, the ADDRESSEE starts a new card. For every definite, the ADDRESSEE updates an old card.

第4章

状況副詞句の機能論的特性

1. はじめに

　第2章及び第3章では、「動作の過程や状態の存続に関与するエネルギー放出の心理的・物理的な有り様」という「様態」についての定義に立脚しながら議論を進めた。

　本章では、「様態性」と「状況性」の間には明確な境界線が存在するわけではなく、意味的に連続している*1 ということを前提としながら、まず、§2で、「動作の過程や状態の存続に関与するエネルギー放出の〈結果〉としての心理的・物理的空間を具現化する」状況副詞句*2 の一般的特性について概説する。それに続き、§3〜§4では、文頭における「状況性」の具現化のされ方について、機能論に基づいた議論を展開する。最後に、§5において、文中央部あるいは文末に生起する挿入的状況副詞句の機能について論じる。

　状況副詞句の生起特性（文頭、文末、ときに挿入句として文中央部または文末）を分析するにあたり、Hasselgård（1996, 2004）、Povalnà（1998）、Biber, et al（1999: §10.2.6）のような機能論的な分析・記述が有効となる。例えば、(1b, d) に着目されたい。

(1) a. The exhibition will be opened <u>at three o'clock this afternoon</u>.
　　b. <u>At three o'clock this afternoon</u>, the exhibition will be opened.
　　c. The exhibition was opened <u>at three o'clock this afternoon</u>,.
　　d. *<u>At three o'clock this afternoon</u>, the exhibition was opened.
　　　　　　　　　　　　　　　　　（Dixon (2005: 406)、下線筆者）

両文の事象の発生点が過去時か未来時かという違いが、状況副詞句の文頭での場面設定化の可能性に影響を与えている。つまり、(1b, d) は談話レベルでの状況副詞句の分析の必要性を裏付ける典型例と言える。(1b, d) の文法性の問題は、本章§3〜§5で論じる「サスペンス効果」の観点からの、更に説得力のある解決が可能である*3。一方、文末の状況副詞句については機能論に加え、統語レベルでの分析も必要となる。その主たる理由としては、文頭に比べ文末は構文構成上、副詞句を複数配置し易い、ということが挙げられる。

ここで、上の (1) のような文頭及び文末の状況副詞句の機能統語論的分析を進めるにあたり、「状況 (circumstance)*4」を (2)*5 のように規定しておく(「状況」の機能論的下位分類については、第7章、(9b) を参照)。

(2) 状況:「地」または「図」として、動作の過程や状態の存続に関与するエネルギー放出の〈結果〉としての心理的・物理的空間

2. 状況副詞句の一般的特性

状況副詞句は、①関数としての前置詞や群前置詞を介して意味役割が細分化される、②文末(VP右方付加部)では、「(動詞+) 空間(副詞句)+時間(副詞句)」配列を基本とする、③文副詞への機能変更が可能である、というような一般的特性をもつ(②の配列については、Hasselgård (1996: 99)、Biber, *et al.* (1999: 811) も参照)。本章では、第3節以降、文頭の状況副詞句の機能について論じるが、本節における、状況副詞句の文末での特性(②と③)に関する議論は、実は、文頭状況副詞句の機能分析とも深く関連しているのである。つまり、②については、主として作用域上の理由から、文頭では、「時間+空間(+主語NP)」という配列が優先され、文末と文頭の「空間」と「時間」の配列が鏡像関係を成す。更に、③については、文末(VP右方付加部)での文副詞化は、構文解析上、避けられる傾向があり、文末(VP右方付加部)に配置可能な

文副詞候補としての状況副詞句は、文頭に優先的に配置される。したがって、状況副詞句は、文頭と文末（VP右方付加部）の両方に目配りしながら分析する必要があるのである。

2.1 前置詞による状況副詞句の細分化

英語前置詞を扱った理論的研究として、Leech（1969）、Bennett（1975）、小西（1976）、Gruber（1976）、Miller and Johnson-Laird（1976）、Jackendoff（1978）、Hawkins（1984）、Herskovits（1986）、Lakoff（1987: 416-461）、田中（1987: 333-374）、Takami（1992）、丸田（2001）、Tyler and Evans（2003）など相当数の文献が公刊されている。これら諸文献の共通点は、前置詞に内在する「空間概念」を「（「時」などの）非空間概念」に優先させているということである。加えて、母語習得過程の研究においても、両概念の出現順序は、「空間概念＞非空間概念」が通説となっている（例えば、Clark（2003: 特に79-100）を参照）。つまり、前置詞研究においては、空間概念から非空間概念への意味的拡張という共通の分析基盤を見出すことができる。

本節では、以下、前置詞を、場所理論（localism）*6 を基盤とした空間表示関数と規定することにより、状況副詞句の意味役割の種類が前置詞により細分化されることを考察する。意味役割細分化を導く要因について、具体的には、①前置詞による空間概念から非空間概念への投射、及び②群前置詞による意味役割変更という2つの視点から論じる。そこでの知見は、第3～4節における文頭状況副詞句の機能分析に応用される。

2.1.1 空間概念から非空間概念への投射

本セクションでは主として、Jackendoffの概念意味論に立脚しながら、「空間概念から非空間概念への投射」が個々の状況副詞句が担う意味役割の細分化（多様化）を導く要因の1つであることを論じる。

Jackendoffによる概念意味論は、概念構造（CS: conceptual structure）に直接、空間概念を表示（SR: semantic representation）

する。非空間概念については、非空間拡張条件（criterion of nonspatial extension）をCSに導入する。その理由は、同一事象に空間概念と非空間概念が含まれる場合、SRだけでは非空間概念を記号化（encode）することができないという点にある（例えば、Jackendoff（1991, 1996）を参照）。つまり、「非空間概念」は、非空間拡張条件を介して、空間表示関数としての前置詞に内在する「空間概念」から投影されることになる。

　「空間概念」から「非空間概念」への意味拡張を観察するための有力な方法として、①動詞の語彙概念構造及び②空間表示関数としての前置詞の語彙概念構造に着目することが挙げられる。例えば、場所副詞句を全く要求しない用例（3）を見てみよう。

（3）Forty years have already passed (*in Tokyo) since our marriage in 1965.

動詞を基本に拡張される節の形成過程で、「空間」や「非空間」の概念が含まれてくる。「空間」や「非空間」は、典型的には、時制、アスペクト、副詞句として具現化される。例えば動詞 pass の語彙概念構造には、「空間概念（人や車などが通り過ぎる空間）」が内在している。pass に内在する「移動」と同動詞の外項（主語 NP）forty years が示唆する「意識的広がりとしての時間」が融合（conflation）*7 して、「時の経過」という非空間概念が具現化される。前置詞 since の関数構造に着目すれば、その外項と内項の意味が融合して、「開始点から終了点までの時の持続」が具現化される。

　更に、次の（4）における状況副詞句（単線部）の「空間概念」から「非空間概念」への意味拡張を観察するためには、①動詞の語彙概念構造と②前置詞の語彙概念構造を組み合わせた構造が必要となる。

（4）With the Dumfries inquiry moving into its second month, Mr Kreindler said that there was nothing his group could do.
　　　　　　　　　　　　　　（Hasselgård（2010: 31）、下線筆者）

つまり、「別の段階への移行（ダンフリース尋問開始後2カ月目の段階への移行）」という非空間概念は、2つの事象（二重下線部と単線部）の時間関係を読み込むことによって解釈できる概念である。

基本的に動詞には「空間概念」が内包されており、動詞を意味的に分類*8することにより、「空間概念」が細分化される。空間概念の細分化の過程に「非空間概念」が含まれてくる。但し、Hasselgård（2010: 31-32）が指摘するように、用例（5a）において、動詞 *stand* の非移動的な意味と空間副詞句 *for up to 70 miles* の意味が両立していない。これは、「空間概念」がそのまま「非空間概念」に写像される現象である。

(5)　a.　He said other passengers are regularly forced to stand for up to 70 miles.
　　　b.　You called on the man <,> and as it were exchange[d] many words as you could on the way to the study door <,,>
　　　c.　Is it within walking distance?
　　　d.　Two elections were held within the space of a year.
　　　　　（a.,b.=Hasselgård（2010: 31)、c.d.=*Oxford Advanced Learner's Dictionary*（2000）の *within* の項より抜粋、下線筆者）

話し手・聞き手が、瞬間的にせよ、空間副詞句が表す時間を計算する必要があるという点で、空間副詞句は時の副詞句よりも複雑な概念である。例えば、(5a)の *for up to 70 miles*（空間概念）が動詞 *stand* と意味的に関連する場合、*for as long as 90 minutes*（非空間概念）に比べ、聞き手がその意味を理解するのに瞬間的ではあるが、より長い時間を要する複雑な概念である。(5b〜d) についても同様である。(5d) については、*within a year* の場合との内包（connotation）の差を比較されたい。なお、*stand for up to 70 miles* のような時空概念の具現化のされ方が言語間で異なり得るということについては Schroten（2001）を参照されたい。
　以上、「空間概念から非空間概念への投射」が個々の状況副詞句が担う意味役割の細分化（多様化）を導く要因の1つであることについて考察した。次のセクションでは、意味役割の細分化を導くもう1つの要因として、群前置詞による意味役割変更について論じる。

2.1.2　群前置詞による意味役割変更

　群前置詞はその内部にNPを含むという点で単一の前置詞とは異なる（例えば、*in front of*は*front*をNPとして含む）。本セクションでは、前項で論じた「空間概念から非空間概念への投射一方向論*9」を踏まえながら、群前置詞句が担う意味役割細分化機能について論じる。

　「群前置詞（group preposition）」は、「時間」以外の抽象的な意味を表す「状況副詞句」の関数として、意味役割変更の機能を担う。つまり、単一の前置詞の場合と同様、群前置詞も「状況副詞句」の範疇（意味役割）の細分化を導く要因と言える。例えば、(6)のイディオム*in spite of*は語源的に、「〜の中で（in）＋悪意（spite）＋〜という（of）」というメタファー的な解釈から「〜にもかかわらず」という日常的な意味に定着したものと考えられる。

　(6)　Tom went home without an umbrella in spite of the heavy rain that afternoon.

つまり、*in spite of the heavy rain*は、「大雨という悪意の中で」というような（抽象的な）空間表現が「大雨という悪意に晒されている時間の中で」というような時間表現を経由して、「譲歩」を表す状況副詞句として語彙化されたものと見做すことができる。

　Huddleston and Pullum（2002: 618）は、*in spite of*のような[P+NP$_1$+P]にNP$_2$が後続する群前置詞句を60例挙げている。傾向として、NP$_1$の意味は抽象的であり、NP$_2$の意味は具体的である。*in back of*のNP$_1$（下線部）のようにその意味が具体的な例は少数である。群前置詞がイディオムとして使用される傾向にあるのは、主として、[P+NP$_1$+P]におけるNP$_1$の意味が抽象的であるからである。

　既に§2.1.1において、前置詞に内在する「空間概念」が、「（時間などの）非空間概念」に意味拡張する現象について論じた。群前置詞句における[[P+NP$_1$+P]+NP$_2$]という構造には、単純前置詞の場合とは異なる意味拡張の類型化が見られる。Huddleston and Pullum（2002: 620）は群前置詞句の構造に対して3種類の句構造(7)を提案する。

(7) a. Right branching analysis:

[PP [Head: Prep on [Comp: NP [Head: Nom [Head: N behalf [Comp: PP [Head: Prep of [Comp: NP Tom

b. Complex preposition analysis:

[PP [Head: Prep [Prep in [N front [Prep of]]] [Comp: NP the car

c. Layered head analysis:

[PP [Head: PP [Head: Prep in [Comp: NP league]]] [Comp: NP [Head: Prep with [Comp: NP the guys

(Huddleston and Pullum（2002: 620）の句構造樹に基づく）

　(7)の統語と意味の対応関係に着目すると、群前置詞の意味拡張について、共通の特徴が見えてくる。(7a)は、*in/on behalf of X=in/on X's behalf* に書き換え可能という理由から、*behalf of X* をNPと見做す構造である（*Ibid.*: 621）。(7b)は、群前置詞（*in front of*）を1つの複合体、いわば、語と見做す分析である。しかし、同群前置詞は、その反意語 *behind* と意味的な関係は築けても、(8)のように統語的振舞いは異なる（*Ibid.*: 621）。

(8) a. It is behind (the car).
　　b. It is in front of *(the car).

(7c)は、2つのPP（*in league* と *with the guys*）が並列する構造である。(9a)の *with the guys* は、league を修飾するのではなく *in league* と重層構造の関係にある（*i.e.* (7c)）と考えることにより、(9b)のような関係節化の説明が可能となる（*Ibid.*: 622）。

(9) a. He was in league with the guys from down the road.
　　b. the guys from down the road, with whom he was in league　　(Huddleston and Pullum（2002: 622）、下線筆者)

　(7)のように3つの類型（*i.e.* ①P（*on*）+ NP（*behalf of Tom*）、②P（*in-front-of*）+ NP（*the car*）、③PP（*in-league*）+ PP（*with the guys*））に分類される群前置詞の先頭部分が「空間」を表す単純な前置詞であっても、「群前置詞+目的語NP」は全体として抽象的な意味役割を担う群前置詞句を形成する。その主たる理由は、「空間」を表す単純な前置詞とそれに後続する群前置詞内部のNPに、非空間概念を表す傾向が観察されるという点にある。(9)の

in league with NP(NPとぐるになって)を例に挙げれば、同群前置詞句は複数の意味成分(例えば、[Conspiracy]、[Group])が組み合わさって抽象化されているのである。

以上、本項では、①前置詞による空間概念から非空間概念への投射、及び②群前置詞による意味役割変更が、状況副詞句の意味役割の細分化を導く要因であることを論じた。

2.2 文末における状況副詞句の機能

本項では、前項で論じた「前置詞による状況副詞句の細分化現象」についての考察に基づき、意味役割が細分化された状況副詞句の文末(VP 右方付加部)での配列について、①文末における状況副詞句の配列傾向と配列条件、及び②状況副詞句の文副詞化現象の2点を中心に論じる。

2.2.1 文末状況副詞句配置の基礎 「動詞＋空間＋時間」配列

英語における文末状況副詞句は次の2つの、情報構造上の特徴をもつ。つまり、①文末で「図(前景)」(figure)としての機能を担いやすいということ及び②動詞右方における「空間＋時間」配列が無標の配列である、という2点である。以下、複文の主節と従属節の位置的特徴を「地」と「図」の概念を使って分析した Talmy (1978) の論考に依拠しながら議論を進める(本章注14も参照)。

まず、「図」としての役割を担う文末状況副詞句について見てみよう。(10a)において、事象(evP)内の副詞(句)は、様態副詞として、行為主体(*Tom*)の生活の仕方に言及したものであり、事象([Tom lived])の内容を拡張する機能を担っている。

(10) a. [[$_{evP}$ Tom lived happily with Mary][[$_{cirP}$ in New York] [$_{cirP}$ in the 1980s]]]

b. [[$_{cirP1}$ In the 1980s,][[$_{evP}$ Tom lived happily with Mary] [$_{cirP2}$ in New York]]]

(cf. evP=event phrase, cirP=circumstantial phrase)

一方、(10a)における状況副詞句(cirP)は、事象(evP)の存在

を限定する・囲い込む（存在の在り処を具現化する）機能と同時に、「地（背景）」としてのevPに対する「図（前景）」の機能を担っている*10。「地」と「図」の違いを踏まえながら、(10a)を日本語に訳すと、(11a)のようになろう。

(11) a.　トムとメアリーの幸福な生活は、1980年代にニューヨークで営まれていた。
　　 b.　1980年代には、トムとメアリーの幸福な生活は、ニューヨークで営まれていた。

(10b) のcirP1 (*in the 1980s*) は、(10a)で考察したcirPの機能の一部である「事象（evP）の存在を限定する・囲い込む（存在の在り処を具現化する）」という機能に加え、「図」としてのevPに対する「地」の機能を担っている。したがって、(10b)に忠実な日本語訳は(11b)のようになる。

　この、「図」、「地」の概念を用いた説明の有効性は、(12)のような談話により例証することができる。

(12) a.　Tom lived happily with Mary in New York in the 1980s. And after that he lived separately with her in Chicago.
　　 b.　In the 1980s, Tom lived happily with Mary in New York. In the 1990s, he lived with Jane in Chicago.

(12a)では、「図」の一部としての*in the 1980s*を受けて、*after that*が「地」として、文頭に配置され、「図」の一部としての*in New York*は、*in Chicago*と置き換えられている。一方、(12b)のcirP（下線部）は、語句が置換されているだけで、各文の{「地」→「図」}の配列は変わらない。これは、事象（トムの生活）の歴史的事実を列挙した談話であるからである。このように、(12)の両文には、「図」と「地」の配列の違いが観察されるものの、(12)のcirPの配置が的確であるために、両文とも談話としての一貫性（coherence）が保たれている。以上、状況副詞句は、文末で「図」、文頭で「地」、としての機能を担い易いということを考察した。

　次に、動詞右方では「空間＋時間」が無標の配列であることが、複数の文末状況副詞句配置の自然な情報構造を導くことについて考察する（ここでの考察の妥当性は、第6章（§2.3.2）における

第4章　状況副詞句の機能論的特性　　137

Barbiers（1995）による「意味解釈原理」により裏付けられることになる)。

まず、(13a, b)の両文に容認可能性の差が生じている理由について、事象構造の概略表示(14a,b)を比較しながら考えてみよう((13b)は *this afternoon* の直後にコンマイントネーションが置かれれば自然な文となる)。

(13) a. Tom and John [[played tennis] in the park] this afternoon]].
b. ?Tom and John [[played tennis] this afternoon] in the park]].

(14) a. [$_{State}$ BE ([$_{Event}$ TENNIS], [$_{Place}$ IN THE PARK ([$_{Time}$ IN THIS AFTERNOON])])]
b. [$_{State}$ BE ([$_{Event}$ TENNIS], [$_{Time}$ IN THIS AFTERNOON ([$_{Place}$ IN THE PARK])])]

(14a)は THIS AFTERNOON が THE PARK よりも広い作用域の解釈を表示している。つまり、(14a)は「空間」が「時間」に従属する（包摂される）という自然な解釈（「(テニスが行われた)公園（という空間）は、今日の午後（という時間）に存在した」）を可能にする。一方、(14b)は「時間」が「空間」に従属するという不自然な解釈（「今日の午後は、(テニスが行われた)公園に存在した」）を導く。時間(*this afternoon*)に空間(*the park*)を付加した(13b)よりも、空間に時間を付加した(13a)の容認可能性が高い理由は、両者の情報処理上の複雑さの違いにある。(13b)は(13a)に比べ複雑な情報処理が要求されるのは、「時間(X)＋空間(Y)」という配列は、自然な叙述(predication)の形成を困難にするからである。例えば、'Mary met John in New York three years ago.' において、{空間：Y（ニューヨーク（での出会い））＋時間：X（3年前（に発生した））} の配列でYがXによって叙述される解釈が自然である。

ところが、(15)の状況副詞句配列のように、「叙述」の概念では説明できない例が現実に観察される。(15)の文脈を具体的に確認してみよう。

(15) You look most delightful this afternoon in that new frock. I think the trip's been a tonic for you already. (BNC、下線筆者)

夫が家族旅行の帰路で、「買ったばかりのワンピースを着て、夕日に照らされた君は本当に嬉しそうだね」と妻に声をかける場面である。つまり、ここでは in that new frock の方が this afternoon よりも重要な情報であるので、「文末重心の原理」により、in that new frock が文末に配置されているものと考えられる（状況副詞句配列逸脱現象については第6章（§3）及び第7章（§3）も参照）。

以上、①文末の状況副詞句は、文脈から判断して、「図（前景）」としての機能を担いやすいということ及び、②時間表現よりも空間表現を優先的に選択するという、英語動詞の一般的な傾向から、英語における「空間」及び「時間」を表す文末状況副詞句の無標の配列は、「動詞＋空間＋時間」であることについて論じた。ここで、「動詞＋空間＋時間」という配列を支える機能論上の根拠（16）を提案する。

(16)「動詞＋空間＋時間」配列を支える機能論上の根拠

英語においては、動詞右方に「空間」と「時間」をこの順序で提示される傾向が見られる。その理由は、同配列が①情報処理上の効率性の原理*11 に適った事象内容の限定化を容易にし、ひいては②複数の文末状況副詞句の自然な情報構造（「図」の的確な配置）を導くからである。

2.2.2 状況副詞句の文副詞化現象

ここまで考察してきた状況副詞句の一般的特性に加え、本セクションでは、意味役割変更のプロセスで観察される、状況副詞句の文副詞化現象について論じる（ここで言う「文副詞」は、Quirk, et al.（1985）や Kuno（1987）の言う場面設定や強調（焦点化）のために文頭に移動可能な付加詞も含める（第5章（§7.1）も参照））。状況副詞句の文副詞化現象とは、(17) を用いて次のように説明することができる。

(17) a.　The name list is arranged according to the alphabet.
　　 b.　According to the weather forecast, it will snow this

evening.

（17a）の状況副詞句の意味役割は、〈Means（手段）〉と見做すことができよう。一方、（17b）の状況副詞句は、文意から判断して文副詞である。意味役割も変更されており、〈Evidential（伝聞）〉とした方がよい。

状況副詞句の文副詞化に観察される、意味役割変更現象を導く要因として、①「前置詞の事象形成機能」及び①から敷衍される②「前置詞とその目的語 NP によって形成された空間・非空間に置かれる話し手の視点」が挙げられる。①及び②は、文副詞の話者指向的特性を導くための十分条件と言える。なお、②は具体的には、'in the garden' の場合、「庭の内側」に、話し手の視点が置かれる可能性があるのと同様に、(17b) の 'according to the weather forecast' の場合、「天気予報についての伝聞」に、話し手の視点が置かれる可能性がある。ここでの「可能性」は、当該の状況副詞句に視点が置かれるか否かは文脈に依存していることを示唆するものである。但し、例えば、'according to my own experience'（私自身の経験によれば）のように、文脈を考慮せずとも、話し手の視点が「私自身の経験」に置かれる場合もあり得る。

以下、§2.2.2.1～§2.2.2.2 において、状況副詞句の文副詞化を導く要因①及び②について論じる。

2.2.2.1　前置詞の事象形成機能

Levinson（2001: 14750, 2003: 66）は、言語類型論に立脚しながら、複数の品詞や構文によって具現化される空間関係を［静的（location）］と［動的（motion）］という基準によって分類した。この基準は前置詞についても適用することができる。(18a)(Ibid.: 14751) は「静的な基準」、(18b) は「動的な基準」によって2つの事物が関係づけられていて、前者は「状態」を表す事象、後者は「動作」を表す事象としての解釈が可能である（前置詞による事象形成については第2章注2も参照）。

(18) a.　There's a spider on your northern leg. (location)
　　　b.　We had to flee through the trackless jungles, over high

mountain ranges and across deep gorges of the "Hump" region of the Himalayas into Burma. (motion)（我々は道なきジャングルを通り抜け、高い山の峰を越え、ヒマラヤの「ハンプ」地方の深い峡谷を渡りビルマに入らねばならなかった）　　　（小西（1976: 51）、下線筆者）

　(18b)では「運動の変化」を表す状況副詞句が4つ並列されている。4つの事象が等位接続された同文のような構造では、いずれかの状況副詞句1つを文頭で主題化（thematization）し、状況副詞句として使用すると原文の情報構造の自然さが損なわれてしまう。つまり、4つの状況副詞句が時間的順序に従って、全体として1つの事象を形成しているのである。

　「①前置詞の補部NPと②前置詞句が修飾するNP／VPの2つを関係づける関数」としての前置詞に着目することにより、前置詞による事象形成機能を有効に説明することができる*12。例えば、上の用例(18)では、〈THROUGH（FLEE, THE TRACKLESS JUNGLES）：道なきジャングルを通って逃げる〉や〈INTO（WE, BURMA）：我々はビルマに入る〉（下線部は項構造における外項に相当）のような関数構造が概念構造に投影され、事象形成に至る。

　(18)の状況副詞句においては、話し手の視点は明示的には観察されないが、(17b)の状況副詞句については、〈ACCORDING TO（WHAT THE SPEAKER HAS HEARD, THE WEATHER FORECAST）：話し手の伝聞は天気予報に関連する〉のような、外項（下線部）に話し手を含ませた関数構造を想定することができる。つまり、(17b)は、話し手が、「天気予報に関する伝聞」に視点を置いて、'it will snow this evening' と聞き手に伝達しているのである（(17b)と同じ群前置詞（according to）を用いた(17a)の状況副詞句 'according to the alphabet' が形成する事象（「名簿はアルファベット順である」）には、話し手の視点が明示されないことに留意されたい）。

　このように、関数としての前置詞は、2つの事物（事象も含む）を「関係づける」機能を担う。この、「関係づける」という認知的操作を行うのは「話し手」であるが故に、前置詞の関数構造

第4章　状況副詞句の機能論的特性　141

(functional structure)における「空間・非空間」に「話し手の視点*13」を置くことができるのである。

2.2.2.2　前置詞とその目的語NPによって形成された空間・非空間に置かれる話し手の視点

そこで、「空間・非空間」(以下、「空間」とする)と「話し手」との関係を、前置詞の関数構造がどのように捉えるのか、という問題について考えてみよう。「空間」とそれを表現する「話し手」の視点との関係(19)に着目することにより、「空間」を言語化する状況副詞句の特性の一般化が可能になる。

(19) a.　話し手の視点(empathy)が当該空間の内部に存在する。
　　　b.　話し手の視点(empathy)が当該空間の外部に存在する。

(20a, b-3)では、話し手が当該の「図書館」に「馴染み深さ(familiarity)」を感じている場合、話し手の視点は、*Tom*の存在領域(existential field)としての「図書館(*the library*)」の内部にある。同様に、(20b-1, 2)では、「都市としての*New York*」に話し手が「馴染み深さ」を感じている場合、話し手の視点は、「都市としての*New York*」の内部にある('existential field'はJackendoff (1983: 202)を参照)。

(20)　a. Tom studied {① in the library,　② in the library this afternoon}.
　　　b-1. Tom studied in New York.
　　　b-2. Tom studied in New York {① this afternoon,　② in his twenties}.
　　　b-3. Tom studied {① in the library in New York,　② in the library in New York this afternoon}.
　　　b-4. Tom went {① to the New York Public Library,　② to the New York Public Library this afternoon}.

しかし、「図書館」や「都市としての*New York*」に対する話し手の「共感度(degree of empathy)」は(20a, b)の各文の間で異なる(ここでの「共感度」はTalmy (1978)*14や久野暲の視点論に基づく)。その要因は、時を表す状況副詞句が付加されているか

否か、ということにある。

　(20a) では、②の *this afternoon* が「Tom の存在領域（existential field）（以下、TEF）」である「図書館」の具体性（日常性）を高めている。同様に、(20b-1) の *New York* は TEF としては広過ぎるのに対し、(20b-2) では時の副詞句（①、②）により TEF の具体性が高められているのである。更に、(20b-2①) と (20b-2②) を比べた場合、聞き手にとって、「今日の午後に学習した環境である *New York*」(20b-2①) よりも、「20代に学んだ環境である *New York*」(20b-2②) の方が、より具体的な（視点を置き易い）TEF であると言えよう。同様の理由で、(20b-3, 4) についても、それぞれ①よりも②の場所副詞句に話し手の視点が置き易い。更に、この文脈では単に *the library* と表現するよりも *the New York Public Library* と表現したほうが（特に聞き手がこの公共図書館をよく知っている場合）、場所副詞句の TEF としての説得力が高まることが分かる。

　上の (20a, b) についての考察は、動詞と状況副詞句の意味的連結性 (semantic connectedness) *15 が話し手の視点に影響を与えることを示している。この意味的連結性の度合いの違いは、例えば、(20b-1) と (20b-4②) の事象構造 (event structure) (21) によっても、的確に表示することができる。

(21) a.　[$_{Event}$ GO ([TOM]i, [$_{Path}$ INTO$_{Circ}$ [[i STUDY], [IN NEW YORK]]])]

　　b.　[$_{Event}$ CAUSE ([TOM]i, [BE$_{Ex}$ ([i GO TO [THE NEW YORK PUBLIC LIBRARY]j, [j [IN THIS AFTERNOON]]], [IN THIS AFTERNOON])])]

　　　　　　(Circ=circumstantial, Ex=existential については Jackendoff
　　　　　　　　　　　(1983: 例えば、198-199, 202) を参照)

事象構造 (21a) において、2つの情報、[i STUDY] と [IN NEW YORK] が [i STUDY IN NEW YORK] のように1つの情報単位として表示されてはいない。これは、[NEW YORK] は、[i STUDY] に対して十分に限定された存在領域とは言えないことを明示するためである。既に言及したように、[*New York* での勉学]

という事象は、例えば［20代に *New York* に留学したこと］という事象と比べると、日常性＊16 の度合いが落ちる。よって、(21a)は、話し手（聞き手）と *New York* の心理的距離が十分に保たれていないことを的確に表示している。

一方、事象構造(21b) は、① *i* GO TO [THE NEW YORK PUBLIC LIBRARY] *j* が1つの情報単位として表示されてから、その直後に② [*j* [IN THIS AFTERNOON]] が表示されている。つまり、構造(21b) は、①と②を意味的に的確に連結しており、事象発生時点での「*Tom* の行うことの可能な限りの行為」のうち最も相応しい行為として、同構造が表す情報を話し手が選択・伝達しても不自然ではない（聞き手にとって、十分に受け入れ易い）ことを的確に表示している。

ここまでの考察に基づき、動詞と状況副詞句の意味的連結性の決定要因(22)＊17 を提案する。

(22) 動詞と状況副詞句の意味的連結性の決定要因
　　　動詞と状況副詞句の意味的連結性の度合いは、動詞と前置詞句内 NP によって形成される情報に対する、話し手の心理的距離感覚＊18 によって決定される。

(22)における「心理的距離感覚」の重要性を例証する実例として(23)を挙げておこう。用例(20)の場合と比較し、(23)における視点分析には語用論上の配慮が必要となる。

(23) a.　Of course no harm will come to him.　（BNC、下線筆者）
　　 b.　To you I bring my great eternal sorrow; I am going to you, Father Ocean!　（インターネット検索＊19、下線筆者）

つまり、(23a) では話し手の視点が *him* に置かれており、*go/come* の使い分けについての一般的な視点制約が遵守されている。一方、(23b) では *you, Father Ocean* に話し手の視点が置かれておらず、視点制約違反が観察される。その理由は、話し手が *you, Father Ocean* を近寄り難い存在として捉えているからであろう。

以上、状況副詞句の文副詞化という意味役割変更現象を導く要因(24)について論じた。

(24) a.　前置詞の事象形成機能

b. 前置詞とその目的語NPによって形成された空間・非空間に置かれる話し手の視点

(24a)は(24b)を説明するための十分条件であり、(24b)は、同一文中における複数の状況副詞句のうち文副詞化が可能な状況副詞句を1つに絞り込むための十分条件と言える。つまり、状況副詞句配列条件(25)の中に「文副詞」を含めているのは、(24b)における「話し手の視点」が状況副詞句の文副詞化を導く要因となっているということに依る。

(25) 状況副詞句配列条件

　　複数の状況副詞句（adverbial prepositional phrase:AdvPP）群に文副詞としての解釈が可能なAdvPP$_x$が介在する場合、そのAdvPP$_x$が文の焦点となる。他のAdvPP$_y$は、統語上の状況副詞句配列傾向（第6章（§2.1）を参照）に従って配置される。AdvPP$_y$がAdvPP$_x$よりも文末近くに配置された場合、AdvPP$_y$は補足的情報（afterthought）としての役割を担う。

同一文中に生起する状況副詞句が1つであれば、それが文副詞化されたものか否かの判断は比較的容易に下せる。しかし、言うまでもなく、複数の状況副詞句から文副詞を認定する場合、話し手の視点がどの副詞句に置かれているのかを文脈から判断する必要性が高まる（統語論の立場からの文副詞の扱い方については、第6章（§2.1及び§3.1.1）を参照）。

　以上、①前置詞の事象形成機能と②前置詞とその目的語NPによって形成された空間・非空間に話し手の視点を置くことができるということ、の2点が状況副詞句の文副詞化を導く要因であることについて論じた。

2.3　まとめ

　本節では、前置詞の空間表示機能に着目しながら、意味役割の異なる状況副詞句の形成過程について論じた。論点を列挙すると以下のようになる。

(26) a. 空間前置詞は、2つの事物の位置関係を表示する機能を担う。「空間」は、空間前置詞と動詞の複合体を基盤とした関数構造の変数として捉えることができる。英語では、基本的に、「空間」が動詞の右方に配置され、更にその右方に「時間」が配置される。
　　 b. 単一の前置詞よりも複雑な意味拡張過程を有する群前置詞の特性が、群前置詞句の情報価値を高める。文末重心の原則により、群前置詞句の文末（に近い位置への）生起傾向が導かれる。
　　 c. 状況副詞句にモダリティー成分が認められる場合、同副詞句は文の焦点となる。但し、当該副詞句の位置は、状況副詞句配列条件に従うため、焦点としての状況副詞句は必ずしも文末に生起するとは限らない。

3. 文頭状況副詞句の機能論的特性　　一般論

　前節では、文末状況副詞句の機能論上の特性を求めた。本節では、文末（VP右方付加部）の状況副詞句に比べ、談話文法への一層の配慮が必要とされる文頭の状況副詞句の機能について論じる。文頭の状況副詞句は、①単文末部から移動するタイプと②補文中の状況副詞句が主節先頭に移動するタイプに分類することができる。タイプ②については、状況副詞句の節外抜き出しを統語論に限定して分析を進めることは困難であることを確認する。なお、タイプ②を有効に分析するにあたり、第5章（§6～§7）で多重主題構造分析を踏まえながら、意味論や語用論の視点を取り入れた詳細な分析を行う。

3.1　文頭状況副詞句の派生

　概略、文末の状況副詞句は文末重心（end-weight）の原則に従い新情報（前節では「図（figure）」と呼んだ）としての機能を担う。一方、文頭の状況副詞句は旧情報（前節では「地（ground）」と呼んだ）の機能を担う。「地」としての状況副詞句は、「図」としての

何らかの事象（event）を聞き手に意識させるための「背景（background）」とか「場面（scene）」と呼び得るものである。この、「事象の存在を限定する空間的・時間的有り様」を文頭で具現化させる状況副詞句の生起パターンは、上で述べたように次の2つである。

(27) a.　単文の先頭部に生起するパターン
　　 b.　補文から移動して、最上部の節（母型文）の先頭部に生起するパターン

(27a) は、状況副詞句の「地」としての特性を考慮することにより、統語論での分析（副詞前置（adverb preposing））が十分に可能となるパターンである。一方、(27b) は統語論（生成文法）による分析方法の違いにより (28) の文法性が異なって予測されてしまうパターンである。

(28) a.　Yesterday$_i$, I think that John examined her t$_i$.
　　 b.　*Tomorrow$_i$, John simpered that he would kiss my wife t$_i$.
　　　　　　　　（Asakawa (1978: 51, 61)、下線と痕跡記号は筆者による）

(28) は、下接の条件（subjacency condition）(Chomsky (1973) を参照）が導入される以前であれば両文とも非文（または容認可能性が低いもの）として扱われる種類の文であるし、下接の条件導入後の (28) は主節の動詞の意味に着目（詳細はAsakawa (1978)*20）しない限り両文とも文法的であると分析されるものである。GB理論以降（例えば、Chomsky (1981, 1986)）においては、障壁（barrier）の観点から (28) は両文とも非文と分析されてしまう。更に、最近のフェーズ（phase）理論に依拠すると、状況副詞句はその移動元の最下位のフェーズから順次、上位のフェーズに移動させることが可能になり、(28) は両文とも文法的であるという、現実に反する判断が下される*21。したがって現段階では、状況副詞句の節外抜き出しを統語論に限定して分析することは困難であり、意味論や語用論の視点を取り入れる必要がある。(27b) の状況副詞句の節外抜き出しについては、文頭状況副詞句の多重主題構造と関連づけながら、第5章（§6〜§7）において詳細に議論することにし、以下、(27a) の単文の先頭部に生起す

第4章　状況副詞句の機能論的特性　147

る状況副詞句の分類と機能を中心に論じる（議論の展開上（27b）についても部分的に言及する）。

3.2　文頭状況副詞句の分類と機能論的特性

本項では（29a）のように副詞句（AdvP）を AdvP$_1$ と AdvP$_2$ の2種類に分類する*22。AdvP$_1$ は強調・焦点化のために節頭に移動する。一方、AdvP$_2$ は話題化（topicalization）と同じように節外抜き出しを許す。

(29) a.　副詞の文頭移動プロセス

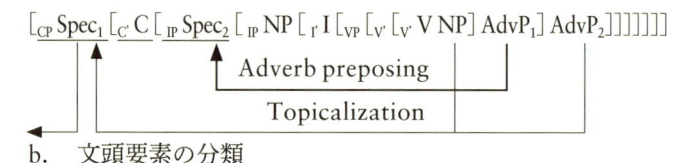

$[_{CP}\text{Spec}_1\,[_{C'}\text{C}\,[_{IP}\text{Spec}_2\,[_{IP}\text{NP}\,[_{I'}\text{I}\,[_{VP}\,[_{V'}\,[_{V'}\,\text{V NP}]\,\text{AdvP}_1]\,\text{AdvP}_2]]]]]]$

　　　　　　　　　　Adverb preposing
　　　　　　　　　　　Topicalization

b.　文頭要素の分類

Theme（主題） ｛
① Topic（話題）：後続の Comment（コメント）と主述関係を築くことができる。
② Scene-setter（場面設定子）：それだけで意味上の副詞節の機能を担うことができる。
｝

AdvP$_1$, AdvP$_2$ 両者とも①話題（topic）と②場面設定子（scene-setter）*23 の機能を担うことができる。文頭状況副詞句が話題と場面設定子のどちらの機能を担うのかということについては、文脈から判断して、（29b）のような機能が認められるか否かということが基準になる*24, *25。なお、（29b-②）は「場面設定子判別テスト」として便宜上、規定したものである（注24及び、以下（30b-1）の解釈の仕方を参照されたい）。

（30a）の副詞句は文意から常識的に判断して、（29a）の AdvP$_1$ を Spec$_2$ の位置へ、場面設定化の目的で移動させたものである。

(30) a.　<u>On the platform$_i$</u>, she kissed her mother　t$_i$.
　　　　（ホームで、彼女は母にキスをした。）

　　b.　{1. <u>On the platform</u>, 2. *<u>On the cheek</u>}, it is a fact that [the fact is that] she kissed her mother　t$_i$.
　　　　（{1. ホームでは, *2. 頬には}、実は、彼女は母親にキスをした。）

(以上、Quirk, et al.（1985: 512）を参照。和訳と下線筆者）

（30b-1）と（30b-2）の文法性の違いの起因は、文意に対する一般常識に照らしてみて、（30b-1）は状況副詞句の主題化（話題化あるいは場面設定化）が可能であるのに対し、（30b-2）は主題化の適用が許されない、ということにある。なお、（30b-1）の状況副詞句は、例えば、文脈が許せば、「彼女が母親とホームで別れる際に」のように、動詞を添えて主述関係を含む副詞節としての解釈が可能である。この解釈が可能な場合の同状況副詞句は、話題ではなく場面設定子の機能を担うと言える。

（30a）の考察から分かるように、総じて、文頭状況副詞句の機能の判断は文脈に依存している。文脈から判断して、文頭状況副詞句が話題と場面設定のいずれの機能をも担うことができないことがある。（31a）の容認可能性が落ちるのは、同文の文脈（31b）が状況副詞句の文頭生起を許容しないからである。

(31) a. ?<u>At Karlsbad, Germany$_i$</u>, a paediatrician's son, Harry Neubauer was born in 1932 t_i .

  b. Neubauer launched his career in the relatively new field of neurochemistry, and carried out research in America into neuro-transmission in schizophrenia. This included work on LSD (later known as 'acid', the hippy drug), which Neubauer found surprisingly efficacious in certain treatments. <u>A paediatrician's son, Harry Neubauer was born in 1932 at Karlsbad, Germany</u>, but during the Second World War the family found refuge in Newcastle upon Tyne. In later life he was fond of Tom Stoppard's remark about being a bounced Czech.（ノイバウアーは神経科学というかなり新しい分野の仕事に就き、アメリカで統合失調症における神経伝達の研究を行った。この研究には（後日ヒッピードラッグの「アシッド」として知れ渡る）LSD の研究も含まれており、LSD を使うと治療によっては驚異的な効果が見られた。<u>小児科医の息子、ハリー・ノイバウアーは、</u>

1932年にドイツの行政区域カールスバートで生まれたのだが、第2次世界大戦中に、家族はニューカッスル・アポン・タインに疎開した。後の人生において、彼は、チェコスロバキア人が虐げられているということに関するトム・ストッパードの発言を好んだ。)

(BNC、下線及び和訳筆者)

ここで、特に、用例 (31a) 及びその文脈 (31b) についての考察から、文頭状況副詞句の機能論的特性を (32) のように一般化することができる。

(32) 文頭状況副詞句の機能論的特性

話し手が状況副詞句に視点 (empathy) を置くことが可能な文脈では、同副詞句を文頭で話題化または場面設定化することができる。その結果、文頭状況副詞句はそれに後続する文の事象内容に対する聞き手の興味・関心を高めるというサスペンス効果を担うことができる。

原文 (31b) の下線部と比べて、その書き換え文 (31a) の容認可能性が落ちるのは、情報構造上、'At Karlsbad, Germany' という文頭状況副詞句が、サスペンス効果を担い得ないからである。つまり、(31b) の下線部直前で、Neubauer 氏の履歴が話題として述べられている。同氏の履歴については、下線部でも続けて述べられている。よって、この文脈では、(31a) のように唐突に、状況副詞句を文頭に配置することができないのである。

なお、(32) の「視点」は Kuno (1987) に依拠するものである。話題視点階層 (33) に従えば、NPに加え AdvPP も、それが話題化または場面設定化されると、特に、決定詞（人称代名詞、指示代名詞の所有格など）を含む場合、(34a, b) のように直示性 (deicticity) が強まり話し手の視点が顕在化する。

(33) 話題視点階層

AとBを含む出来事または状態が生じていて、Aが現在の談話の話題 (discourse topic) と同一指示的であり、Bはそうでない場合、話し手はBよりもAに視点を置き易くなる：
E(discourse topic) ≥ E(non-topic)　　(Kuno 1987: 210) *26

(34) a.　This girl, I love (her).
　　 b.　In this room, he wrote a lot of novels.

　(32) における「事象内容に対する聞き手の興味・関心を高めるサスペンス効果を聞き手に与える」という語用論上の機能を、文頭状況副詞句に効果的に担わせるためには、話し手は (35) のような配慮が必要となる。

(35) 事象内容に対する聞き手の興味・関心を高めるサスペンス効果を、文頭状況副詞句に担わせるための話し手の配慮：
　　　　話し手は、発話の際に、聞き手が所有する知識の質や量を的確に判断しながら、事象の時空上の発生点*27を文頭状況副詞句として提示しなければならない。

　以上、①状況副詞句の単文レベルにおける文頭の着地点は2つに分類されるということ及び②文頭状況副詞句は話題または場面設定子としての機能を担うということの2点について論じた。(32) における「サスペンス効果」については次の§4で考察する。

4. 文頭状況副詞句の機能論的特性　実例による検証

　本節では、上の文頭状況副詞句の機能論的特性 (32) を踏まえて、文頭状況副詞句の機能 (36) を2つのタイプに分けて検証する。結論として、文頭状況副詞句は、後続事象の内容に対する、聞き手の興味・関心を高めるサスペンス効果を担うことができるという点が、(36) の2つのタイプの共通点であることを主張する。

(36) a.　文頭状況副詞句が先行事象の内容を敷衍し、後続事象の内容を限定する場合
　　 b.　文頭状況副詞句が先行事象の内容を敷衍しないで、後続事象の内容を限定する場合

4.1　文頭状況副詞句が先行事象の内容を敷衍する場合
　　　　先行事象と後続事象の論理的な結束化

　文頭状況副詞句が先行事象と後続事象の論理的な結束化に明示的に貢献する場合として、(37) の2つのタイプが考えられる。以下、

(37)の2つのタイプについて、1例ずつ実例を示し、それに考察を加える。

(37) a. 文頭状況副詞句の内容を指示する先行詞が先行事象に<u>含まれている</u>場合
   b. 文頭状況副詞句の内容を指示する先行詞が先行事象に<u>含まれていない</u>場合

まず、(37a)の場合について、実例(38)を挙げる。(38)の場所副詞句(下線部)は「事象の時空上の発生点」の機能を担う。

(38) My daughter and her good friend love a park with this beautiful landscapes, and <u>in that park</u>, we usually find a black phoebe bird using the bright blue post of the play structure as a perch to hunt insects.(娘と娘の親友はこの美しい風景が楽しめる公園が大好きです。<u>この公園に来ると</u>、黒いフィービーが、明るい青色の遊具支柱を、昆虫を捕まえるための止まり木にしているのをよく見かけます。)

(インターネット検索＊28、和訳及び下線筆者)

話し手が公園の写真を見せながら、「実際に公園に行けば(*in that park*)」と切り出し、聞き手(読み手)の精神空間を「公園」に移動させた上で、「公園での事象(出来事)」を印象的に提示しており、聞き手の興味・関心を高めるサスペンス効果が観察される。

次に、文頭状況副詞句の内容を指示する先行詞が先行事象に含まれていない場合(37b)として、実例(39)を見てみよう。(39a)では文頭状況副詞句が先行事象の内容を敷衍し、先行事象と後続事象の論理的な結束化に貢献してはいるが、上の(38)の場合と比べ、一見、2つの事象の結束性が弱いように思われる。

(39) a. ... And he [Tom] realized Markus was given birth at home. <u>Right in this room</u>, Tom felt shivers crawl up his spine. He never pictured a fifteen-year-old giving birth, and he felt entirely horrible.(そして、トムはマーカスが家で生まれたことを実感した。<u>まさにこの部屋で</u>、震えが背骨を這い上がってくるのを感じた。15歳の女の子が出産しようとしている光景など想像したことも

なかったので、彼は本当に怖い思いがした。)

(インターネット検索*29、下線及び和訳筆者)

 b. ... Tom felt shivers crawl up his spine <u>right in this room</u>. He never ...

 ところが、(39a)においては、やや唐突に、文頭に状況副詞句を配置することにより、かえって、同副詞句に後続する事象内容が話し手の確固たる信念（belief）*30 であることを前もって聞き手に予告する役割を担っている。一方、状況副詞句を文末に配置し、基本語順を遵守した表現（39b）は、聞き手が同副詞句を解釈する時点まで（(39b)の第1文の構文解析が完了するまで）、直前の事象内容に対する確実さを実感することが困難である。要するに、いかなる発話においても、その根底には事象内容の確実さに対する話し手の「信念」があり、それを効率的に聞き手に伝達するための道具立ての1つとして、「場面設定化」という認知的な操作が心理的に実在するものと考えられるのである。

 以上、本項では、文頭状況副詞句が先行事象の内容を敷衍する場合について、(37)の2つのタイプに分けて考察した。

4.2　文頭状況副詞句が先行事象の内容を敷衍しない場合

 次に、文頭状況副詞句が先行事象の内容を敷衍していないために、文頭状況副詞句を他の位置（文中央部や文末）に置くと談話の結束性が維持されないか大幅に低下してしまう場合について論じる。文頭状況副詞句が先行事象の内容を敷衍しない典型的な文体操作として、①時間的順序が要求される文脈で、文頭に時の状況副詞句を配置したり、②昔話の冒頭で、'Once upon a time（昔々）' を使用することが挙げられる（②のような文頭にしか生起しない状況副詞句についての議論は Kuno (1987: 286) を参照）。①及び②以外の文脈でも、先行事象の内容を敷衍しない文頭状況副詞句の実例は数多く観察されるが、その中でも、特徴的な実例を1例挙げておく。

 実例 (40) では、文頭状況副詞句（場面設定子）が、後続の事象内容の発生空間を、「その山を下りた所」であると限定する空間を具体化しているだけで、改行前の事象とは無関係である。よって、

先行事象の内容を敷衍する（38）及び（39）の場合とは異なる。

(40) They wet their handkerchiefs and washed the perspiration from their faces. (改行) At the foot of the slope we came out on the Shimoda highway .... （[女たちは] 手拭をしぼって汗を落としたりした。その山を下りて下田街道に出ると、…）

(E. サイデンステッカー（訳）, *The Izu Dancer*,『対訳 伊豆の踊り子』

（東京：原書房、1964 年、PP.52-53）（（改行）、[…] 及び下線筆者））

しかしながら、もっと広い文脈を意識するならば、①（40）は聞き手（読み手）の心的空間（mental space）を当該時空、つまり、「事象の時空上の発生点」に自然に移行させているということに加えて、②状況副詞句が後続事象に対する聞き手の興味・関心を高めるサスペンス効果を担っているということがわかる。この２つの点では、（40）の文頭状況副詞句は（38）や（39）の文頭状況副詞句と同一の機能を担う。

4.3　同一文中における複数の文頭配置候補の絞り込み

前項では、文頭状況副詞句の機能を２つの場合に分け、その妥当性を実例により検証した。引き続き本項では、文頭に配置可能な候補（話題または場面設定子）が複数、同一文中に生起している場合、談話構成上、最も的確な候補が絞り込まれている必要があることを検証する。この「最も的確な」文頭状況副詞句が、それに後続する事象を「最も的確に」限定することの証左として、実例（41）を考察してみよう。

(41) According to the Associated Press, the manuscript was hidden during World War II by one of the members of the Brockhaus family, and transported out of bomb-torn Leipzig in 1945 in secret by an American military vehicle. A full and uncensored version was finally published in France in 1960. （AP 通信によれば、原稿は、第二次大戦中にブロックハウス家の家族の一人が隠し持っていた。1945 年にアメリカ軍の車に乗せて、爆撃されたライプチヒから秘密裏に、原稿を運び出した。検閲による削除を受けていない完

全原稿は、1960年にようやく、フランスで公表された。)

(インターネット検索＊31、下線、上付き数字及び和訳筆者)

　(41) では、文頭の証言副詞句 (*according to the Associated Press*) が「事象の時空上の発生点」の機能を担っているために、時の副詞句は場面設定機能を担うことができない。それ故 (41) においては、時の副詞句 (*during World War II*) の文末(節末)配置が自然な用例となっている。また、言うまでもなく、本節のこれまでの諸用例の場合と同様に、(41) の第1文における2つの状況副詞句のうち、文頭の状況副詞句がそれに後続する事象内容に対する聞き手の興味・関心を高めるサスペンス効果を発揮している。加えて、(41) において、状況副詞句 (*in 1945, in 1960*) を文頭(節頭) (*in 1945* は *transported* の直前) に移動させると、状況副詞句 (*according to the Associated Press*) のサスペンス機能が低下する。つまり、文頭状況副詞句のサスペンス機能を多用すると、読み手の興味・関心の寄せどころの統一性が失われ、その結果、談話の結束性 (cohesion) が落ちてしまうのである。

　以上、同一文中における複数の文頭配置候補から、サスペンス効果を最大限に高めることのできる状況副詞句が優先的に選択されることについて論じた。

4.4　まとめ

以上の実例考察から、結論 (42) が得られる。

(42) a.　文頭の状況副詞句は、①先行事象と後続事象の論理的な結束化、または②先行事象とは無関係な新事象の導入、という機能のいずれかを担う。

　　 b.　上の①と②に共通する、③事象の時空上の発生点を聞き手に明示する、という機能は、文頭状況副詞句に後続する事象内容に対する聞き手の興味・関心を高める効果（サスペンス効果）を文頭状況副詞句に担わせるための十分条件である。

5. 文中央部、文末における挿入的状況副詞句の機能論的特性

本節では、文中央部*32、及び文末に生起する挿入的状況副詞句の派生と機能論上の特性について論じる。なお、本節までの議論で扱ってきた状況副詞句が生起する「文末」とは「VP右方付加部」のことであるが、文末に生起する挿入的状況副詞句の生起位置をVP右方付加部と規定することはできない。よって、本節では、句構造合成論による状況副詞句の派生を提案する。加えて、本書では、状況副詞句を、①ここまでの議論において扱ってきた通常の状況副詞句（cirP）と②挿入的状況副詞句（ParAdvP）に分類する。①と②は解釈上、必ずしも明確に区別できない場合もある。

5.1 英語挿入副詞句を含む文の派生

従来の副詞研究において、(43) の下線部のような挿入節 (parenthetical clause) や (44) の下線部のような挿入副詞句 (parenthetical adverbials：本書ではParAdvP*33 とする)、つまり、「コンマイントネーションを伴う副詞句（挿入表現*34）」を支配する統語節点は必ずしも明確に規定されてはいない。その主たる理由は、ParAdvPをより大きな統語範疇（CP、VP、AdjPなど）の構成素として組み込むことが難しいという点にある*35。

(43) a. He is, I think, wrong.（彼は、私が思うに、まちがっている。）
　　　　　　　　　　　　　　　　（池田 (1992: 247)、下線筆者）
　　b. Max is a Martian, it seems to have been believed.（マックスは火星人だ。そう信じられてきたようだよ。）
　　　　　　　　　　　　　　　（Ross (1973b: 133)、下線及び和訳筆者）
　　c. Tom admires, and is sure that everyone else admires, Adolf Hitler, but of course you and I don't. (=admire Adolf Hitler)（トムは―他の誰もがきっと自分と同じ気持ちだと信じているのだが―アドルフ・ヒトラーを尊敬している。もちろん、君と僕はそうじゃない。）
　　　　　　　　　　　　　　（McCawley (1982: 100)、下線及び和訳筆者）

(44) a.　Well we could this year do something different.（それじゃ、たぶんできるんじゃないか、今年は、いつもと違うことが。）

　　 b.　To express is to communicate, fully and perfectly.—Grierson, p.59.（表現することは伝達することである、十分にまた完全に。）

　　 c.　It's a compliment, kind of.（お世辞だ、何となく。）— Capote, p.412.

（a.=Wells（2006: 196）*36、b., c.=池田（1992: それぞれ276, 279）、下線筆者、a. の超分節音素記号筆者省略）

ParAdvP は、それを支配する統語節点を確定し難いという特徴に加え、(45) のような特徴を持つ ((44) の各副詞句を参照)。

(45) ①命題内容や聞き手に対する話し手の配慮が反映されるという点では文副詞の範疇に含めることができるが、②様態、程度、時などを表す語修飾副詞も ParAdvP としての役割を担い得る。

つまり、(43) の挿入節は総じて、「文修飾的」と考えてよいのであるが、(44) の ParAdvP は文副詞と語修飾副詞の 2 つの機能を併せ持つことがあると言える。(45) のような特徴を持つ ParAdvP を含んだ文を派生させるにあたり、本書では、「内置移動*37 を組み込んだ句構造合成*38」による統語操作を採用する*39。その主な理由は、句構造合成操作は、①従来の挿入表現の統語派生と比べ、文中央部、文末に生起する ParAdvP を統一的に派生させることができる、② ParAdvP を併合（Merge）させる節点を機能階層領域に設ける必要がない、という点にある。

ここで、句構造合成により、ParAdvP を含む文の派生過程を見てみよう。(46) における、ParAdvP の補部（complement）または指定部（specifier）に IP/VP を代入することにより、副詞の文頭配置*40、挿入、追加といった文体操作が施された文の派生の効率的な説明が可能になる。

(46) a.　[[ParAdvP slowly [IP]] に [IP he rose to his feet] を代入→
Slowly(,) he rose to his feet.

第 4 章　状況副詞句の機能論的特性　　157

b. [_{ParAdvP} fully and perfectly [_{VP}]] に [_{VP} to communicate] を代入後、[_{IP} PRO to express [_{VP} is @]] の @ に [_{ParAdvP} fully and perfectly [_{VP} to communicate]] を代入 → To express is, fully and perfectly, to communicate.

c. [[_{IP}] [_{ParAdvP} fully and perfectly]] に [_{IP} PRO to communicate] を代入後、[_{IP} @ is [PRO to communicate _{ParAdvP} fully and perfectly]] の @ に [_{NP} to express] を代入 → To express is to communicate, fully and perfectly.

　文頭配置、挿入、追加といった文体操作を施した後のParAdvPは、その「直後の情報内容」に対する話し手の興味・関心を高めるサスペンス効果を担う。「直後の情報内容」とは、①（46a）では *he rose to his feet*、②（46b）では *to communicate*、③（46c）では談話における *fully and perfectly* 以下に続く言語化された情報内容あるいは文脈から判断できる言語化されていない情報内容を指す（③については§5.3.2を参照）。

　句構造合成後の構造（47）に内置移動を適用すると、（48）のように、ParAdvPを複数の位置に効率的に配置することができ、「ParAdvPの直後の情報内容」を調整することができる（(46b, c)の派生方式と比較されたい）。

(47) [_{CP} ... [passionately [_{IP} Tom [_{VP} [_V loves] {1. [_{NP} Mary], 2. [_{NP} a girl whom John hates]}]]]]

(48) a. Passionately, Tom loves {1. Mary, 2. a girl whom John hates}.

　　 b. Tom, passionately, loves {1. Mary, 2. a girl whom John hates}.

　　 c. Tom loves, passionately, {*1. Mary, 2. a girl whom John hates}.

　　 d. Tom loves {1. Mary, 2. a girl whom John hates}, passionately.

　　 e. Tom loves a girl passionately whom John hates.

（47）に対して、①移動操作を適用しないで、主語NPの素性照合のみを行えば（48a）、②主語NPをSpec-CPに繰り上げれば

(48b)、③主語NPの繰り上げ後、Vだけを内置移動させると(48c)、④主語NPとVP全体を内置移動させると (48d)、⑤主語NPの繰り上げ、VP (V+NP) を副詞 *passionately* の直前に内置移動させてから、更に、NPからの抜き出し (extraction from NP) を適用すると (48e) が派生される。(48c-1) は格理論というよりも、文体上の理由によって排除される (格 (Case) は構造 (47) の時点で与えられている)。

以上、ParAdvPを含む文の派生について論じた。本項で扱った句構造合成を踏まえ、次項では、ParAdvPの機能的特性 (サスペンス効果) について論じる。

5.2 挿入副詞句のサスペンス効果

Svenonius (2002) が論じているように、ゲルマン語派の諸言語においては、NP$_{Subj/Obj}$と副詞の位置的相関がNP$_{Subj/Obj}$としての情報特性 (新情報か旧情報かということ) に影響を与える。その要因として、次の2点が挙げられる。つまり、① (49a, b) ではAdvPがVP境界 (第5章 (§4.2) を参照) となりNP$_{Subj}$とVの距離を調整している、② (49c, d) ではVとNP$_{Obj}$の距離がAdvPによって調整されている、ということが要因となって、AdvP直前の情報に旧情報、そしてAdvPを含めその直後の構成素が全体として表す情報に新情報としての解釈が与えられる傾向がある。

(49) a.　① AdvP + NP$_{Subj}$ + V + NP$_{Obj}$
　　　　(In 1938, Tom married Mary in New York.)
　　b.　NP$_{Subj}$ + ② AdvP + V + NP$_{Obj}$
　　　　(Tom passionately loves Mary.)
　　c.　NP$_{Subj}$ + V + ③ AdvP + NP$_{Obj}$ (Heavy NP)
　　　　(Tom loves passionately the girl who loves John.)
　　d.　NP$_{Subj}$ + V + NP$_{Obj}$ + ④ AdvP + [A constituent extracted from NP$_{Obj}$] (Tom loves the girl passionately who loves John.)

英語史における屈折の水平化による語順固定化の特徴を持つ現代英語であっても、(49a〜d) の①〜④に副詞配置が可能であるとい

うことが語順固定化の歯止めとなり、ひいては$NP_{Subj/Obj}$の情報特性に影響を及ぼしている。(49a〜d) の典型的な情報構造を反映させると (50a〜d) が得られる。(50a〜d) の上下に並べた【Theme ...】と【Rheme ...】は、左右に並べた {【Theme ...】⇒【Rheme ...】} としての表示である。加えて、Theme と Rheme の範囲は文脈によって変化する。

(50) a. ① :
$\begin{cases} \text{【}_{Theme}\,[AdvP(+NP_{Subj}+V)] \rightarrow 単一・多重主題\text{】} \\ \qquad\qquad\qquad \downarrow \\ \text{【}_{Rheme}\,[(AdvP+NP_{Subj}+V)+NP_{Obj}] \rightarrow \text{New Information}\text{】} \end{cases}$

b. ② :
$\begin{cases} \text{【}_{Theme}\,[(NP_{Subj})+AdvP\,(+V+NP_{Obj})] \rightarrow 単一・多重主題\text{】} \\ \qquad\qquad\qquad \downarrow \\ \text{【}_{Rheme}\,[(NP_{Subj}+AdvP+V)+NP_{Obj}] \rightarrow \text{New Information}\text{】} \end{cases}$

c. ③ :
$\begin{cases} \text{【}_{Theme}\,[(NP_{Subj}+V)+AdvP] \rightarrow 単一・多重主題\text{】} \\ \qquad\qquad\qquad \downarrow \\ \text{【}_{Rheme}\,[(NP_{Subj}+V+AdvP)+\text{Heavy }NP_{Obj}.] \\ \qquad\qquad\qquad\qquad\qquad \rightarrow \text{New Information}\text{】} \end{cases}$

d. ④ :
$\begin{cases} \text{【}_{Theme}\,[(NP_{Subj}+V+NP_{Obj}+)\,AdvP] \rightarrow 単一・多重主題\text{】} \\ \qquad\qquad\qquad \downarrow \\ \text{【}_{Rheme}\,[(NP_{Subj}+V+NP_{Obj}+AdvP)+CP^*] \\ \qquad\qquad\qquad\qquad\qquad \rightarrow \text{New Information}\text{】} \\ \text{Cf. }CP^*: \text{CP extracted from out of }NP_{Obj} \end{cases}$

(注:Theme 内の AdvP については、主題として生じる場合を想定し、丸括弧に入れていない。同 AdvP が主題にならない場合、Rheme 内の情報(の一部)となる。)

ここで、句構造合成操作を適用して派生させた、英語挿入副詞句を含む文の文脈効果について、現実の談話5例により観察してみよう。

まず、実例 (51) における二重下線部は、ParAdvP が担うサスペンス効果の結果としての、聞き手に与えられる情報である。聞き手がこの情報を理解した直後に、興味・関心が満たされることが、ParAdvP の的確な配置の条件である。

(51) He said yesterday after he won the stage so brilliantly in the Pyrenees that he felt he'd lost too much time in the time trial to uh Alain name the other week. (昨日、ピレネー山脈での輝かしい区間優勝をした後、彼は、先週のタイムトライアルで、名前はえーと、そうだアランに大差をつけられすぎたと感じていたんです、と語った。)

(Hasselgård (2010: 113)、下線、和訳及び文末ピリオド筆者)

(51) のように文中央部に複数の副詞句が配置されている場合の句構造合成による派生は、(52) の①に②、③をこの順に代入して派生された④の動詞 said を Infl に繰り上げればよい*41。同文では、2つの連続する ParAdvP が、「必死に区間優勝をした後の主語NP (*he*) の安堵感」（二重下線部）を効果的に伝えることに成功している。

(52)① [IP he[I' [I [VP [ParAdvP ...][V' said[CP ...]]]]
② [CP that he felt he'd lost too much time in the time trial to uh Alain name the other week]
③ [ParAdvP yesterday [ParAdv' [ParAdv after he won the stage so brilliantly in the Pyrenees]]]
④ [IP he[I' [I [ParAdvP yesterday [ParAdv' [ParAdv after he won the stage so brilliantly in the Pyrenees][VP said[CP that he felt he'd lost too much time in the time trial to uh Alain name the other week ...]]]]]]]

(52) の④の said を Infl に繰り上げないで、素性照合のみを行えば (53) が派生される（主語NP直後の、時の副詞 (*yesterday* など）の位置については、例えば、Hasselgård（1996: 47 (46b)；2010: 105 (26)）や本章注41を参照）。同文では①文頭の主題（theme）としての *he yesterday said* と②直後の挿入表現の2つがサスペンス効果を高める機能を担っている。

(53) He yesterday said, after he won the stage so brilliantly in the Pyrenees, that he felt he'd lost too much time in the time trial to uh Alain name the other week. ((51) を筆者書き換え)

次の2例は ParAdvP を Spec-VP に代入した直後に主語と動詞の

素性照合が行われている用例である。

(54) a. Mrs. Wap-kon-ia is a portly squaw, and a very pleasant appearing woman. She <u>at once</u>, <u>after the introductio [sic]</u> <u>invited us to come into the house and pointed to the rocker for me to be seated</u>.（ウェップコニア夫人は恰幅のよい女性で、とても愛想のよさそうに見える人物である。彼女は紹介されると<u>すぐに</u>、<u>私たちを家に招き入れ、私にそこに座るようにとロッキングチェアを指差した</u>。）

b. Being caught by this subtlety, she <u>at last</u> said (<u>after calling for a long time with many tears and mournful lamentations on the name of her husband Acerbas</u>), <u>that "she would go whither the fate of her city called her."</u>（この、言葉では言い表せない状況に投じられ、（<u>涙をとめどなく流し悲嘆に暮れながら、夫のアケルバースの名前を長時間呼び続けた後</u>）彼女はついに、<u>「町の命運のためならどんなことでもするわ」と言った</u>。）

(以上、インターネット検索＊42、下線及び和訳筆者)

(54a) では、①「ウェップコニア夫人の人柄や体型」が前もって提示されていることと②２つの連続する ParAdvP が相乗効果を上げ、①と②が「夫人が客を歓迎している様子」（二重下線部）を効果的に伝えることに成功している。

(54b) においても、２つの ParAdvP（単線部）が主語 NP（*she*）の「決意の固さ」（二重下線部）を強調する役割を担っている。

更に、(55a) は重名詞句転移（Heavy NP Shift）、(55b) は NP からの抜き出し（extraction from NP）を適用した実例である。

(55) a. He had begun to write poetry, and <u>under Izambard's guidance</u> read <u>passionately</u> <u>all the poets he could get his hands on</u>.（彼はすでに詩を書き始めていた。やがて、<u>イザンバールに師事しながら</u>、<u>熱心に</u>、<u>手に入れることのできる詩は残らず読み耽った</u>。）

b. She hugged the older boy <u>eagerly</u> <u>who donned a</u>

162

Phantom of the Opera costume with the mask and all. (オペラ座の怪人の衣装を身につけ、仮面ですっかり顔を覆った年上の方の少年に彼女は熱烈に抱きついた。)

(以上、インターネット検索*43、下線及び和訳筆者)

(55a) では全称閉鎖 (universal closure) された重名詞句 *all the poets he could get his hands on* が新情報として文末に提示されている。つまり、(49c) とパラレルな構造における目的語 NP を重名詞句転移させたものである。動詞 (*read*) の前後に配置された2つの ParAdvP が直後の「主語 NP による詩の耽読習慣」(二重下線部) を際立たせている。同様に、(55b) では *boy* を主要部とする存在閉鎖 (existential closure) された NP から関係節 *who donned a Phantom of the Opera* が文末に抜き出されている。同文の ParAdvP (*eagerly*) も「主語 NP (*she*) が抱きついた相手の衣装や仮面を被っていること」(二重下線部) の意外性を聞き手に効果的に伝えることに成功している。

以上、ParAdvP はその直後の情報内容に対する聞き手の興味・関心を高めるサスペンス効果を担うという点について、特に、文脈の明瞭な5つの実例 (51)、(54a, b) 及び (55a, b) により考察した ((51) を書き換えた (53) も参照)。

5.3 文中央部、文末における状況副詞句の機能論的特性
フレームに視点を置いたサスペンス効果・バックトラック効果の現れ方の考察

文頭状況副詞句 (cirP) や挿入状況副詞句 (ParAdvP) のサスペンス効果については既に、本章 (§3.2、§4 及び §5.2) で論じ、文頭に限らず文中央部や文末においても、状況副詞句によるサスペンス効果が観察されるという結論を得ている。本項では、更にもう一歩踏み込んで、文中央部や文末における状況副詞句 (cirP/ParAdvP) によるサスペンス効果の現れ方は文頭の場合とは若干異なることを、Tannen (1993) の「フレーム (frame)」の概念を援用しながら考察する。特に、文末の状況副詞句のバックトラック効果についても着目したい。

5.3.1　文中央部における状況副詞句

本セクションでは、池田（1992: 247）の「挿入表現は文のリズムを中断し、読む人の注意をそらせるが、それによってかえって主文の意味に関心が集中する場合もある」という文中央部の挿入表現の特性を踏まえながら、議論を進める。

Hasselgård（2010: Ch.5.2）は文中央部に副詞が配置される要因の1つとして、文末重心の原理を挙げる。例えば、(56)では節の一部であるAdjP（*a bit homesick*）が単独で、重要な情報として文末に置かれている。このような「ParAdvP + AdjP」配列は文頭状況副詞句の場合には観察されない。

(56) I don't really know why as there is plenty to do in the city but I am for the first time ever a bit homesick.（都会にはすることがたくさんあるのに、なぜだかよくわからないが、わたしは生まれて初めて、少しホームシックになった。）

(Hasselgård (2010: 104)、下線及び和訳筆者)

しかし、文末重心の原理によっては、*for the first time ever*の生起条件を十分に説明することができない。その主な理由は、文中央部のParAdvPは、文頭・文末の場合と比べ、やや込み入った文体で使用される傾向があるという点にある。一方、フレーム理論では、(56)の文中央部[*44]のParAdvPは、先行節で示唆されている「多忙な都会人はホームシックになっている暇はない」という話し手の世界観とは異なる「意外な出来事を聞き手に推論（inference）させるフレーム」の構築という観点からの説明が可能になる。

同様に、実例(57)[*45]においても、「意外な出来事を聞き手に推論させるフレーム」が用いられている。

(57) On coming home, one, because of psychological stress and the consequences of not having resolved anything, preferred not to face the future — and therefore took an overdose.
（家に帰されるとすぐに、一方の少女は、心理的なストレスと何の解決もされていないという結果の故に、今後の事に向かい合おうとせず、結局、麻薬を過剰摂取するようになってしまった。）

（BNC、下線及び和訳筆者）

ParAdvP（単線部）を文頭に置いた場合と、(57) のように直後の情報（二重下線部）に隣接させた場合では、サスペンス効果の質や程度が異なる。親から無理に結婚をさせられようとした少女が家出し警察に保護され、帰宅した後のことが描写されている同文では、ParAdvP は「心理的ストレスなど」が昂じた結果を聞き手に「推論させる」というフレームを構築している。推論直後にその「解答」（二重下線部）が示されているのが (57) の特徴である（ParAdvP を文頭に置いた場合との文脈効果（contextual effect）の差を比較されたい）。

以上、文中央部における挿入的状況副詞句のサスペンス効果の特質について考察した。次のセクションでは、文末における状況副詞句のサスペンス効果の現れ方について論じる。

5.3.2　文末における状況副詞句

池田（1992: 276）は、「文尾の位置は、そこに置かれた語句に読む人の注意を集めて強調効果を生み出し、とくに口語では、文強勢（sentence stress）が文尾に置かれて意味が強められることが多い」とし、文体的操作の分類上、文末における挿入操作を「追加（supplementation）」とする（本書では追加された情報を「補足的情報（afterthought）」と呼ぶ）。この、文末追加表現（挿入句の一種）についての池田の発言を踏まえながら、以下、文末状況副詞句のサスペンス効果について論じる。

(58)-②〜④の ParAdvP の文末配置についての理由づけを行うにあたり、まず、これらの ParAdvP を含む文の文脈を正確に理解する目的で、英語原文 (58) の後半部分にその日本語訳を示す。なお、(58)-①は文頭状況副詞句であるが、同副詞句を文末に配置した場合との違いを論じる上で、本セクションでの分析対象とする。

(58) A few years later Thomson recognised Cage as 'the most original composer in America, if not the world ...' and Cage repaid the compliment by writing the works section of a monograph on Thomson. But finally, ①in spite of their

common roots in Satie and Stein, Thomson felt that Cage's aesthetic was destructive. Thomson's songs contain some of his finest work. There are Stein settings, such as 'Portrait of FB', but also cycles such as Five Songs from William Blake, Prayers and Praises and a cantata based on poems by Edward Lear. Thomson was also prolific in instrumental music on both chamber and solo scale. For many years Thomson lived <u>in New York</u> ②<u>in his apartment at the Chelsea Hotel</u>. From there, like a buzzard in its eyrie, he would make forays round the US and abroad ③<u>in spite of his advanced age</u>. He seemed a genial and indestructible landmark in the history of American music, ④<u>in spite of defective hearing which had bothered him since the late Seventies</u> [*sic*]. (数年後トムソンは、ケージのことを「世界で、とまでは言わないが、アメリカで最も独創的な作曲家、云々」であることを認めた。それで、ケージはトムソンを論じたモノグラフの中で、作品に関する節を執筆し、感謝の気持ちを伝えた。しかし、①<u>元々、2人はサティとスタインから共通の影響を受けていた</u>にもかかわらず、結局、トムソンはケージの美意識は無益であると感じるようになった。トムソンは、ケージの最高の作品のいくつかを歌っている。「フランシス・ブラッドの肖像」といったようなスタイン風の曲もあるが、ウィリアム・ブレイクの5つの詩歌、祈祷歌、賛歌、エドワード・リアの詩を基にしたカンタータもある。トムソンは、室内楽ばかりでなくソロ音階の器楽の才能にも恵まれていた。長年、トムソンは②<u>ニューヨークのチェルシーホテルの1室で暮らした</u>。巣の中にいる鷹のように、その部屋から、③<u>高齢にもかかわらず</u>、アメリカ各地や海外によく出かけて行った。④<u>1970年代後半からは難聴に悩まされながら活動した</u>にもかかわらず、彼はアメリカの音楽史上、天才かつ不滅の人物であるやに思えた。)

（BNC、○付き数字及び下線及び和訳筆者）

まず、(58)-①では、文頭に生起させた状況副詞句に場面設定（scene-setting）の機能を担わせることにより、トムソンとケージの音楽論に関わる心的交流の親密さが疎遠になる、ということを、話し手（書き手）が聞き手（読み手）に予測させることに成功している（「心的交流の疎遠化」については、状況副詞句直後で言語化されている）。一方、(58)-①の状況副詞句を、(59)のように、文末に配置すると、談話の結束性が低下してしまう。その理由は、事象配列の時間的連続性に不規則性が生じているからである。

(59) But finally, Thomson felt that Cage's aesthetic was destructive, <u>in spite of their common roots in Satie and Stein.</u>

つまり、原文(58)-①では、(60a)の複数の事象構成において、AとBに因果関係が形成されてから、Aを否定する事象Cが提示されており、自然な情報の流れを形成している。ところが、(59)に対応する(60b)では、AとBの因果関係が提示される前に、結論としてのCが割り込み（intrude）、スムーズな情報の流れが遮断されている。

(60) a. 【【A:トムソンとケージの心的交流の親密さ（結果）】＞【B:同じ音楽家からの共通の影響（原因）】】＞【C:トムソンがケージの音楽論を否定】】

b. 【【A:トムソンとケージの心的交流の親密さ（結果）】＞【C:トムソンがケージの音楽論を否定】＞【B:同じ音楽家からの共通の影響（原因）】】

ここで、既に§5.3.1で言及したフレーム（frame）の概念を取り入れてみよう。(60a)の {A＞B} は、「出来事を期待（expectations about events）するフレーム」を形成している。同フレームの下位フレームとして、「個人的な出合い（personal encounters）のフレーム」がある。「複数の人物が出会えば、互いに意識し合うはずである」という意味である。【トムソンとケージの出会いと親密な心的交流】という事象*46は、その後も、【親密な心的交流】が続くことを聞き手に期待させる。ところが、事象Cは、その期待を裏切る内容となっている。よって、(58)-①を、状

第4章　状況副詞句の機能論的特性　　167

況副詞句として文頭に置くことが適切であることが分かる。換言すれば、(58)-①を文末に配置すると、(60)の【事象C】の内容に対する聞き手の興味・関心を高めるというサスペンス効果が発揮されなくなるのである。

次に、原文 (58)-②の配置について観察する。文頭で、時を表す状況副詞句 *for many years* が場面設定化されているので、②は位置的に自然である。ここで、②における副詞句の配置に着目してみよう。

(61) a.　For many years Thomson lived <u>in New York</u> ②-1 <u>in his apartment at the Chelsea Hotel</u>.

　　 b.　For many years Thomson lived ②-2 <u>in his apartment at the Chelsea Hotel</u> <u>in New York</u>.

(61b) の *in his apartment at the Chelsea Hotel* と *in New York* の配列は適切な包含関係（inclusiveness relation）*47 を形成しているので、文文法のレベルでは自然である。ところが、(61a) の副詞句配列は文文法では自然な配列とは言えない。一方、談話レベルでは、(61a) の *in his apartment in the Chelsea Hotel*（= 原文 (58)-②）の直前にコンマイントネーションを落とすことにより、（本セクション冒頭で言及した）追加（supplementation）の効果が得られる。つまり、*in New York* に *in his apartment at the Chelsea Hotel* という、より具体的な場所を並置（juxtapose）することで、〈トムソンが定住した場所の確かさを、聞き手に伝えたいという話し手の心的態度〉を聞き手に感じ取らせることができるのである（(61a) の副詞句の有標配列の統語分析については第6章（§2.3）で議論する）。

最後に、原文 (58)-③、④を、(62a, b) のように文頭（節頭）に置いてみる。

(62) a.　From there, like a buzzard in its eyrie, <u>in spite of his advanced age</u>, he would make forays round the US and abroad.

　　 b.　<u>In spite of defective hearing which had bothered him since the late Seventies</u> [*sic*], he seemed a genial and indestructible landmark in the history of American music.

　(62a) については、直前の【トムソンの長年にわたるニューヨークでの生活】という情報と同情報から連想される情報③の位置が接近しすぎてしまい、この文脈では効果的なトートロジーとは言えない。③は追加 (supplementation)*48 情報として、文末に置いた方が、かえって、バックトラック (backtrack) 効果*49 が期待できるのである。

　一方、(62b) については、原文では直前に、*in spite of his advanced age* が置かれているという理由に加え、語数の多い（情報量が豊富な）新情報であることが、同副詞句の文頭生起を阻んでいる。ここでも、抽象的な「個人的な出合い (personal encounters) のフレーム」が使える。【難聴との'出会い'（難聴に見舞われること）】は、Tannen のフレーム論に照らせば、聞き手は、【難聴との意識的対峙】という内容の情報を期待する。しかし、(58)-④においては、【難聴など気にせずに音楽活動を続けた】という含みを持つ情報が追加的に提示されている。この文体操作により、(58)-③の場合と同様、バックトラック効果が高められるのである。

5.4　まとめ

　本節では、特に、Tannen (1993) による「フレーム (frame)」の概念を援用しながら、状況副詞句が文中央部及び文末に生起したときの文脈効果 (contextual effect) について論じた。談話構成において重要な役割を果たす状況副詞句は、コンマイントネーションを伴う傾向、つまり挿入句としての機能が観察される。「挿入語句の小さな声は、たいていのばあい主文のことばに対して別の視点からの照明をあてようとする」（佐藤他 (2006: 9)）役割を果たす。この「小さな声」は話し手の視点でのものである。

　挿入句（という「小さな声」）によって具現化される「フレーミング操作」は、聞き手のもつ情報の量や質を意識しながら、話し手主導で行われるものである。本項で扱ったフレーム (63) は、文中央部及び文末の「状況性」についての一般論 (64) を導く重要

な道具立てと言える((64a)は文頭(本章(§3.2、§4)を参照)の場合についても成り立つ)。

(63) 状況副詞句による聞き手の興味・関心を高めるサスペンス効果を導くフレームの典型例
    a. 出来事を期待(expectations about events)するフレーム
    b. 個人的な出合い(personal encounters)のフレーム
    c. 意外な出来事を聞き手に推論(inference)させるフレーム
        (以上、Tannen (1993: 特に、35-53) を参照)

(64) a. 文中央部における状況副詞句は、それに後続する事象内容に対する聞き手の興味・関心を高めるサスペンス効果を発揮する(文中央部については本節(56)と(57)についての説明、また、文頭については本章§3.2と§4を参照)。
    b. 文末における状況副詞句は、特に情報量が豊富で独立事象を形成している場合、同副詞句の含み(implicature)を、聞き手に想像させる効果を発揮する(実例(58)に対する本文説明参照)。

6. おわりに

以上、本章では、状況副詞句の一般的特性について論じた後、状況副詞句のサスペンス効果について論じた。要点は以下の3点である。

第1に、前置詞の「空間表現形成機能」に着目することにより、「場所・空間による事象の囲い込み」という、状況副詞句の機能の本質に迫ることができる。前置詞による関数構造には、「空間」に対する「話し手」の視点が内在する。「空間」とそれを表現する「話し手」の位置関係の決定要因(22)は、「空間」を言語化する状況副詞句配置の適格性を判断するための十分条件である。

第2に、文末(VP右方付加部)で、「空間」や「時間」が副詞句として具現化される場合の基本形は、「動詞+空間+時間」配列である。「空間」、「時間」及びそれ以外の抽象的な意味を表す「状況

副詞句」が文末で複数配列される場合、そのうちの1つに、文副詞としての解釈が可能になる（状況副詞句にモダリティーが反映される）ことがある。その主因は、状況副詞句が指示する「空間・非空間（「状況」と言ってもよい）」に、話し手の視点が置かれる（久野暲の言う「カメラアングル」が設定される）ということにある。なお、コンマイントネーションを伴う状況副詞句は総じて、コンマイントネーションを伴わない状況副詞句と比べ、文副詞としての性質が高まる。

　第3に、文頭の状況副詞句の場面設定化については、同副詞句が、①単文末部から移動するタイプと②補文中の状況副詞句が主節先頭に移動するタイプに分けて分析した（②についての機能統語論上の分析の詳細は第5章（§6～§7）に譲る）。①と②は、状況副詞句を主題（theme）として捉えることができるという点で共通している。文頭状況副詞句は、「状況副詞句直後の事象内容に対する聞き手の興味・関心を高めるサスペンス効果を担う」という機能上の特徴をもつ。

　第4に、文中央部及び文末の挿入副詞句についてもサスペンス効果が観察される。特に、文末挿入副詞句の「バックトラック効果」については今後、文体論上の研究の更なる深化が期待される。要点は直前の（64）に記したとおりである。

　次の第5章では、本章§3～§4で論じた文頭状況副詞句についての知見を踏まえ、状況副詞句の多重主題構造について論じる。

---

*1　このような前提を踏まえる根拠として、Huang（1975）による形式意味論的副詞論批判を挙げる。同書は、Fodor（1970a）に基づき、例えば、副詞を含む文の論理形式に対して、十分な表記が与えられない事例を挙げながら、次の2点の批判をする。すなわち、①（ib）の意味表示は様態副詞（*slowly*）が（動詞ではなく）事象Xを修飾するという矛盾した表示であり、②「2項様相演算子」としての文副詞（cf. Huang（1975: 66））が関与する（ic）には的確な論理形式を表示することができないという、2点である。

　(i)　a.　John spoke slowly.

  b. （∃ X）（spoke（John, X）& slowly（X））
  c. John sliced the salami <u>in a dream</u>.   （Huang（1975: 66））
(ic) の状況副詞句を項（argument）ではなく述語と見做した Huang は、(ii) の状況副詞句（方向副詞句）についてもそれを、完全な項（argument）として扱うことに慎重な見解を示す（「項」でも「非項」でもあり得ると考える）。
  (ii) He walked <u>to the bridge</u>.（Huang（1975: 93））
この、状況副詞句を「項」の場合と「非項」の場合があるとする Huang の副詞論は、「時」や「場所」などを表す状況副詞句を（準)項（(semi-) argument）と規定する Jackendoff（1983）や Ernst（2002）の主張とは対照的に、同一文中の同一副詞に「様態成分」と「状況成分」が混在していることを示唆するものである。つまり、上の用例における、述語としての副詞句（下線部）の「状況性」は、(ia) ＞ (ii) ＞ (ic) の左から順にその程度が強くなる（「述語」というよりも「場所」項としての「事象囲い込み（限定化）機能」がより顕著になる）。この、Huang による「様態性」と「状況性」の間に意味的連続性が存在するという示唆は、状況副詞句を動詞の意味的結合度と関連づけながら、文頭における状況副詞句の多重主題現象を論じた Hasselgård（1996: 例えば60）の発想とも通底する。

＊2 本書では、時や場所などを表す副詞句を「状況副詞句」（circumstantial adverbial）と呼ぶ。句構造上での表記は、"cirP" とする。「状況」の定義は Halliday（1985: 特に Ch.5.7）に依拠する。同書は「様態」などの概念も「状況」に含め、本書よりも広義に捉えている点にも留意されたい。

＊3 用例 (1b,d) の文法性についての、本章における「サスペンス効果」の観点からの分析は、その前提として、文・発話が担う情報の「図（figure）・地（ground）」特性を踏まえている。つまり、用例 (1b) が文法的であるのは、文頭に状況副詞句を場面設定子として生起させることにより、「未完結の事象」を「図（figure）」として状況副詞句に後続させ易くなるからである。
 一方、(1d) の「完結した事象」は、「地（ground）」としての機能を担うために、「過去時」を文頭で（「地」として）場面設定化することが困難であるからである。なお、Dixon（2005: 407）は、文頭における「過去時」の提示は、演説調の（感情的な）文体（declamatory style）では容認されるとする。その場合、(1d) は、{「地」→「図」} の的確な配列となる。

＊4 本書における「状況」の概念は、「枠組み（frame）」の概念に近いものである（Pittner（2004: 例えば、275-277）を参照。本書§5.3で援用する Tannen（1993）の「フレーム（frame）」とは異なる）。つまり、事象を「囲み込む」機能としての「枠組み化（framing）」を具現化する道具立てという点に、「状況副詞句」の本質が見えてくるのである。一方、「状況性」と「様態性」は意味的に連続した概念であり、両要素を含んでいると読み取ることのできる用例も存在する。例えば、結果用法の様態副詞を含む (i) では、①「配達のされ方（様態）」と②「配達が無事完了したという結果状態（状況）」の2点が伝えられている。

  (i) The letter was <u>successfully</u> delivered.
上の①と②の解釈が同時に可能となる要因として、「様態」における「実体の変化してゆく<u>かりそめの形態</u>」（『広辞苑 第5版』（岩波書店、1998）の「様態」

の項の一部を引用、下線筆者)の「かりそめ」が、「状況」にも認められる特性であることが考えられる。

*5　本書では、定義(2)における「空間」、「時間」の概念の本質的な問題に立ち入ることは避け、「速度」の一般的な定義、「運動する物体の単位時間当たりの位置の変化」(『大辞泉』(小学館、1998)の「速度」の項を参照)に基づき、「時間」を「空間(位置)の変化」と解釈する。この解釈は、「空間(の変化)」が「時間」に優先するということを含意し、殊に、「空間表現」の「時間表現」への比喩的拡張を論じるための前提である。また、「空間表現の比喩的拡張」は「時間表現」だけには留まらない。

例えば、(i)における、「随伴」を表す状況副詞句についても、(ii)のような「空間表現」から拡張したものとして扱うことができる。

(i) I went to the park with Mary.
(ii)「自己の物理的隣接空間において、メアリーの存在を認識できる場所に居ながら」→「メアリーと一緒に」

*6　例えば、Anderson (1971)、Gruber (1965, 1976)、Miller and Johnson-Laird (1976)、Traugott (1978)、Lakoff and Johnson (1980)、Fillmore (1982)、Miller (1985)、Boroditsky (2000)、Levinson (2001, 2003) などを参照。

*7　融合 (conflation) は *run, walk* などの移動様態動詞 (manner-of-motion verb) の分析における重要概念であるが、*pass* についても「移動」と「意識的広がりとしての時間」が融合しているものと考えられる。なお、ここでの「意識的広がり」は現象学に依る。

*8　影山 (2002: 24) は、「動詞分類で陥りやすい誤りは、『この動詞は○○動詞』であるというように割り切ってしまうことである」と言う。この発言は、動詞の「厳格な」分類は不可能であるということを示唆している。動詞分類が困難であるという事実が、動詞が内包する「空間概念」と「非空間概念」の意味的連続性を生み出しているのかもしれない。

*9　「空間概念から非空間概念への投射一方向論」に対する反論としては、Schroten (2001) がある。同論文は Larson (1985) や Kamp and Reyle (1993) に立脚し、空間を表す裸名詞句副詞 (bare NP-adverb) は数が限られているのに対し(以下の(ia, b)を参照)、時間を表す裸名詞句副詞の多くは、「概念的に単純で規則的な構造 (conceptually basic, regular structure)」を成しているために、イディオムとしての用法が確立されていることを指摘し、両副詞句の意味的連続性については否定的な見解を示している。

(i) a.　You have lived <u>few places</u> that I cared for.　(Larson (1985: (3a))
b.　You have lived *<u>(at) some locations</u> near here.

(Larson (1985: (3c))
c.　Mary arrived <u>on Friday</u>. She had set off <u>last Sunday</u>.

(Kamp and Reyle (1993: (5.197))

(以上、Schroten (2001: 173, 183)。下線筆者、句読点筆者調整)
(ic) の *on Friday* は、前置詞 *on* が事象を時間軸に位置づける機能を担っているため、空間概念から時間概念への意味的拡張表現と言える。しかし、Schroten (2001: 177-178) は、同じ直示的表現であっても、*last Sunday* については、

概念的に単純な裸名詞句副詞（イディオム）としての使用が日常的になっている理由として、*morning*、*afternoon*、*evening*、*day*、*night*、*season*、*year*、*second*、*minute*、*week*、*month*、*decade* などの時間概念は経験的に直接与えられる（experienced）単位である、ということを挙げる。更に、前置詞の〈空間概念〉から〈時の概念〉への拡張に対する反例として Cresswell（1985a）による用例（本書第7章の (35b)）も参照。

*10　本書では、Erteschik-Shir（2007）に基づき、「焦点（focus）」を「図（figure）」とし、文中のそれ以外の部分を「地（ground）」とする。聞き手の注意を惹きつける要素を「焦点／図」とする同書（p.77）は、視覚レベル（visual）の「焦点」（認知意味論におけるトラジェクター（trajector）に相当するものと考えられる）と文レベルの「焦点」を区別する。

*11　本書では基本的に、「動詞＋空間＋時間」を「無標」の配列（cf. (ia)）と規定する。

(i) a.　Coco Chanel was born <u>in France</u> <u>at the beginning of the century</u>.
    b.　Ritwik Ghatak was born <u>in 1925</u> <u>in Dacca, East Bengal, the capital of present day Bangladesh</u>.　（以上、BNC、下線筆者）

一方、(ib) のような「動詞＋時間＋空間」という有標配列も日常的に観察される。その要因については、Ernst（2002）による「重心原理（Weight theory）」によって大方、説明することができる。「重心原理」は「情報処理上の効率性の原理」の下位範疇と考えてよい。

*12　前置詞を関数とする分析としては、例えば、Halliday（1985: 142）や Schweikert（2005）を参照。後者については、本書第6章（§2）も参照。また、関数としての前置詞の意味的特性に話し手の「視点」が観察される例として (i) が挙げられる。(ia, b) の *in*, *at* には、それぞれ、「活動空間」、「活動起点」としての視点が含意されている。

(i) a.　His first intention was to continue his philosophy studies <u>in</u> London University, ...
    b.　Roberts tested his idea <u>at</u> London University.
　　　　　　　　　　　　　　　　　　　　　　　　　（以上、BNC、下線筆者）

*13　本セクションでの前置詞句と視点の関係についての論述は、Cresswell（1985a: Ch.IV）に負うところが大きい。

*14　ここで言う「共感度」は Talmy（1978）による用例 (i) を用いた「図（figure: F）」と「地（ground: G）」の認識のされ易さの程度についての論考と関連している。つまり、認知言語学や機能文法論の文献でよく言及されるように、(ia) の *the bike* は (ib) の *the house* に比べ「共感」し易いのは、これらの「図」を支える「地」（それぞれ *the house*、*the bike*）の相対的な大きさが原因となっている。

(i) a.　<u>The bike</u> (F) is near the house (G)
    b.　? <u>The house</u> (F) is near the bike (G)
　　　　　　　　　　　　　　（以上、pp.625, 629 に基づく。下線筆者）

*15　第7章（§3.2.2）を参照。動詞と状況副詞句の「意味的結合度」は、多分に話し手の常識（world knowledge）によって決定されるという点において、語用論との関連性を踏まえる必要のある概念である。

*16　ここでの「日常性」は「具体性」に近い意味で使っている。話し手・聞き手による視点（empathy）の置き易さの度合いと言ってもよい。

*17　この一見当然の作業仮説は用例（i）（= 第6章（47e））のような文の容認可能性の違いを説明する上で不可欠なものである。
(i) My son goes to school (#uneventfully) every day (uneventfully).
「毎日の登校」と「事件に巻き込まれない登校」の2つを比べると、前者の方が日常的（familiar）な概念であることに着目されたい。第6章（§3.1：PPのVP右方付加論の問題点とその克服）も参照。

*18　ここでの「心理的距離」は久野暲の「視点論」やTalmy（1978）に基づく。本章注14も参照。

*19　(c-2)：http://www.classicreader.com/book/2206/7/（2009.12.8）

*20　Asakawa（1978）は、Erteschik-Shir（1973）の「意味的優位性（semantic dominance）」の概念に基づいて、副詞の節外抜き出しを分析した先駆的論考である。

*21　Radford（2004: 330）の構造（i）を採用すると、補文中の状況副詞句は、話題（topic）として、DP（ここでは、話題としての状況副詞句をDPに類似する統語範疇と仮定する）の位置に繰り上がり、この位置から、無条件に、ForcePの左隣のフェーズ（主節）のSpec-ForcePに移動することが可能である。
(i) ... [$_{ForceP}$ Force [$_{TopP}$ DP [$_{Top'}$ Top [$_{FocP}$ AdvP [$_{Foc'}$ Foc TP
　　　　　　　　　　　　　　　　　　　　　　（p.330の（7）に基づく）
(cf. He prayed that atrocities like those, never again would he witness. p.329)
この移動に対して何らかの制約を課すには、主節の動詞の意味的特性に加え、主節が形成する情報特性をも考慮せねばならない。

*22　句構造（29a）を提案するにあたり、長谷川（1983）及びReinhart（1981）における句構造樹及び用例を参照した。（29a）で副詞（AdvP）の位置を2つ設定しているのは主として、第5章で話題化と類似した移動現象を示す副詞の統語分析を行う上で必要となるからである。AdvP$_2$は移動後に多重主題構造（ia）を形成するという特徴をもつ。
(i) a. Doctor: Who examined Ms. Ann Smith yesterday?
　　　 Nurse: Yesterday, I think that Dr. Smith examined her.
　　b. Doctor: Do you regularly take some exercise?
　　　 Patient: Yes. Every day I take a walk in the park in my neighborhood.
文脈から判断して、(ia)では下線部が多重主題（Topic + ModP）を形成しているのに対し、(ib)は①単一主題構造（Every dayがFocused scene-setterで主語NP（I）以下がComment）と②多重主題構造（Focused scene-setter + Topic）の2通りに解釈できる。

*23　英語では、「場面設定」を、scene-settingの他にstaging、framingなどとも呼ぶ（例えば、Prince（1981）、Brown and Yule（1983）、Halliday（1985）、Firbas（1992）、Erteschik-Shir（1997）などを参照）。注24、25も参照。

*24　「場面設定」という概念の本質については従来、十分な議論はなされてこなかった。本書では、「場面設定」における「場面」に対して、出来事（event）が発生する時空に聞き手（読み手）の視点が置かれる「場所」という解釈を与えるに留める。（i）のように、場面設定表現（下線部）を解釈する場合、動詞

を含む副詞節としての解釈が可能な理由として、動詞を言語化することで、聞き手を当該の「場面」に誘導する話し手(書き手)の意図が伝わり易くなるということが考えられる(Haumann (2007: 281) も参照)。
  (i) a. Every morning at eleven, the cook would heat up a tin of stewed prunes, predigested chicken and carrots and would peel an apple. (毎日、午前11時になると、料理人は平なべに入れてあるシチュー状のプルーン、消化し易いように調理された鶏肉と人参を温め林檎の皮を剥いたものだ。)
     b. At the foot of the slope, through the thinning trees, a field maple, alders with their feet in the stream, a late-blooming chestnut, that dramatic lawn-adornment, the cedar, the house came into view. (間伐用の木々、収穫用の1本のカエデ、根元から少し上まで小川に浸かったハンノキ、遅咲きの1本の胡桃、あの見事に整えられた印象的な芝生、レバノン杉を通り過ぎて、丘の麓まで降りたところで、家が見えてきた。)
                           (Hasselgård (1996: a.=152, b.=146)、和訳と下線筆者)
  一方、(iia)の状況副詞句は単なる強調のために文頭に生起しているので、副詞節としての解釈ができない。(iib)では、文脈から判断して、2つの状況副詞句が [Scene-setter + Focused Topic] を形成している。
  (ii) a. However, in New York on Monday a federal appeals court granted him a stay of that order until at least the end of March [...]. (しかしながら、ニューヨークで、月曜日に、連邦控訴裁判所は少なくとも3月末まで、彼に対する法令の執行停止が認めた。…)
     b. and from the Tower \PIER /HERE # very/SHORTLY # • the launch will be \LEAVING # (そして、このタワー桟橋から、もう間もなく、汽艇が出発します。) (以上、Hasselgård (1996: 153)、和訳と下線筆者)
*25 Haegeman (2003: 645) は、「時の状況副詞句」に限定して、(ia) は (ib) のように解釈できることから、節外に抜き出した副詞句は、話題 (topic) であるとする。
  (i) a. Tomorrow he says that he cannot come. (明日は、彼が言うには、来ることができない日です (彼は来られません)。)
     b. About tomorrow he says that he cannot come. (下線及び和訳筆者)
一方、同一節内で移動した、「時の状況副詞句」は文脈に応じて、話題または場面設定 (scene-setting) の機能を担う (Ibid.)。(ia) の日本語訳は、Topic と Comment の主述関係に忠実に翻訳したものである (本文 (30b) も参照)。
*26 原文は以下の通り。
  Topic Empathy Hierarchy:
  Given an event or state that involves A and B such that A is coreferential with the topic of the present discourse and B is not, it is easier for the speaker to empathize with A than with B:
      E (discourse topic) ≥ E (non-topic)   (Kuno 1987: 210)
*27 「事象の時空上の発生点の明示」という視点は、山梨 (1986: 特に Ch.

176

5.9）で言及されているHarnish（1976: 359）による、表現と世界を直接投影させるための公理（ia）とその下位公理（ib, c）に基づく。

(i) a. Be representational; in so far as possible, make your sayings "mirror" the world.（記述的であれ、つまり、できる限り、世界を「写し取る」ように表現せよ。）

b. In so far as possible, make the order of saying[sic] reflect the order of events.（表現の順序が出来事の順序をできる限り反映するように配慮せよ。）

c. In so far as possible, if objects *a*, *b*, *c*,... ø together, put their names together when reporting this ø-ing.（対象物 *a*、*b*、*c*、…がøすることを同時に行った場合、対象物の名前をできる限り一緒にして表現することにより、このøしたということを報告せよ。）

（以上、和訳は山梨（1986: 180–181）を参照）

*28　http://www.sherrysknowledgequest.com/blackphoebe.htm（2010.2.15）

*29　(a) http://quizilla.teennick.com/stories/8027160/a-thousand-oceans-wide-a-tom-kaulitz- romance-fiction-37（2010.2.15）

*30　分析哲学で「信念」と訳される'belief'は、この文脈では「見解」の方が的確かもしれない。

*31　http://goparis.about.com/b/2010/02/19/paris-national-library-snags-casanova-manuscripts.htm（2010.2.15）

*32　本節における「文中央部」は挿入表現の分布上の特性を踏まえ、便宜上、文頭構成素XPと文末構成素YPの間の位置と規定する。

*33　本書におけるParAdvPは、Wells（2006）のIP（intonation phrase）の下位範疇として使用している。但し、IPは挿入節も含むことも留意されたい。Kaltenböck（2005: 25–27, 30）は挿入表現を挿入節と挿入句に大別し、更に、挿入節を10種類、挿入句を7種類に細分している。同論文は、①副詞句（adverbial phrase: e.g. *frankly*）と②副詞的前置詞句（prepositional phrase: e.g. *in brief*）を分別して、7種類の挿入句に含めている。主として、これら2種類の副詞類①と②が、本章で扱うParAdvPに相当する。

*34　挿入節、挿入副詞句、談話標識などの挿入表現についての統語・意味論研究は多岐にわたり、Greenbaum（1969: Ch.3–9）、Jackendoff（1972: Ch.3.12）、Ross（1973b）、Emonds（1976: Ch. II.9）、Halliday and Hasan（1976: Ch.5）、McCawley, N. A.（1977）、McCawley, J. D.（1982）、岡田（1985: 167–244）、Quirk, et al.（1985: 1112–1118）、Schiffrin（1987）、Haegeman（1991）、Espinal（1991）、中右（1994: 199–213）、Brinton（1996: 特にCh.2）、Jucker and Ziv (eds.)（1998）、Aijmer（2002）、Traugott and Dasher（2002b: 152–189）、Brinton（2008）、Urgelles-Coll（2010）などが挙げられる。

*35　(i)の様態副詞は、もともと最小のVP内付加部に配置されている。

(i) Of course it had been an accident—it must have been. Slowly he rose to feet.（もちろんそれは事故だったのだ—事故だったに違いない。そう確信しながらゆっくりと、彼は立ちあがった。）

（= 第3章、(90 a)）（BNC、和訳及び下線筆者）

その本来的な位置から談話構成上の目的で文頭に移動しているという理由によ

第4章　状況副詞句の機能論的特性　177

り、本書では文頭の様態副詞を基本的に「挿入的」とは考えない。但し、本章注40の用例（i）の、文頭における様態副詞の場合のように、「挿入的」とも解釈できる例も観察される。なお、文頭の様態副詞については第3章（§4）を参照。

＊36　Wells（2006）の邦訳、長瀬（監訳）（2009）も参照。

＊37　本書では、Rackowski and Travis（2000）による内置移動（intraposition movement）を採用する。詳細は鈴木（2003c）を参照。

＊38　Frank（2002）により提唱された統語操作。句構造合成論は1970年代半ばに Aravind Joshi らによって提唱された木接合文法（Tree Adjoining Grammar（TAG））を統語論に応用したものである。句構造合成論の概要については、鈴木（2009a, b）を参照。

＊39　Brinton（2008: 10-12）は Kaltenböck（2005: 22）による、従来の挿入表現（挿入句・挿入節）の3つの派生方式を紹介している。

(i) a. ①挿入表現派生のための変形規則を増やす。あるいは、②同派生を文法の問題としない。
   b. ①主節を挿入表現として従節から抜き取る（Thompson and Mulac（1991）; Ifantidou（2001: 132-138における二重発話行為分析（"double speech act" analysis））。あるいは、②従節を主節の直前に上昇させる（Ross（1973b）の 'slifting'）。
   c. 挿入表現を話者指向副詞（speaker-oriented adverb）と見做し、解釈規則により認可する（Jackendoff（1972: 99-100））

挿入表現の3つの派生方式（i）には一長一短があり、どの1つを取っても、それが決定的な方式とは言えない。本書が採用する句構造合成による派生方式は（ib）の延長線上に位置づけられる。

＊40　本書では基本的に、文頭の語修飾副詞の派生については移動論に立脚する。したがって、（46a）は不要かもしれない。しかし、(i) のような、ParAdvP にも解釈できる文頭副詞句の派生分析には（46a）は必要である。

(i) 'I mean, Charles won't always be at the War Office. They could post him to a regiment and send him abroad just like that!' <u>Elegantly, dramatically,</u> the Countess snapped her fingers. '<u>And where would you be if he got killed? You should get married now and get that baby started</u> ....（「つまり、チャールズは陸軍省に配属されるとは限らないのよ。連隊に配属させられ、まさにあのように海外に配置されるかもしれないわよ！」と言いつつ、<u>上品ではあるがオーバーに</u>、伯爵夫人は指でパチンという音を鳴らした。「<u>それに、彼が戦死したらどうするつもり？　すぐに結婚して彼の子供を授かりなさい…</u>。」）（BNC、和訳、下線及び省略記号筆者）

(i) では2つの様態副詞が連続していることやコンマイントネーションが置かれているという理由により、これらの副詞句は、後続事象の内容に関する読み手の興味・関心を高めるというサスペンス効果を担う ParAdvP に類似した統語範疇として捉えることもできよう。

＊41　通常、(52)-④の Spec-ParAdvP の位置に yesterday が生起する頻度は低いが、(i) のような実例が観察されることにも留意されたい。

(i) He said: 'The authorities in China have nothing to fear. Of course, we have no intention of doing anything to damage confidence here.' He <u>yesterday</u> revealed the bank's inner reserves. （BNC、下線筆者）
＊42 （54a）：http://www.augustana.edu/SpecialCollections/jesse.html（2012.2.11）
（54b）：http://www.livius.org/cao-caz/carthage/carthage_t01.html（2012.2.12）
＊43 （55a）：http://www.trivia-library.com/a/biography-of-famous-french-poet-arthur-rimbaud-part-1.htm（2012.2.3）
（55b）：http://m.fanfiction.net/s/6919752/96/（2012.2.3）
＊44 同文では、挿入句直前の 'I am' が「私について言えば」という Topic、挿入句が Focus の機能を担い、両者合わせて多重主題を形成している。
＊45 同文の挿入句と直前の主語の関係は、注44の場合と同様。複数の少女のうちの「1人」を話題化し、その話題について挿入句がコメントを加える機能を担っている。
＊46 Tannen（1993: 35）の用例（i）を参照。
(i) And the man up in the tree doesn't even ... doesn't notice anything.
木に登って梨を採っている農夫が、梨を盗んで行く少年に気づかない描写（i）は、2人の人物が出会えば互いに気づくのが当然である、という趣旨の「個人的な出会い（personal encounters）のフレーム」に矛盾する内容であるため、かえって、読み手に効果的な印象を与えている（*Ibid.*: 35–36 を参照）。
＊47 Hasselgård（2010: 49）を参照。
＊48 Tannen（1993: 51）の用例（i）は類似内容の情報を「追加」することにより、証拠の真実性を話し手が強調する例である。
(i) ... (at) the -- t time, (it) showed-- ... TSK <u>a woman</u>, (there) were <u>two wome</u>, ... <u>a woman with three children</u>, （下線筆者）
＊49 バックトラック（backtrack）効果とは概略、時間的に先に生じた出来事を背景情報として追加することにより、時間的に後に生じた出来事の内容が一層印象的に聞き手に伝わる、という文体効果を意味する（Tannen（1993: 43）参照）。

第5章
状況副詞句による多重主題形成

1. はじめに

　本章では、状況副詞句の多重主題現象について、最近の比較統語論の中心テーマの1つであるカートグラフィー（cartography）に基づいた分析（例えば、Rizzi（1997）、Cinque（2006a）、Endo（2007）、Benincá and Munaro（eds.）（2010）、Haegeman（2012）などを参照）を踏まえながら議論を進める。具体的には、① 文頭状況副詞句の多重主題現象（cf. (1a)）、②状況副詞句と主語 NP の位置関係（cf. (1b)）及び、③状況副詞句の節外抜き出し（cf. (1c)）について論じる（②については第4章（§5.2）における議論も参照）。

(1) a. Luckily for me, apparently everybody went to bed early. （私にとって運がよかったことに、実際は、全員が早く寝てくれた。）　　(Haumann (2007: 354)、和訳と下線筆者)
　　b. {1. Usually Fred must, 2. Fred must usually} get out by climbing the wall. 　　(Jackendoff (1972: 104)、下線筆者)
　　c. Moreover, in these 1026 patients$_i$ he claims that the laterality of tenderness was "closely related" to the laterality of the reported headache t$_i$.（さらに、彼の報告によれば、この1026人の患者を調べてみると、偏側性の柔軟度は頭痛時の偏側性と「密接な関連」が見られた。）　　（インターネット検索＊1、和訳及び下線筆者）

上の②（cf. (1b)）の分析の特徴は、［状況副詞句＋主語 NP］あるいは［主語 NP ＋状況副詞句］を多重主題として扱うという点にある。上の③（cf. (1c)）についても、［節外に抜き出された状況副詞句＋主節］を多重主題と見做し、従来の統語論及び機能論による

181

分析を更に一歩進め、状況副詞句の節外抜き出し現象についての機能論的成立条件を導き出す。

2. 文頭状況副詞句の多重主題現象[*2]

本節では、文頭の状況副詞句[*3]が複数連続して生起する多重主題現象について機能統語論の立場から概観するとともに、英語状況副詞句の多重主題配列の一般的特性について論じる。

近年の統語論において、文頭[*4]の多重主題現象を本格的に論じる契機を与えた論考は、Rizzi（1997）及びCinque（1999）である。Rizziは節左端部（left periphery）の構造を細分化した。更に、Cinqueによる副詞配列機能階層論を英語副詞配列の分析に適用したのがHaumann（2007）である。節左端部の英語補文標識階層（3）は、普遍文法における補文標識層（2）を精緻化したものと言える。

(2) 補文標識層（complementizer layer）①：Rizzi階層
　　… Force … (Topic) … (Focus) … Fin IP　　（Rizzi（1997: 288））

(3) 補文標識層（complementizer layer）②：Haumann階層
　　$\begin{cases} \text{ForceP > TopP > EvalP > TopP > EvidP > SceneP > FocP[*5] >} \\ \text{TopP > SoP > TopP > PromP} \end{cases}$

　　(ForceP: illocutionary adv., EvalP: evaluative adv., EvidP: evidential adv., SceneP: scene-setting adv., SoP: subject-oriented adv., PrompP: preposed adv. (cf. p.212))　　（Haumann（2007: 411）の（36）、（37）に準拠）

補文標識層（2）、（3）とそれを具現化させた用例（4）から英語文頭状況副詞句の多重主題配列に関する一般的特性（5）を求めることができる。

(4) a.　Your book, you should give t to Paul（not to Bill）.
　　b.　YOUR BOOK you should give t to Paul（not mine）.
　　c.　Il libro, a Gianni, domani, glielo daró senz'altro
　　　　"The book, to John, tomorrow, I'll give it to him for

    sure"

 d. * A GIANNI IL LIBRO daró（non a Piero, l'articolo）
   "TO JOHN THE BOOK I'll give, not to Piero, the
   article"   （Rizzi（1997: a., b.=285, c., d.=289））

（5）状況副詞句多重主題配列の一般的特性
 a. Topic > Focus が文レベルでの無標の配列である。
 b. Topic は複数並置が可能であるのに対し、Focus は文中に1つだけしか配置することができない。

（5）は文レベルの特性であるが故に、この特性の妥当性については、談話レベルでの状況副詞句配列において、その反例が Hasselgård（1996, 2004, 2010）等で観察されている。以下、（5）を保証する2つの実例と（5）に対する反例を2つ挙げる。

 まず、（5）が談話レベルでも成り立つ実例を2例考察する。（6）は、「任意の西暦年における3月16日の注目すべき出来事」を紹介するインターネット上のサイトからの実例である。文脈上、In 1960 は Topic であり、in New York は Focus であると解釈してよい。

（6）In 1960, in New York a car was displayed with a battery recharged by solar cells.（1960年には、ニューヨークで、太陽電池で充電されるバッテリーを積んだ自動車が公開された。） （インターネット検索*6、和訳と下線筆者）

更に、（7）の In London, in 1986 の Topic、Focus は文脈上やや判別し難いが、後続の In 1987（下線部）を手掛かりとするならば、Topic > Focus の配列が維持されていると言えよう。加えて、In 1987（Focus）の直前には既出の In London（Topic）が省略されていると見做すことができる。

（7）Much may thus depend on how seriously they rise to the challenge. In London, in 1986, 101 warrants of further detention were sought; 100 were granted. In 1987, the Metropolitan Police asked for 66, and got 57.（このように、物事の多くは、いかに真摯に困難に対処するかということにその成否が掛かっているのであろう。ロンドンでは、

1986年に、101件の勾留延長令状請求が出され、100件が認められた。また、1987年に、ロンドン警視庁は66件の請求を出し、57件が認められた。）　　（BNC、和訳と下線筆者）

次に、状況副詞句多重主題配列の一般的特性（5）に対する反例を2例挙げる。Hasselgård（1996）によれば、(8) では文脈上最初の副詞句に焦点（focus）が置かれている。

(8) a. <u>At six o'clock</u> <u>every evening</u> she watches the news.
b. <u>Every morning</u> <u>at eleven</u>, the cook would heat up a tin of stewed prunes, predigested chicken and carrots and would peel an apple.（毎日、午前11時になると、料理人は平なべに入れてあるシチュー状のプルーン、消化し易いように調理された鶏肉と人参を温め林檎の皮を剥いたものだ。）

(Hasselgård (1996: 151-152)、b. は第4章注24 (ia) 再掲、和訳と下線筆者)

ところが、(8) の Focus > Topic 配列は、文頭に並置された副詞のうち1番目の時間副詞に焦点が落ちるとする Hasselgård（1996: 例えば160）の指摘内容と Haumann 階層（3）が整合しないことを示すものである。また、Topic > Focus の配列を提示する Rizzi 階層（2）は例えば、実例 {(6)、(7)} と (8) の Focus の統語的非対称性を説明することができない。

以上の考察から、補文標識層（2）及び（3）とそこから得られる一般化（5）を修正し、英語状況副詞句多重主題配列を求めると(9) が得られる。

(9) 英語状況副詞句多重主題配列

AdvThemeP > FocusP > AdvThemeP

(AdvThemeP={ForceP, EvalP, EvidP, SceneP, SoP (subject-oriented adv.), Prom(inence)P})

(9) では、AdvThemeP を FocusP の前後に配置しているので、Rizzi 階層（2）の問題点を克服することができる。また、Haumann 階層（3）の TopP を NP に限定しないで、主題化された副詞をも AdvThemeP とすることにより、階層（3）の問題点も解

決できる。

　本節では、複数の状況副詞句が文頭に配置される構造を多重主題構造として分析した。次節では、［状況副詞句＋主語NP］または［主語NP＋状況副詞句］が、多重主題構造を成すことを前提とした分析を進める。

3. 状況副詞句と主語NPによる多重主題構造

　前節で見たように、(10a)では、評価副詞（*regrettably*）が挿入副詞句（ParAdvP）として用いられているために、同副詞句に焦点が置かれても置かれなくても文法的である。

(10) a.　In those days, regrettably, the system in the ACT provided for only 80 places in the methadone program. （当時は、残念ながら、オーストラリア首都特別地域におけるこの政策は、メタドンプログラムを行う80か所の医療機関でしか実施されていなかった。）

〈インターネット検索＊7、和訳及び下線筆者〉

b.　Honestly, HIS PASSWORD（*honestly）you should have asked for, not his PIN-code.（正直に言って、君が聞くべきであったのは彼のパスワードであって、暗証番号ではないのです。）

〈Haumann（2007: 340）、和訳と下線筆者〉

つまり、(10a)では2つの副詞句のTopic、Focusの配列は、[Topic+Topic]、[Topic＋Focus]、[Focus＋Topic]のいずれも可能であり、複数の副詞句が多重主題を形成する場合、[Topic＋Focus]というRizzi（1997）による原則が遵守されていない。一方、(10b)の*honestly*のような発話行為副詞は、Spec-ForcePの位置で直接、併合される。よって、Rizzi（1997）の観察どおり、焦点話題化要素（*his password*）が話題話題化要素（*honestly*）に的確に後続していると言える。本節では、状況副詞句と主語NPが多重主題を形成する場合、(10b)のように、[Topic＋Focus]の配列原則が遵守される（傾向が強い）ことについて論じる。

用例（11）は、①全ての副詞が主語NP（*John*）の左側に移動することができるとは限らないということ及び、②主語NPと機能階層領域内の副詞は多重主題を形成するということを示している。

(11) a. <u>Quickly</u> John raised his arm.
  b. *<u>Already</u> John knows that you are coming.

（Cinque（1999: 112）、下線筆者）

（11）のような多重主題構造における副詞の相対的位置に関する機能論的根拠を求めるためには、①Cinque（1999）が指摘した「副詞は主語NPの直前に一定の制約のもとに移動する」という規約*8 を、②Svenonius（2002）の「副詞・主語NP相関論」に組み込むことによって説明することができる。Svenonius（2002）の「副詞・主語NP相関論」とは、「主語NPのトピック性（topicality）が副詞の位置を決定する要因となり得る」という趣旨の仮説である。同論文は、S構造における副詞の位置についての意味論的な説明を与える表示論（representationalism）に基づいているという点で、機能的主要部群（functional heads）の各指定部に機能ごとに副詞を配置するCinque（1999）の派生論（derivationalism）とは異なる。とは言え、「副詞・主語NP相関論」は、「副詞配列機能階層論」に機能論的視点を取り入れ、仮説（12）を導き出すための有効な道具立てであると言える。

(12) 英語の主語NPと副詞の位置的相関についての仮説
  VP境界の役割を担う副詞の左側（文頭に近い側）または右側に主語NPを配置した場合、左側に配置された主語NPの方が右側に配置された主語NPよりも、話題としての度合い（topicality）は高い。

以下、§4で、仮説（12）を導き出すプロセスについて論じる。続いて、§5で、英語状況副詞句の機能論的分析においても、仮説（12）が有効に適用されることについて、実例を挙げながら検証する。

4. 主語 NP と副詞分布の相関[*9]

本節では、Svenonius（2002）による、ドイツ語の主語 NP と副詞の分布についての仮説（13）の根拠について、その概要を述べ、同仮説は、英語の主語 NP と副詞の分布についての仮説（12）とパラレルに対応していると論じる。そこで得られた知見を、§5における、英語副詞と主語 NP の位置的相関を有効に分析するための布石としたい。

(13) ドイツ語主語 NP と副詞の分布についての仮説
　　①ドイツ語の文頭に副詞が生起した場合、同副詞は「接続話題」の機能を担い、文全体の語順は「副詞＋動詞＋主語 NP」となる。②その結果、副詞の直後に VP 境界が形成され、「主語 NP」は新情報としての機能を担う。

4.1 接続話題としての文頭副詞句

Svenonius（2002: 215）はドイツ語のような動詞第二位（V2）言語の文の先頭部（主語位置）には、話題（topic）あるいは背景情報（background information）が生起する傾向が強いことを観察し、「接続話題（switch topic / shifted topic / continued topic）[*10]」という概念を導入する。

(14) の *varmt og kaldt vann* は一見、評言（comment）としての解釈が可能である。

(14) Varmt og kaldt vann var det jo ikke. (Norwegian)
　　 warm and cold wat was it after.all not
　　 'After all, there wasn't hot and cold water'
　　　　　　　　　　　　　　（Svenonius (2002: 216)、下線筆者）

しかし、Svenonius は、聞き手が文脈から判断して、*varmt og kaldt vann* という情報に対し、「親近感（familiarity）[*11]」を持つことができる場合、同表現を、背景的な情報（background information）あるいは話題（topic）であるとする。用例（15）の下線部も、「接続話題」で、副詞もその候補となり得ることを示すものである。

第5章　状況副詞句による多重主題形成　187

(15) a. Ja, for tre veckor sen fick profession sesök. (Swedish)
　　　 yes for three weeks ago got the.professor visit
　　　 av en herre som talade med stark brytning ...
　　　 of a gentleman as spoke with strong accent
　　　 'Yes, three weeks ago a man with a strong accent came to see the professor'
　　b. och sedan packade profession och gav sig i väg.
　　　 and then packed the.professor and gave RF in way
　　　 med den främmande herrn ...
　　　 with the unknow n gentleman
　　　 'Then the professor packed his luggage and left with the stranger'　　　　　　　　　　(以上、*Ibid.*: 216、下線筆者)

　Svenoniusの主張は、要するに、①V2言語の主節の先頭部（主語位置）には、話題（topic）あるいは背景情報（background information）が生起する傾向があり、副詞についても、それが「接続話題」の役割を担うことができる、②また、接続話題が関与する場合、「副詞＋動詞＋主語NP」の語順が可能になる、ということである。

4.2　副詞のVP境界形成機能

　Svenonius（2002）は、前項における主張と関連付けて、「副詞はVP境界を形成する機能を担う」とする。本項では、「副詞のVP境界形成機能」が、主語NPや目的語NPの話題としての度合い（topicality）に影響を与えるということについて、Svenoniusによるドイツ語の観察を纏めた上で、英語の主語NPと副詞の位置的相関についての仮説を提唱する。

　Svenonius（2002: 219）は、(16)の*immer*をVP境界と規定し、「VP境界」を道具立てとした次のような分析を行う。*immer*よりも内側の位置には強い読み（strong reading）（全称量化の解釈）を要請する要素が生起する。一方、*immer*よりも外側の位置には、存在閉鎖（existential closure）の適用を受け、弱い読み（weak reading）（存在量化の解釈）を要請する要素が生起する。

(16) a. ... weil sie immer Briefe aus Europa beantwortet (German)
since she always letters from Europe answers
'... since she is always engaged in answering letters from Europe'

b. ... weil sie Briefe aus Europa immer beantwortet
since she letters from Europe always answers
'... since she never leaves a letter from Europe unanswered'

(Svenonius (2002: 219)、下線筆者)

動詞第二位の原則が適用される (17) においては、VP境界 *sennilega* (=*probably*) よりも内側で、存在閉鎖の適用を受ける *Þessar mýs* (=*these mice*) が生起し、*sennilega* (=*probably*) よりも外側で、存在閉鎖の適用を受けない *margar mýs* (=*many mice*) が生起している。

(17) a. Í gær kláruðu Þessar mýs sennilega ostinn. (Icelandic)
yesterday finished these mice probably the.cheese
'Yesterday these mice probably finished the cheese'

b. Í gær kláruðu sennilega margar mýs ostinn.
yesterday finished probably many mice the.cheese
'Yesterday many mice probably finished the cheese'

(Ibid.:220、下線筆者)

(16) と (17) の NP の意味的特性の対称性は、NP の位置が VP 内部か外部か、という基準によっては説明し得ないことを意味する。Svenonius (2002: 219) は、この問題を解決するために、用例 (18) における AdvP と NP の配列の違いについて、次のような説明を行う。

(18) a. ... als er weider rauskam war auf einmal der HUND verschwunden. (German)
when he again out.came was of once the dog disappeared
'... when he came back out, all of a sudden the DOG had disappeared'

第5章 状況副詞句による多重主題形成 189

b.　… als　er weider rauskam　war der Hund　auf einmal
　　when　he again　out. came　was the dog　of once
　　verSCHWUNden.
　　disapPEARed
　　'…when he came back out, all of a sudden the dog had disappeared'
　　　　　　　　　　　　　　　　（以上、*Ibid*.: 219、下線筆者）

(18) においては、VP 境界 *auf einmal* の前後に生起する主語 NP の話題としての度合い（topicality）に差異が生じている。つまり、(18a) の *der Hund* は焦点（新情報）として機能しているのに対し、(18b) の *der Hund* は話題（旧情報）として機能している。なお、(16) の場合のように、V2 言語の従節では、動詞第二位の原則が適用されないために、主節における場合とは異なる VP 境界形成機能が観察されることについても留意されたい。

　本項では上の用例（16）～（18）における NP の意味的特性を踏まえ、(19) のような仮説を立てる。これを、次節における「英語の主語 NP と副詞の位置的相関分析」を有効に進めるための作業仮説とする。

　(19) 英語の主語 NP と副詞の位置的相関についての仮説
　　　　　　　　　　　　　　　　　　　　　　　　　（= (12)）
　　　VP 境界の役割を担う副詞の左側（文頭に近い側）または右側に主語 NP を配置した場合、左側に配置された主語 NP の方が右側に配置された主語 NP よりも、話題としての度合い（topicality）は高い。

5. 英語状況副詞句が主語 NP の情報特性に与える影響

　本節では、まず、§5.1 において、主語 NP と状況副詞句による多重主題構造の派生概要について述べ、次に、§5.2 において、実例に即しながら、英語状況副詞句が主語 NP の情報特性に与える影響を考察し、前節の仮説（19）の妥当性について検証する。

5.1 主語NPと状況副詞句による多重主題構造の派生概要

(20) の両文における、主語NPと状況副詞句による多重主題構造の派生方法は異なる。その理由は、状況副詞句は、cirPとParAdvPの2種類に分類されるということにある。

(20) a. He slowly rose to his feet.
b. Kara Wooten stared at the light panel, struggling to identify which colored bulbs were turned on. Seconds passed. Her eyes slowly, slowly moved. Then she spotted a bulb to the far left. "Red," she said.（カラ・ウッテンは点灯したパネルを見つめ、どの色の電球が点いているかを必死になって言い当てようとした。数秒が過ぎた。彼女の眼が、ゆっくりとゆっくりと、動いた。すると、ずっと左側の電球を指差して、「赤」と言い当てた。）　（インターネット検索*12、下線及び和訳筆者）

仮説 (19) に基づくと、(20a) では、slowly が VP 境界となり、直前の he を旧情報として、話題化する機能を担っている。(20a) の slowly は VP 境界の機能と同時に焦点話題 (focus topic)（新情報）の機能も担っている（同文の slowly は文脈が明らかではないので、①主語指向副詞と②様態副詞のどちらにも解釈できる。加えて、②よりも①のほうが状況性の程度は高い）。同様に、(20b) では、her eyes が話題 (topic) の機能、挿入副詞句 (ParAdvP) としての 'slowly, slowly' が焦点話題（新情報）の機能を担い、全体として多重主題を形成している。

通常の状況副詞句 (cirP) は、副詞配列機能階層上の、その機能に対応する Spec-FP の位置で併合すればよい。一方、(20b) のような ParAdvP としての状況副詞句については、句構造合成*13 による派生 (21) が必要となる。

(21) a. [ParAdvP slowly, slowly [IP]] に [IP her eyes moved] を代入→

b. [ParAdvP slowly, slowly [IP her eyes moved]]
(Slowly, slowly, her eyes moved.)

c. b. の *her eyes* に主語移動を適用→

[ParAdvP [ParAdv' her eyes_i [ParAdv' slowly, slowly [IP t_i moved]
(Her eyes, slowly, slowly moved.)

　目的語移動に準じて、(21b) に主語移動を適用すると (21c) が得られる。この、句構造合成論に立脚した統語操作は、主語移動を適用しない (21b) にせよ、主語移動を適用した (21c) にせよ、派生前の同一の構造 (21a) から、効率的に多重主題構造を派生させることができるのである。

　上で考察した、多重主題構造に関わる2種類の状況副詞句は、その派生方法が異なるものの、最終的に、構造パターンは、①「副詞＋主語NP」構造において、主語NPが「新情報」として解釈される場合、②「主語NP＋副詞」構造において、主語NPが「旧情報」として解釈される場合、及び③「副詞＋主語NP」構造と「主語NP＋副詞」構造における主語NPの情報特性の差が認め難い場合、の3通りに分類される。以下、①〜③の順に、実例考察を行う。

5.2　VP境界が副詞と主語NPの情報特性に与える影響
　　　　実例考察

5.2.1　「副詞＋主語NP」　新情報としての主語NP

　まず、「副詞・主語NP相関論」(§4を参照) に基づき、実例 (22) 及び (23) における下線部の情報特性について考えてみよう。(22) の文頭の副詞 *probably* は、その直前と直後の文の結束性 (cohesion) を的確に保っている。

(22) There is no doubt that the Brussels Agreement provided for a significant 25 per cent expansion in the resources available to the EC.　Probably <u>a notional VAT contribution of around 1.9 per cent</u> would have been required to produce an equivalent rise in resources.（確かに、ブリュッセル協定で、ECが利用可能な財源の25％大幅拡大が認められた。<u>恐らくは</u>、同等の財源を拡大するには、<u>名目上約1.9％の付加価値税の引き上げ</u>が必要になっていたことであろう。）

(BNC、下線及び和訳筆者)

一方、その指示性（referentiality）が低い、いわば、新情報としての主語NP（二重下線部）を文頭に配置すると、読み手に唐突感を与える可能性が高まる。その理由として以下のことが考えられる。(22) では第1文の①「財源の25%大幅拡大（*a significant 25 per cent expansion in the resources*）」と第2文の②「名目上約1.9％の付加価値税の引き上げ（*a notional VAT contribution of around 1.9 per cent*）」という2つの情報（①と②）が連続的に提示され、しかも、②は明らかに新情報としての機能を担っている。一方、第2文の文頭の副詞（*probably*）は、その直後に続く文が表す事象（event）の実現可能性を数量化する、ひいては、*probably* 直後の事象内容に対する読み手の興味・関心を高める効果（サスペンス効果）を担っている。

　(23) では第1文で、まず、「一時金投資（*lump sum investment*）」または「定期的な貯蓄（*regular savings*）」のどちらかが有効であると主張した後、第2文で、両者を併用することが最善の方策であると主張する。

　(23) The most common fees plans involve lump sum investment or regular savings. Often a combination of both proves to be the best formula.（最も一般的な支払プランとして、一時金投資または定期的な貯蓄が考えられる。両者の併用が最善の方法になることはよくある。）　　（BNC、下線及び和訳筆者）

第2文の「両者の併用（*a combination of both*）」は第1文における「2つの方策」の運用法についての新情報としての機能を果たす。更に (22) の場合と同様に、文頭に配置された副詞（*often*）は、読み手に新情報の登場を期待させる効果（サスペンス効果）を高めていると言える。*often* を文頭に配置することにより、その直後に続く文の表す事象（event）が数量化され、「両者の併用」が成功する確率の高さが効果的に読み手に伝えられる [*14]。

　以上、「副詞＋主語NP」パターンの多重主題構造について考察した。

5.2.2 「主語 NP ＋副詞」 旧情報としての主語 NP

次に、旧情報としての主語 NP に副詞を後続させる場合の方が、つまり、副詞を主題化（話題化あるいは場面設定化）しない場合の方が、情報の流れが円滑になることを、実例（24）及び（25）により考察する。

(24) But mostly we develop our language by analogy. Babies probably start by seeing everyone as an aspect of their mother and call them 'Mama' or something very like it.（しかし、母語はたいてい類推により発達する。乳幼児が最初は周囲の人を誰でも母親と見做し、彼らのことを「ママ」とかそれとよく似た語を使って呼ぶのはそのためであろう。）　　　　　　　　　　　　（BNC、下線及び和訳筆者）

（24）の第1文の中心的情報は「言語習得」であるため、第2文で、言語習得の主体としての *babies* が主語 NP として文頭に配置されても読み手は唐突感を抱かない。主語 NP の直後に位置する文副詞 *probably* は、第2文の事象（「乳幼児は周囲の人を誰でも母親と見做すということ」）の「生起確率の数量化」というよりも、書き手が当該事象の内容の信憑性を断定しているわけではないということをコメントとして補足しているに過ぎない。つまり、同副詞を削除しても2文の結束性に大きな差は生じない。

同様に（25）は、「麻薬中毒離脱者が麻薬中毒を再発することがよくある」という第1文の中心的情報に対して、第2文は、「麻薬の特徴」を話題にしているが故に、両文は一貫して「麻薬」の怖さを主張していると言える。

(25) Even after drying out, they may feel strongly pulled back into the drug world. Drugs often make people feel they're coping, when they're really not coping at all.（麻薬中毒離脱後も麻薬の世界に戻りたいという衝動に駆られる。麻薬は、実際は全く違うのに、正常な生活をしていると錯覚させるものなのである。）　　　　　　（BNC、下線及び和訳筆者）

したがって、第2文の頻度副詞 *often* は事象の数量化というよりも、むしろ、事象に対する書き手の視点（empathy）に言及する役割を

担っている。つまり、第2文の *often* の有無は書き手の「麻薬の特徴」についての見解を補足するだけの（軽い）情報であると考えられ、同文における話題（topic）としての主語NPを文頭に置いたほうが第1文との結束性（cohesion）が十分に維持される。よって、「副詞＋主語NP」よりも「主語NP＋副詞」の配列が選択されているのである。

以上、「主語NP＋副詞」パターンの多重主題構造について考察した。

5.2.3 「副詞＋主語NP」と「主語NP＋副詞」の情報構造の差が認め難い場合

最後に、「副詞＋主語NP」パターンと「主語NP＋副詞」パターンに、談話構成上、一見、差異が生じていないように思われる場合について考察する。この場合、読み手は、上の2つのセクションにおけるパターンの場合よりも、文脈の一層正確な把握が要求される。

(26) の頻度副詞 *usually* は (26b) の無標の位置から (26a) の文頭の位置に主題化（thematization）したものと仮定してみよう。

(26) {a. Usually Fred must, b. Fred must usually} get out by
　　　climbing the wall.　　　　　　　　　　　　　(＝(1b))

この仮定からは、移動を可能にする要因を、主語NPである *Fred* の指示性に求めることは困難である（通常の文脈では固有名詞 *Fred* の指示性は一定している）。

Cinque (1999: 13) で論じられているように、*usually* のような時間（temporal）副詞は、領域（domain）副詞が生起する位置、すなわち文副詞群の最も高い層の位置に生起する。この現象は、(27) の両文の文脈の違いを検討することにより、その妥当性を再認することができる。

(27) a.　Usually Fred must get out by climbing the wall, but this
　　　　time he succeeded in doing it by walking through the
　　　　tunnel.

　　 b.　Fred must usually get out by climbing the wall, but he
　　　　says he doesn't want to do it.

(27a) の *usually* は 'in many cases' という意味に近い、場面設定の機能を担う状況副詞（文副詞）としての解釈が自然である。*but* 以下の *this time*（今回は）も *usually* と対比的に配置された場面設定子である。一方、(27b) の場合、後続文で、「フレッドが塀を乗り越えて外に出るという習慣を嫌がっている」ということが述べられているため、同文の *usually* は、習慣アスペクトの機能が具現化したものとしての解釈が自然である。

(28) についても同様である。両文において、主語 NP と副詞の配列を逆にしても文全体の指示的意味（referential/intellectual meaning）は変わらない。

(28) a. 'Do many cartoonists stay here?' I asked Martin. 'No, you're the first one. Usually we just have salesmen.'
b. You must be dying for something to eat, both of you. We usually eat at seven, but we waited for you.

(BNC、下線筆者)

しかし、(28a) では、「漫画家が宿泊することが日常的であるのか否か」ということが話題になっている文脈で、話し手（ホテル経営者（*Martin*））が「普段であれば」という意味で *usually* を場面設定化（文副詞化）することにより、直前の事象（[YOU'RE THE FIRST ONE]）と直後の事象（[WE JUST HAVE SALESMEN]）の内容を対照的に関連づけることに成功している。仮に、'we usually just have salesmen' のように表現してしまうと、「営業マンの世話をすることが習慣である」ということが強調されてしまい、例えば、「漫画家の宿泊は初めてなので、お世話するのが楽しみです」というような文脈効果（contextual effect）が薄れてしまう。一方、(28b) の第2文は、'we waited for you' が明示的に表現されているために、「普段の（usual）夕食時間」を話題にするだけでよい。つまり、敢えて、*usually* を文頭で文副詞化して何らかの文脈効果を読み手に与える必要はない。

5.3　まとめ

本節における、以上の考察から英語副詞と主語 NP の相関を、次

の2点に要約することができる。
- (29) a. 副詞は主語NPに先行したり後続したりすることにより、主語NPの話題としての度合い（topicality）を調整する。結果として、聞き手が主語NPの内容を効率的に受け入れることが可能になる。
- b. 副詞が主語NPの話題としての度合いに影響を与えない*15 場合、当該の副詞は文副詞への機能変更を目的として文頭に移動することができる。

(29)の2つの結論は§4で論じたSvenonius（2002）の「副詞・主語NP相関論」の妥当性を裏付けるものである。

6. 状況副詞句の節外抜き出し　統語分析とその限界

前節では、主語NPと副詞が多重主題を形成することについて論じた。本節及び第7節では、「補文から抜き出された状況副詞句」と主節が多重主題を形成するための機能論的条件を求める。

(30)のような、状況副詞句の節外抜き出しを扱った統語分析については、Postal and Ross（1970）、Erteschik-Shir（1973）、Asakawa（1978）、Nakajima（1991）、Pollard and Sag（1994: 特に177, 386）、Hukari and Levine（1995）、Bouma, Malouf and Sag（2001）、Haegeman（2003）、Sag（2005）、Chaves（2009）等の先行研究があるものの、必ずしも十分な成果は得られていない。

- (30) a. Yesterday$_i$, I think that John examined her t_i.
- b. *Tomorrow$_i$, John simpered that he would kiss my wife t_i.

(Asakawa（1978: 51, 61）、下線と痕跡記号は筆者による）

(=第4章(28))

つまり、状況副詞句節外移動現象は総じて、Wh句移動分析において間接的な議論は散見されるものの、同統語現象に対する説得力のある統語論上の説明はなされていない。したがって、本節では、むしろ、文頭における多重主題現象と関連づけながら、副詞句の節外抜き出しを支える機能論上の条件を提案する。

(31)におけるAdvP$_2$がNPの話題化（topicalization）*16 と類

似した移動現象を示すということから、AdvP₂はVの付加詞ではなく、準項（semi-argument）の機能を担っているものと予測される。

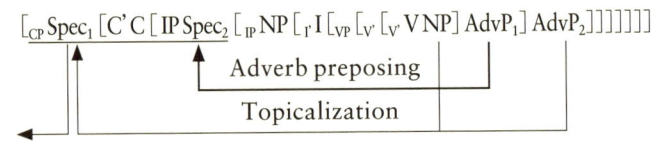

(31) 副詞の文頭移動プロセス　　　　　　　　　（＝第4章 (29a)）

[_CP Spec₁ [C' C [IP Spec₂ [_IP NP [_I' I [_VP [_V' [_V' V NP] AdvP₁] AdvP₂]]]]]]

Adverb preposing
Topicalization

　その証拠として、用例 (30) のように、付加詞の位置にあり、従って、上方制限（upward boundedness）によってその移動が制約されているはずの AdvP₂ が節外に移動するという、NP の話題化のような統語現象を示す事例が観察されることが挙げられる

　副詞を Spec-FocP に繰り上げ、Focus を派生させた (32a) は文法的であるのに対し、副詞を Spec-TopP に前置し、Topic を派生させた (32b) は非文法的である。

(32) a.　HOW OFTENᵢ would they usually tᵢ drink?
　　 b. *Oftenᵢ they usually tᵢ drink.

(Haumann (2007: 332-333)、下線筆者)

この違いの動因は、副詞移動のプロセスに、階層上位の副詞 *usually* が介入するか否か、ということにある。

　Haumann (2007) は前置された副詞句と話題化された名詞句の統語的振舞いが異なることに着目し、副詞前置適用後の副詞句の移動先として、Rizzi, L. による階層を改訂した (33a) における Spec-PromP を提案する。同階層により、(33b, c) の文法性の違いが的確に説明できる。

(33) a.　[_ForceP [_Force' [_Force] [_TopP* [_Top' [_Top] ⋯ [_FocP [_Foc' [_Foc] [_PromP* [_Prom' [_Prom] [_TopP* [_Top' [_Top] [_FinP]]]]]]]]]]]]

(adapted from Rizzi 2002: 18)

b. Who$_i$ do you think [$_{ForceP}$ [$_{Force'}$ [$_{Force}$ that] [$_{PromP*}$ [$_{Adv}$ secretly$_k$ [$_{Prom'}$ [$_{Prom}$ [$_{TopP*}$ [$_{Top'}$ [$_{Top}$ [$_{FinP}$ [$_{Fin^0}$ [$_{AgrSP}$ t$_i$ t$_k$ ate cake?]]]]]]]

  c. *Who$_i$ do you think [$_{ForceP}$ [$_{Force'}$ [$_{Force}$ that] [$_{TopP*}$ [$_{DP}$ cake$_k$] [$_{Top'}$ [$_{Top}$ [$_{FinP}$ OP$_i$ [$_{Fin'}$ [$_{Fin^0}$ [$_{AgrSP}$ t$_i$ ate t$_k$?]]]]]]]]

  (Haumann（2007: 334）、表記（$_{Fin^0}$）筆者訂正。a. の"Rizzi 2002: 18"は原著どおり。原著参考文献表のRizzi（2002）のタイトルはLocality and left peripheryで、Rizzi（2004）と同名。)

上の（33）に関わる統語分析は、文頭要素を主題（theme）として統一し、その機能を文脈の中で分類する機能文法における方法論との大きな違いである（主題の下位範疇としての「話題」と「場面設定子」の違いについては第4章（§3.2）と同章の注23〜25を参照）。しかし、上のAdvPをNPに類似した統語範疇と仮定し、統語レベルに限定した分析を行うことには問題がある。つまり、既に、第4章（§3.1）においても論じているように、GB理論における境界理論（下接の条件）やミニマリストプログラムにおけるフェーズ理論を適用する場合と、GB理論における障壁理論を適用する場合の違いにより、（34）の諸例に対して、正反対の文法性の予測がなされてしまう。

(34) a. With it$_i$ [the large calibre rifle] he claims that he could hunt any animal on the North American continent t$_i$. (このライフルがあれば、北米大陸のどんな動物でも狩猟できそうだ、と彼は言ってる。)

  b. In the U.S.$_i$ he said that Harlem and the Bronx, Los Angeles and San Francisco are all attractive t$_i$. (彼が言うことには、アメリカでは、ハーレムやブロンクス、ロサンゼルスやサンフランシスコはどこも魅力に溢れている。)

  c. In the Douro in 2001$_i$ he says that people were afraid t$_i$ that the wines weren't physiologically ripe, with a bit of greenness. ... In 2001$_i$ he says that they missed it by as little as a few hours t$_i$, and as a result none will be released.（彼が言うには、2001年にドーデのワイン生産者が懸念していたのであるが、ワインに青臭さが少し残っていて生理学的に十分に円熟していないかもしれないという予測が広がっていた。…更に彼は言う。2001年は、僅か数時間の差で、その［成分抽出の］タイミングを逃してしまった年なので、結局、一本も出荷されないだろう、と。）

（筆者注：文脈から判断して、'In the Douro in 2001' は場面設定子（scene-setter）として、同副詞句を含む文を意訳してある。第2文の In 2001 は話題（topic）としての解釈が妥当であろう。）

d. With nothing but a crowbar and a ballpeen hammer, I very much doubt that Terry will be able to repair the Vax in our office.（バールと丸頭ハンマーだけでは、きっと、テリーは会社のヴァックス（英国製電気掃除機）を修理できないだろう。）

e. Without their earmuffs, scarves, mittens, and parkas, I don't think for a moment that the twins will be venturing forth on a night like this.（耳覆い、マフラー、ミトン（手袋）、パーカがなければ、少し考えただけでも、双子がこのような夜に危険を冒して旅することはないことがわかる。）

f. Apart from getting themselves convicted of forgery, Leslie denied that Robin and Pat had done anything wrong during their sabbatical year at Cambridge.（レズリーが言うには、偽造罪で有罪判決が下されることを除いては、ケンブリッジでのサバティカル期間中に、ロビンとパットは何も悪いことはしていないということだ。）

(d., e., f=Hukari and Levine (1995: 201)、和訳及び下線筆者)

g. In this country, he regrets that he is "the only Jew" on Yom Kippur, but ....（この国では、彼にとって遺憾な

ことに、自分が贖罪の日の「たった一人のユダヤ人」である。しかし、…。）

h. Yesterday I remember that I purchased a magnet board. （昨日は、私の記憶では、磁石入り黒板を購入しました。）

i. During summers spent east of Alexandria in Aboukir, he remembers that his family would buy fresh gray mullet (*bouri*) directly from the fishermen at the dock and take them to a local bakery to cook. （アブキールのアレクサンドリア東部で過ごした幾度かの夏の期間、彼の記憶では、家族で食べるために、波止場で新鮮なボラを漁師から直接買い、調理してくれる地元のパン屋に、ボラを持ちこんだものだ。）

j. As an immigrant youth in California, he remembers that he was never groomed at the schools he attended for anything remotely resembling his current success. （カリフォルニアへの移民青年であった頃、彼の記憶では、通った学校で、現在の成功にほんの間接的にでも結びつくような教育内容は全く提供されなかった。）

(a.〜c. 及び g.〜j. はインターネット検索＊17、和訳及び下線、痕跡記号は筆者)

　上の（30）や（34）の諸例において観察される統語現象から言えることは、要するに、AdvP に NP の話題化と同じような節外抜き出し現象が観察される場合には、AdvP を NP の話題化と同様の枠組みで分析し、Ross（1967）の有界的な（bounded）副詞前置（adverb preposing）とは別個の扱いをする必要があるということである。

7. 状況副詞句の節外抜き出しを可能にする機能論的条件

　前節では、状況副詞句の節外抜き出しについての統語分析には限界があるということについて論じた。本節においては、同統語現象

についての機能論的な説明の有効性について論じ、同統語現象に関する機能論的条件を導き出す。

7.1 副詞の指示性

統語論のレベルで副詞の節外抜き出しを説明するにあたり、(35) の AdvP$_2$ は NP に類似した「指示性（referentiality/discourse-linkability）」（Pesetsky（1987）を参照）が観察されるが故に AdvP$_2$ の素成が V の補部に浸透（percolate）し、V に語彙統率される、と仮定してみよう。

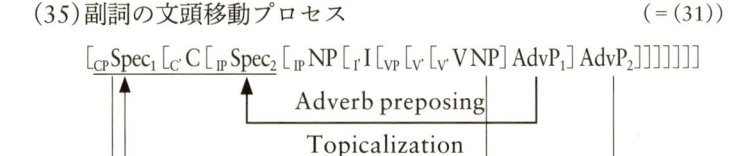

(35) 副詞の文頭移動プロセス　　　　　　　　　　　　　　(= (31))

$[_{CP}\text{Spec}_1 [_{C'} \text{C} [_{IP} \text{Spec}_2 [_{IP} \text{NP} [_{I'} \text{I} [_{VP} [_{V'} [_{V'} \text{V NP}] \text{AdvP}_1] \text{AdvP}_2]]]]]]$

　　　　　　　　　　　　　Adverb preposing
　　　　　　　　　　　　　　Topicalization

この仮定に基づけば、(36) の AdvP が１つの節を越えて移動しても文法的に正しい文が派生されることを正しく予測することができる。

(36) For Harry$_i$, Barbara claimed that Bill had bought a book t$_i$.

(35) の AdvP の移動を「指示性（referentiality）」と関連づけて説明するためには、(37) のような機能論的条件が必要である。

(37) 状況副詞句の節外抜き出しに関する機能論的条件［暫定案］：指示性（referentiality）が高い状況副詞句に話し手の視点（empathy）が認められ、同副詞句が文副詞的な機能を担う場合、同副詞句の節外抜き出しが可能になる。

本書では、条件 (37) における「文副詞」および「指示性」について、次のように考える。つまり、場面設定とか強調（焦点化）の目的で、AdvP が、句構造 (35) の Spec$_{1,2}$ に移動するプロセス（第４章§3.2 も参照）には話し手の意図が介入する。よって、Spec$_{1,2}$ に移動した AdvP はその本来的な位置（文末）に留まる場合よりも、文副詞的な機能が強まる。ここで言う文副詞とは、Quirk, *et al.*（1985）や Kuno（1987）の場面設定のための文付加詞

（sentence adjunct）及び強調（焦点化）のために文頭に移動した付加詞を指す（第4章（§2.2.2）も参照）。一般に、文副詞というとGreenbaum（1969）で提唱された離接詞（disjunct）及び接合詞（conjunct）を指すが、本書では、節の一部を構成する副詞が場面設定などの目的で文頭に移動したものも文副詞に含める。

　具体的には、例文（38a）の AdvP（下線部分）は、強調のために移動したものであり、（38b）の AdvP は場面設定のために移動したものである（但し、（ ）内のような解釈を適用する）。

(38) a.　On the cheek$_i$, Ralph kissed his mother t$_i$.
　　　　（母の（唇ではなく）頬に、ラルフはキスをした。）
　　b.　On the platform$_i$, Ralpf was welcomed by everybody t$_i$.
　　　　（ホームでは、ラルフは皆に歓迎された。）
　　c.　Once upon a time, there lived an old fisherman ...
　　d.　*There lived an old fisherman ... once upon a time.
　　e.　Between John and Mary, Mary is the brighter.
　　f.　*Mary is the brighter between John and Mary.
　　　　　　　　　　　　　（c.–f. は Kuno（1987: 286）、下線筆者）

（38c, e）の場面設定のための AdvP については（38d, f）が非文であることから、文末からの移動（Move）というよりも、Spec-CP の位置での併合（Merge）により、AdvP が派生されたものと見做す。

　ここで、条件（37）における「指示性」を、Pesetsky（1987）に基づき（39）のように規定する。

(39) 指示性（referentiality）
　　　話し手の意識（mind）の中にある具体的な内容、または、談話（discourse）の中で前もって確立されている（pre-established）内容を指し示す度合い。

Pesetsky（1987）は、who, what,「how many + NP」のように「指示性」が認められない（または低い）要素と違い、「which + NP」には、NP と同様の「指示性」が認められるとする。その証拠として同論文は用例（40）を挙げる。

(40) a.　*Mary asked what$_i$ who read t$_i$.

第5章　状況副詞句による多重主題形成　　203

b. Mary asked which book_i which man read t_i .

(Pesetsky（1987: 104, 106）、下線筆者）

(40b) において、Spec-CP には *which man* が生起しているので、2つの Spec-CP を認めない限り、*which book* はその本来的な位置 (t) から移動することができない。すなわち、(40b) は (40a) と同様に非文として排除されるはずであるが現実には文法的である。その理由を Pesetsky（1987）は、(40b) の *which man* には NP のような「指示性」が認められるということに求める*18。

7.2 機能文法の可能性

前節で考察した「副詞の指示性」についての知見を踏まえ、本節では、機能文法に立脚しながら、①話し手が補文内容に対して取る態度、及び②主節の情報特性に着目しながら、状況副詞句の節外抜き出し条件を求める。

7.2.1 話し手が補文内容に対して取る態度

ここまでの議論において、状況副詞句の節外抜き出しを統語論だけに基づいて説明することは困難であることを述べてきた。この問題を解決するためには、むしろ、§7.1 で提示した「状況副詞句の節外抜き出しに関する機能論的条件［暫定案］」を手掛かりとしながら分析するほうが有効な結果が期待できる。

(41) 状況副詞句の節外抜き出しに関する機能論的条件［暫定案］：指示性（referentiality）が高い状況副詞句に話し手の視点（empathy）が認められ、同副詞句が文副詞的な機能を担う場合、同副詞句の節外抜き出しが可能になる。

(＝(37))

条件 (41) を機能論に焦点を絞り込んで再解釈すると、「文頭要素は聞き手の関心を惹きつけるに値するだけの指示性を満たしていなければならない」ということになる。ところが、(42) の状況副詞句はどれも「指示性」が認められるにもかかわらず、(42c) は非文と判断される。

(42) a. For Harry_i, Barbara claimed that Bill had bought a book

   t_i.　　　　　　　　　　　　　　　　　　(= (36))
 b.　Yesterday_i, I think that John examined her t_i.　(= (30a))
 c.　*Tomorrow_i, John simpered that he would kiss my wife
   t_i.　　　　　　　　　　　　　　　　　　(= (30b))

　(42)のような「状況副詞句＋主節」構造について、以下、Halliday（1985: 53–56）の多重主題（multiple themes）の概念を援用しながら論を進める（多重主題についての、より具体的な機能論的分析についてはHasselgård（2004, 2010）を参照）。補文の要素を主節内（通常、主節左端）に移動させる要因となる動詞は橋渡し動詞（bridge verb）（e.g. *think, say, claim*）と呼ばれ、Wh句移動分析においてしばしば言及されてきた。橋渡し動詞は「意味的に卓立して（prominent）いない動詞」（荒木・安井編（1992: 200–201））という特徴をもつ。つまり、橋渡し動詞に後続する補文は断定的な（assertive）情報、ひいては、新情報としての役割を担う傾向が強いものと言える。

　福地（1985: 197–198）は、「基本的な語順の変更（文要素の移動）は、「旧情報を前に、新情報を後に」という談話上の原則に沿って行われるが、同時に、ある種の語順変更があった時には、<u>伝達内容に対する話者の態度や感情が現れることがある</u>」（下線筆者）とする。この、「基本的な語順の変更」は主節に起こるのが原則（*Ibid*.: 198）であるが、同書は多数の用例に基づき、断定述語（assertive predicate）や疑似叙実述語（semifactive predicate）が従える補文内でも倒置現象（基本語順の変更）が生じること（いわゆる、主節現象（main clause phenomena）＊19）について論じている。

(43) a.　*I resent the fact that <u>each part</u> he had to examine t_i
  　carefully.　　　　　（福地（1985: 202）、下線と痕跡記号筆者）

    b.   With which binoculars_i did Ron {1. say, 2. *whisper} that Frank watched Liliana t_i ?

                           （b.-1 はインターネット検索＊20、下線筆者）

    c.   Tomorrow_i, John {1. said, 2. *simpered} that he would kiss my wife t_i .   （cf. (42c)）

    d.   Yesterday_i, I {1.think, 2.regret} that John examined her t_i .   （cf. (42b)）

    e.   ?Who did Pat stammer that she liked?

                （Ambridge and Goldberg (2008: 360)、文法性記号（?）と下線筆者）

    f.   *Why does Robin regret Kim refused the offer?

                          （Bouma, Malouf and Sag (2001: 49)、下線筆者）

　(43a) のように補文の基本語順変更を補文内で適用するにせよ、(43b-f) のように補文外までその適用範囲を拡げるにせよ、主節動詞の補文選択についての統語的・意味的特徴（叙実動詞（factive verb)、発話様態動詞（manner-of-speaking verb)、橋渡し動詞（bridge verb）であるか否か）が補文の基本語順変更可能性に影響を与えるということを前提とした研究がこれまでの主流であった。要するに、主節動詞の意味的特徴に着目することにより、話し手が補文内容に対して取る態度 (44) を基本にした分析が積極的に行われてきたのである。

(44) 話し手が補文内容に対して取る態度

    a.   補文内容の叙実性（旧情報の度合い）を聞き手に伝える。（叙実・疑似叙実動詞）

    b.   補文内容を断定的に（新情報として）聞き手に伝える。（発話様態動詞、橋渡し動詞）

7.2.2　主節動詞が形成する主節の情報特性への配慮

　　　「地」・「図」の導入

　しかし、状況副詞句及び Wh 句の節外抜き出しについて、(43c-2) と (43e) の対、及び (43d-2) と (43f) の対の文法性の非対称性を説明するためには、補文内容に視点を置く (44) に加え、主節動詞が形成する主節の情報特性への配慮も必要である。以下、

主節の情報特性への配慮は、(45)における2つの論点の解明、ひいては、状況副詞句の節外抜き出しに関する機能論的条件の解明に結びつくことについて論じる。

(45) a. 節外に抜き出された状況副詞句と（主節における）発話様態動詞との機能論的関連性
　　 b. 節外に抜き出された状況副詞句と（主節における）叙実動詞との機能論的関連性

まず、(46)の文法性に揺れが生じている理由を求めることにより、(45a)の状況副詞句と（主節における）発話様態動詞との機能論的関連性が明確になるという点について検討する。

(46) 　?Who did Pat stammer that she liked? 　　　(=(43e))

(46)の文法性についての考察は、(43c-2)の文法性に対する的確な理由づけにつながる。つまり、(46)の事象[SHE LIKED SOMEONE]（cf. SHE=PAT）は「図（figure）」としての役割、[PAT STAMMERED]は「地（ground）」としての役割を担っているという文脈を想定することにより、同文の情報構成のバランスが保たれる*21。一方、(43c-2)の事象①[HE WOULD KISS MY WIFE TOMORROW]も②[JOHN SIMPERED]も「図」としての役割を担っているため、①の状況副詞句 tomorrow を文頭で主題化（thematization）すると文全体の情報構造のバランスが崩れてしまう。

同様に、(47a)が非文であるのは、ある文脈で、John が補文の内容を発話したときの笑い方が焦点（新情報）になっているからである。

(47) a. *Tomorrow$_i$, John simpered that he would kiss my wife t$_i$. (=(30b)、(42c))
　　 b. 　John simpered that he would kiss my wife tomorrow.
　　 c. 　John simpered by saying that he would kiss my wife tomorrow.
　　 d. *Tomorrow$_i$, John simpered by saying that he would kiss my wife t$_i$.

つまり、(47a)では、笑い方を修飾する表現として「にたにたし

ながら」という様態が最も的確であると話し手が判断したために、発話様態動詞 *stammer* が「図」として選択されている。この、「図」としての主節情報に含まれる *stammer* の［様態］素性に「様態規則」（第2章（§8）参照）を適用することと、補文（「図」）に含まれる状況副詞句 *tomorrow* の主題化を同時に行うことは、話し手にとって、情報処理上の困難が伴うのである（主節情報が「地」であれば問題は生じない）。なお、発話様態動詞が関与する（47b）を書き換えた（47c）の *tomorrow* を付加詞島（adjunct island）から抜き出して、文頭に移動させた（47d）は非文になる。この統語現象は、（47a）の非文法性を判断するための間接的な証拠として挙げることができる。

次に、（45b）の状況副詞句と（主節における）叙実動詞との機能論的関連性を求めるには、（48）の主節の機能に着目すればよい。

(48) a. Yesterday_i, I {1.think, 2.regret} that John examined her t_i. (cf. (42b))
b. Yesterday, {1. in my opinion, 2. to my regret}, John examined her t_i.
c. *Why does Robin regret Kim refused the offer? (= (43f))
d. *The latter is why_i I regret I peevishly ignored my Yiddish-speaking grandmother, adamantly insisting she speak English t_i .
e. The latter is why, to my regret, I peevishly ignored my Yiddish-speaking grandmother, adamantly insisting she speak English.（後者の事情が、英語を話していると頑なに言い張りながらイディッシュ語を話す祖母を、遺憾ながら、感情的に疎んじた理由なのです。）

(e. はインターネット検索＊22、下線及び和訳筆者)

つまり、（48a）の主節の情報特性は、事象（［JOHN EXAMINED HER］）の発生領域（可能世界）を限定しているというよりも、同事象の内容を言語化するためのモダリティーを表明するための、挿入表現に類似した機能を担っている。それ故に、補文の基本語順変

更が許容され、状況副詞句 *yesterday* が文頭に置かれ、多重主題構造の形成が可能になる。

ところが、(48a-2) における主節内の「主語NPと動詞」に、「主語NPが遺憾の気持ちを抱いている」という「報告的 (reportive) な解釈」を与えるならば、この叙述表現にモダリティー要素が入り込む余地は無くなり、旧情報としての補文に対して、基本語順を踏まえた言語表現が要求される。つまり、この場合、叙実動詞の本来の機能が発揮され、主節の内容は「図 (figure)」として卓立し、一方、補文は「地 (ground)」としての情報を言語化する機能を担う (「報告的 (reportive)」と「情的 (expressive)」の違いについては、Asakawa (1978: 57-58) を参照)。

(48a, b) についての「図 (figure)」と「地 (ground)」の対立関係に着目した分析は、(48c,d) のWh句の節外抜き出しの説明にも適用することができる。つまり、(48c) の主節をモダリティー表現 (「地」)、報告的表現 (「図」) のどちらにも解釈できないのは、補文の内容が変数 (*why*) に対する定数 (解答) を補うことによって完結していないからである (補文の内容を、「地」とも「図」とも、判定できないからである)。(48d) については、*why* に対する解答が既に述べられているのであるから、*regret* の補文内容は「地」(旧情報) としての役割を担う必要がある。ところが、同補文は文脈上、新情報として提示されているために、(48d) は構文上、非文となるとともに、語用論的にも許容されない ((48e) の文法性と比較されたい)。

7.2.3 まとめ 状況副詞句の節外抜き出しに関する機能論的条件

ここで、①補文から抜き出された状況副詞句と②それに後続する主節の情報構成 (*i.e.* [①+②]) についての、上の2つのセクションにおける分析から、状況副詞句の節外抜き出しに関する機能論的条件として (49) を提案し、これを本項の結論としたい。

(49) 状況副詞句の節外抜き出しに関する機能論的条件 (条件 (37)、(41) を改訂)：状況副詞句の節外抜き出しは、次の2つの条件を満たす場合に可能になる*23。

第5章 状況副詞句による多重主題形成

①指示性（referentiality）が高い状況副詞句に話し手の視点（empathy）が認められ、同副詞句が文副詞的な機能を担う場合
②「主節主語（NP$_{Subj}$）＋主節動詞（V）」が、「図（figure）」としての補文内容に対する「地（ground）」としての役割を担う場合

8. おわりに

　本章では、①文頭状況副詞句の多重主題現象、②状況副詞句と主語NPの位置関係及び、③状況副詞句の節外抜き出し、の3点を中心に論じた。②の［状況副詞句＋主語NP］または［主語NP＋状況副詞句］構造、③の［補文から抜き出された状況副詞句＋主節］構造についても、「多重主題」を道具立てとした分析を進めた。以下、上の3点について要点を記す。

　第1に、文頭で多重主題配列を成す複数の状況副詞句の補文標識層上における情報は、文の左方から｛Topic ＞ Focus｝の順に配置される。談話レベルでは、文頭に並置された副詞のうち1番目の「時の副詞」にFocusが落ちることもしばしば観察されるが、文頭での無標の状況副詞句配置は、｛Topic ＞ Focus｝であると仮定することにより、文頭と文末における「時」と「場所」の状況副詞句配置の鏡像関係に対する簡潔な説明につながる＊24。

　第2に、挿入副詞句が主語NPの情報特性に与える影響については、副詞のVP境界形成機能に着目し、①「副詞＋主語NP」配列が選択される場合、②副詞の主題化（thematization）が回避される場合及び③「副詞＋主語NP」と「主語NP＋副詞」の情報構造の差が認め難い場合の3つの現象について論じた。これら3つの現象に共通した原理が、「主語NPのトピック性（topicality）が副詞の位置を決定する要因となり得る」という趣旨の、Svenonius (2002) による「副詞・主語NP相関論」である。

　第3に、状況副詞句の節外抜き出しの統語分析の限界を踏まえ、状況副詞句の節外抜き出しを可能にする機能論上の条件（49）を

求めた。

　次の第6章では、第4～5章で論じた状況副詞句の機能論上の特性を踏まえ、文末状況副詞句の統語的特性について論じる。

＊1　www.blackwell-synergy.com/doi/abs/10.1111/j.1526-4610.2005.05056_1.x（2006.12.8）
＊2　本節は、鈴木（2011a）に加筆・修正を施したものである。
＊3　本書では「状況副詞句」を、補文標識層（3）の状況副詞句SceneP より広義に捉え、補文標識層に生起する副詞を指す。
＊4　正確には、「節頭」とすべきであるが、本書では、支障の生じない限り、「文頭」とする。
＊5　FocPの焦点素性［FOC］はFocP内で照合される演算子であり、Rizzi（1997）などで表記されてきた焦点素性［F］とは異なる。［F］は語用論と関連する素性である（Haumann (2007: 140)）。文頭の副詞としてのTopicとFocusの配列が固定していないということを配慮し、本書では［FOC］と［F］の両者を使い分ける。
＊6　http://www.todayinsci.com/3/3_16.htm（2010.11.12）
＊7　http://www.hansard.act.gov.au/hansard/2001/week09/3065.htm（2010.7.23）
＊8　Cinque（1999）は、「副詞配列機能階層」上のどの階層まで、副詞が主語NPを越えるようにして移動できるのかということについて、言語間で差があることを観察している。主語NPは(i)の副詞配列階層の√には生起できるが、＊には生起できない。イタリア語と英語はそれぞれ *rapidam, quickly* を分岐点として、それよりも下位に位置づけられる副詞は主語NPを越えるようにして移動することができないという点が両言語の共通点である。一方、ノルウェー語の場合は、かなり下位の *snart* (=*soon*) よりも上位の副詞群が主語NPの前後に生起し得る。

　(i)　a.　√onestam √ fortunatam √ evidentem √ probabilm √ ora √ forse √ (Italian)
　　　b.　√honestly √ luckily √ evidently √ probably √ now √ perhaps √ (English)
　　　c.　√ærlig talt √ heldigvis √ tydeligvis √ sannsynligvis √ nå √ kanskje √ (Norwegian)
　　　a.　√necessariam √ volentieri √ obbligatoriam √ saggiam √ di solito √ di nuovo √
　　　b.　√necessarily √ willingly √ obligatorily √ wisely √ usually √ again √
　　　c.　√nødvendigvis √ gjerne √ obligatorisk √ klokelig √ vanligvis √

igjen √
a. √ spesso √ rapidam √ già * (non) più * ancora * sempre * appena * subito *
b. √ often √ quickly √ already * no longer * still * always * just * soon *
c. √ ofte √ raskt √ allerede √ ikke lenger √ enda √ allitid √ nettopp √ snart √

a.* brevemente * quasi * completam * bene * presto *
b.* briefly * almost * completely * well * early *
c. √ kort * nesten * helt * godt * tidlig *　　　　　(Cinque (1999: 113))

階層上位から一定の階層に収まってさえいれば、どの副詞でも主語 NP を越えて文頭に移動し得ることを示す (i) は、表層構造上における副詞と動詞の距離の、言わば「伸縮現象」、ひいては、「副詞配列機能階層」が汎言語的に認められることを裏付けるものと言える。

*9　本節は、鈴木 (2003b) に加筆、修正を施したものである。
*10　文頭の「接続話題」としての副詞は、話題と場面設定子に分類できる（本書、第4章（§3.2）と同章の注23〜25も参照）。
*11　「親近感を与えることができる」は、本書第3章（§4.1）の (83b) における「同定しうる」(identifiable) と同義である。
*12　http://www.sfgate.com/bayarea/article/New-treatments-for-traumatic-eye-injuries-3223145.php（2011.5.13）
*13　(21) の句構造合成操作については、第4章（§5.1及び注38）を参照。
*14　小西（編）(1989: 1268) は文頭の *often* は、それに続く文全体にかかる、とする。この、文中央部よりも文頭での作用域が広いという指摘は、文頭の *often* が、それに後続する事象全体を数量化するということを示唆するものである。副詞の事象数量化機能については、第2章（§6, §7）を参照。
*15　(27a) と (28a) おける主語 NP は旧情報であり、話題としての度合いは同一である。
*16　補文から抜き出した、「時」を表す状況副詞句は話題 (topic) であり、場面設定子 (scene-setter) ではないことについては、Haegeman (2003: 645) を参照。
*17　(a) www.angelfire.com/art/enchanter/m2030.html
(b) http://knowledge.wharton.upenn.edu/article.cfm?articleid=1729
(c) www.wineanorak.com/dinnerwithdirk_2004.htm（以上、2006.12.8）
(g) http://midcoastseniorcollege.org/selected-articles-from-past-issues-of-the-midcoast-inquirer
(h) http://jmanullang.blogspot.jp/2011_06_01_archive.html
(i) http://www.saudiaramcoworld.com/issue/200306/lights.camera.cook..htm
(j) http://www.csudh.edu/univadv/Dateline/archives/20080327/alumninews/victorrodriguez.htm（以上、2011.7.22）
*18　「*which* + NP」に指示性が認められるという Pesetsky (1987) の観察に加え、「前置詞 + *which* + NP」は前置詞の意味成分に応じてその指示性が階層化されているという Rizzi (1990: 90-91) の観察がある。同書はイタリア語の例文 (i) に基づき、前置詞の意味成分に応じて「前置詞 + *which* + NP」の節

外抜き出しの可能性が段階づけられている、と主張する。つまり、意味成分［Location］、［Instrument］、［Temporality］、［Manner］、［Reason］の順に、「前置詞 + *which* + NP」の節外抜き出しに関する制限が厳しくなる。

(i) a. ? <u>In che negozio</u> non ti ricordi che cosa abbiamo comprato?
 '<u>In what shop</u> don't you remember what we bought?'
b. ? <u>Con che chiave</u> non ti ricordi che porta abbiamo aperto?
 '<u>With what key</u> don't you remember which door we opened?'
c.??<u>A che ora</u> non ti ricordi che cosa abbiamo detto?
 '<u>At what time</u> don't you remember what we said?'
d. * <u>In che modo</u> non ti ricordi che cosa abbiamo detto?
 '<u>In what way</u> don't you remember what we said?'
e. *<u>Per che ragione</u> non ti ricordi che cosa abbiamo detto?
 '<u>For what reason</u> don't you remember what we said?'

(Rizzi（1990: 91）、下線筆者)

(ia, b, c) が必ずしも非文とはならないという事実、つまり、容認可能性の程度に問題が生じているだけであるという事実は、「様態」や「理由」を表す状況副詞句に比べ「場所」、「道具」、「時間」を表す状況副詞句の節外抜き出しの可能性が高いということを示唆している。

＊19　主節現象との関わりで、従属節先頭と主節先頭では副詞の現れ方が違うという点についての論考としては、Hukari and Levine（1995）、Bouma, Malouf and Sag（2001）、Sobin（2002）を参照。

＊20　http://web.gc.cuny.edu/dept/lingu/events/CSN/abstracts/ChrisWarnasch.pdf（2007.10.30）

＊21　Ambridge and Goldberg（2008: 374）は叙実動詞や発話様態動詞の補文は背景化される（backgrounded）傾向が観察されるために、島（island）の効果が見られるとする。したがって、(46) は非文になるはずであるが、例えば、探偵が *Pat* に浮気を躊躇いながら告白（*stammer*）させたとしよう。そして、*Pat* の夫が、(*Pat* の) 浮気相手が誰なのかを探偵に尋ねる場面では、同文の容認可能性は高まる。

＊22　http://www.washingtonpost.com/wp-dyn/content/article/2006/05/29/AR2006052900731.html（2007.5.23）

＊23　Erteschik-Shir（1997: 231）は、非断定的叙実述語（ia, b）、否定文における断定的非叙実述語（ic, d）及び発話様態動詞（ie, f）が従える補文中の要素抜き出し後の文法性に不規則性が観察されることを指摘する。

(i) a.　Which politician do you <u>regret</u> that you spoke to?
b. *　How do you <u>regret</u> that you behaved?
c.　Which politician <u>don't</u> you <u>believe</u> that you spoke to?
d. *　How <u>don't</u> you <u>believe</u> that you behaved?
e.??Who/??Which girl did you <u>mumble</u> that you'd seen?
f. *　Who/*Which girl did you <u>lisp</u> that you'd seen?　　　(下線筆者)

Erteschik-Shir による、上の指摘は、状況副詞句の節外抜き出しについても、主節動詞の補文選択特性に加え、主節動詞が形成する主節自体の情報特性への配慮が必要であることを示唆するものである。

*24 Hasselgård（1996: 150 の表 6.2）によれば、文頭では、「時＋場所（＋主語 NP ＋述語〜）」、文末では、「（主語 NP ＋述語＋）場所＋時」という配列傾向が高い。この、文頭と文末における「時」と「場所」の鏡像関係は、述語との意味的結合度の高い副詞句が述語の近くに配置され易いという Hasselgård（1996: 155, 159）の洞察から間接的に理由づけることができる。つまり、第4章で見たように、場所理論（localism）に基づけば、「場所・空間」の方が「時」よりも述語との意味的関係が強いので、「場所・空間」が述語の近くに配置され易いのである。実例を見てみよう。文脈上、(ia) では、Focus としての *in a restaurant in New York* とその近くに位置する述語（二重下線部）との意味的関係が強い。一方、(ib) では、*at the Diversity Employment Day Career Fair in Chicago* とその直前の述語（二重下線部）との関係が強い。(ib) の Focus も同場所副詞句であり、*in March* は補足的情報（afterthought）である（Wells（2006: §3.23）も参照）。

(i) a. One night in a restaurant in New York, he was introduced to a very rich Chilean named Arturo Lopez-Wilshaw.
    (http://www.newyorksocialdiary.com/list/im/107im.php、
                 2012.9.22、下線筆者)
  b. Job seekers line up at the Diversity Employment Day Career Fair in Chicago in March.
    (http://www.chicagotribune.com/business/breaking/chi-manpower-election-fiscal-cliff-temper-us-hiring-outlook-20120911,0,5938549.story、2012.9.22、下線筆者)

第6章
文末における状況副詞句の統語的特性

1. はじめに

　第4章では、主として、「サスペンス効果」に着目しながら、状況副詞句の機能論的特性について論じた。また、第5章では、状況副詞句の多重主題現象について、「状況副詞句の節外抜き出し」現象も分析対象としながら、機能論による議論を展開した。本章では、文末の状況副詞句配列についての統語分析を行う。具体的には、状況副詞句配列傾向（以下（9）参照）に基づき、状況副詞句を的確に句構造上に配置するための方式を提案する。すなわち、副詞的前置詞句（状況副詞句）を接頭辞句（PrefP）として句構造上に位置づけたSchweikert（2005）による句構造を改訂することにより、Ernst（2002）による、状況副詞句をVPの右方に付加する方式が、状況副詞句配列構造とその意味解釈の的確な対応関係を解明するための道具立てである、と主張する。

　ここで、Schweikert（2005）により提案された接辞投射句構造の概要を述べておきたい。まず、接辞投射句構造は、（1）のような特徴を持ち、具体的には（2）のような構造を成す。（2）のVP Shell内のSUBJとOBJは、それぞれ、X、Yの位置、すなわち、接尾辞句（SuffP）と接頭辞句（PrefP）の間の位置に移動する。PPは接頭辞投射句内（PrefPとVP Shellの間の位置）に移動する。

（1）接辞投射句構造の特徴
　　a. 語彙レベルでの状況副詞句配列傾向を接辞投射句構造に直接反映させることができる。
　　b. ひいては、本書が採用する文末の英語状況副詞句をVPに右方付加する古典的な方式の妥当性を高めることに寄与する。

(2) 接辞投射句構造の具体例

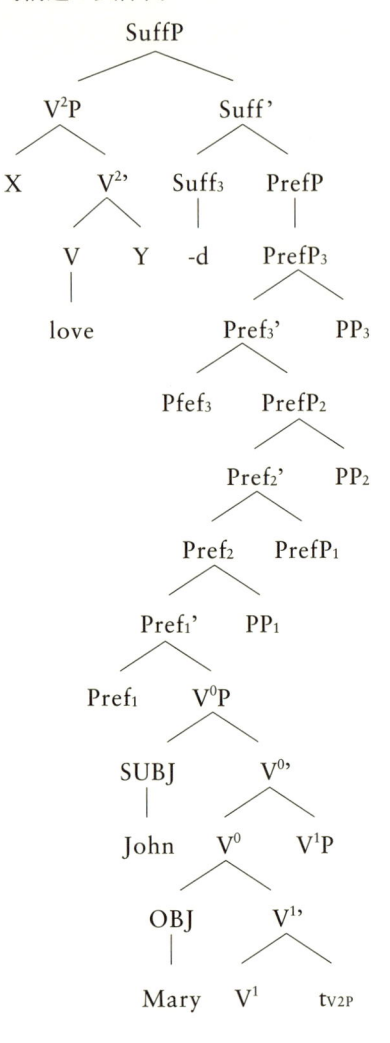

```
                        SuffP
                       /     \
                     V²P      Suff'
                    /   \     /    \
                   X    V²' Suff₃  PrefP
                       /  \   |    /    \
                      V    Y  -d  PrefP₃
                      |           /     \
                     love       Pref₃'   PP₃
                                /    \
                              Pfef₃  PrefP₂
                                     /     \
                                   Pref₂'   PP₂
                                   /    \
                                 Pref₂  PrefP₁
                                        /    \
                                      Pref₁'  PP₁
                                      /   \
                                   Pref₁  V⁰P
                                          /   \
                                       SUBJ   V⁰'
                                        |    /   \
                                      John  V⁰   V¹P
                                            /    \
                                          OBJ    V¹'
                                           |    /   \
                                          Mary V¹   t_{V²P}
```

(Schweikert（2005: 227）の句構造樹を VP 右方付加構造に整合させた構造)

接辞投射句構造（2）は、ドイツ語 PP の統語的特徴（3）と接辞句の統語的性質（4）を前提として派生される。

(3) ドイツ語 PP の統語的特徴

    a. PP は項（argument）である。

    b. PP の着地点は接頭辞投射句内である。

(Schweikert (2005: 132))

(4) 接辞句の統語的性質

　　接尾辞句（SuffP）は句構造の上位部に、接頭辞句（PrefP）は下位部に投射される。　　　（Schweikert（2005: 237）に基づく）

(3) 及び (4) はドイツ語以外の他の言語にも応用可能な普遍性の高い特徴である。ドイツ語PPの統語的特徴 (3a) は、本書が採用する、文末の英語状況副詞句をVPに右方付加する古典的な方式と整合する。PPは「項」であると仮定するならば、PPは句構造樹 (2) のPrefの付加部に「義務的に」配置されることになる（PPを「項」とすることについての反論については、第4章の注1を参照）。

以上がSchweikert (2005) による接辞投射句構造についての概略である。ここで、英語PPのVP右方付加方式を反映するような接辞投射句構造の改訂案を提出することの利点として大きく、(5) の2点を挙げる。

(5) 接辞投射句構造を応用することの利点

　a. PPを「項」と見做すことにより、抽象的述語関数（PLACE、TIMEなど）に含まれるPPを、句構造に的確に配置することができる。

　b. PredP（叙述句）の採用により、束縛理論や状況副詞句配列傾向から逸脱したPP配列に対する有効な説明が可能になる。

以下、§2〜§3における議論において、線形対応の公理（LCA）に基づいた句構造との対比を意識しながら、(5) の妥当性を検証する。

2. 接辞投射句構造と英語状況副詞句

本節では、まず、§2.1において、文末における英語状況副詞句の配列傾向及び配列条件を求める。それに引き続き、§2.2〜§2.3において、英語状況副詞句を接辞投射句構造に配置することの妥当性について論じる。

2.1 文末における状況副詞句の配列傾向、配列条件及び文副詞化

第4章では、「動詞＋空間＋時間」配列についての機能論上の根拠（6）を求めた。

(6) 「動詞＋空間＋時間」配列を支える機能論上の根拠

(＝第4章 (16))

> 英語においては、動詞右方に「空間」と「時間」をこの順序で提示される傾向が見られる。その理由は、同配列が①情報処理上の効率性の原理*1 に適った事象内容の限定化を容易にし、ひいては②複数の文末状況副詞句の自然な情報構造（「図」の的確な配置）を導くからである。

空間・非空間概念は下位概念に細分化される。細分化された下位概念は、「x＋空間＋y＋時間＋z」の「空間」、「時間」の前後（x, y, z）に配置・具現化される。本項では、「空間・非空間」の下位概念を具現化した状況副詞句の、文末における配列傾向、配列条件及び文副詞化現象について論じる（状況副詞句の文副詞化現象に関する機能論的要因については第4章（§2.2.2）を参照）。

PP の意味役割に基づいた状況副詞句配列は、英語では概ね、(7) と鏡像関係にある。その理由は英語とドイツ語の動詞の位置的差異に求めることができる。

(7) ドイツ語の PP 配列

Evidential>Temporal>Locative>Comitative>Benefactive>Reason>Source>Goal>Malefactive>Instrumental/Means/Path>Matter>Manner　　　　　　(Schweikert (2005: 132))

英語とドイツ語の語順の違いを配慮することにより、(7) から、最終的に、英語状況副詞句配列傾向 (9) を求めることができる。(7) から (9) を求める過程において、筆者は、まず、英語の実例19文*2 を用いることにより、英語状況副詞句の可能な配列の組み合わせ (8) を求め、次に、(8) により、英語の状況副詞句配列傾向 (9) を導き出した。

(8) 英語状況副詞句の可能な配列の組み合わせ

(a, s)　: Matter ≧ Manner
(e, r)　: Instrumental ≧ Comitative
(b, c) Comitative ≧ Matter
(d, l, m, n)　: Manner > Benefactive > Path > Source > Goal
　　　　　　　　>Path >Goal
(h)　: Matter > Means
(i, j)　: Malefactive ≧ Means
(f, g)　: Means ≧ Comitative
(k)　: Benefactive > Reason
(o)　: Source> Benefactive
(p, q)　: Locative > Temporal >Reason> Evidential
（①（　）内のアルファベットは本章末注3内の各実例左端のアルファベットを指す。②X＞YはXがYに先行すること、X≧YはXとYの配列交換が可能であることを表す。③例えば、〈(a, s)：Matter ≧ Manner〉は実例a. とs. から〈Matter ≧ Manner〉の配列が導かれることを表す。）

(9) 状況副詞句配列傾向

① {a. Manner (*with high speed*), b. Matter (*about mathematics*), c. Comitative (*with a colleague*), d. Instrumental (*with a screwdriver*)}

② {e. Malefactive (*against the bad weather*), f. Means (*by bus*)}

③ {g. Comitative (*with a colleague*), h. Means (*by bus*)}, i. Comitative (*with a colleague*), j. Path (*through Mainz*), k. Benefactive (*for his wife*), {l. Goal (*to Hamburg*), m. Source (*from Munich*)}

④ n. Benefactive (*for his wife*), o. Reason (*because of illness*), p. Malefactive (*against the bad weather*), q. Locative (*in Venice*), r. Temporal (*on Sunday*), s. Reason (*because of illness*), t. Evidential (*according to a witness*)

(Schweikert（2005: 96-101）を参照、｛ ｝内の意味役割は交換可能、□で囲んだa.、d.、f.、h.は状況副詞句配列に混交する様態副詞句）

（9）の意味役割のうち、特に、[Evidential]、[Malefactive]、[Matter]は、モダリティー表現の形成に寄与する。つまり、(10)の状況副詞句（[　]部）はそれぞれ、概略(11)のような書き換えが可能であるという理由から、これらの副詞句に話し手の心的態度（モダリティー）が含意されていることがわかる（(11)の下線部にモダリティー成分が内包されていることに着目されたい）。

(10) a. You've been absent six times [according to our records].
   b. They took precautions [against fire].
   c. You can do nothing [about it] now.
   （下線の語句について、Oxford Advanced Learner's Dictionary (2000) の用例を引用。(10c)は一部変更。下線筆者）

(11) a. if we believe our records are right
   b. lest there should be a fire
   c. even if you are interested in it

上の3つの意味役割（[Evidential]、[Malefactive]、[Matter]）にモダリティー成分が認められるということは、換言すれば、(10)の状況副詞句は、他の状況副詞句と比べて文副詞的な役割を担い易い、ということである。(12)の二重下線部を文副詞（話者指向離接詞）と見做した場合、(12a)のPP配列は自然な情報構造を形成している。なぜならば、PP$_3$が、PP$_{1,2}$を含む事象内容に対して、話し手のコメントを、焦点(focus)として追加しているという点において、文副詞の役割を担うことのできる自然な位置にあるからである。

(12) a. It will snow heavily in this region$_1$ in a couple of days$_2$ according to the weather forecast$_3$.
   b. They took precautions against fire$_1$ in their neighborhood$_2$ last year$_3$.
   c. You can do nothing about it$_1$ in your community$_2$ now$_3$.

一方、(12b, c)の文副詞としての二重下線部は、PPの前後にコン

マイントネーションが落とされ（書き言葉ではコンマが置かれ）、挿入副詞句（ParAdvP）の機能を担っている場合は別として、他のPPに後続され自然な配置とは言えない（ParAdvPについては第4章（§5.1）参照）。ここで、この問題を解決するために、機能論的な観点から、状況副詞句配列条件（13）を提案する（統語論の立場からの解決案については§3を参照）。

(13) 状況副詞句配列条件　　　　　　　　　　（＝第4章（25））

　　複数の状況副詞句（adverbial prepositional phrase:AdvPP）群に文副詞としての解釈が可能なAdvPP$_x$が介在する場合、そのAdvPP$_x$が文の焦点となる。他のAdvPP$_y$は、統語上の状況副詞句配列傾向（(9)を参照）に従って配置される。AdvPP$_y$がAdvPP$_x$よりも文末近くに配置された場合、AdvPP$_y$は補足的情報（afterthought）としての役割を担う。

(13)における「文の焦点となるAdvPP」は他のAdvPPよりも話し手が「共感し易い（視点を置き易い）」ものでなければならない。ここでの「共感し易い」とは、言うまでもなく久野暲の視点論における話題視点階層（14）を意識している。

(14) 話題視点階層　　　　　　　　　　　　　（＝第4章（33））

　　AとBを含む出来事または状態が生じていて、Aが現在の談話の話題（discourse topic）と同一指示的であり、Bはそうでない場合、話し手はBよりもAに視点を置き易くなる：
　　　E（discourse topic）≥ E（non-topic）

　　　　　　　　　　　　（Kuno（1987: 210）、原文は第4章、注26）

加えて、（15）の各文脈において、Aに対するBの応答文の焦点を二重下線部の位置に置くことが可能であるということも、状況副詞句をモダリティーと関連づけて分析することの妥当性を間接的に裏付けている。

(15) a. A: It looks like snow this week.

　　　　B: Yes. According to the weather forecast$_{i,3}$, it will snow heavily in this region$_1$ within a couple of days$_2$ t$_{i,3}$.

　　b. A: They are angry about the arson case last night.

　　　　B: Yes. They took precautions, though, against fire$_1$ in

their neighborhood₂ last year₃.
c. A: How can we decrease the number of violent crimes?
B: You can do nothing about it₁ in your community₂ now₃.

(用例 b. と c-B はそれぞれ Oxford Advanced Learner's Dictionary (2000) の *against*、*about* の項を参照)

なお、(15a) における文頭の *according to the weather forecast* は焦点話題化（強調）のために副詞前置（adverb preposing）が適用され、文頭に移動した典型例である。

以上、文末状況副詞句の①配列傾向、②配列条件、及び③文副詞化現象について論じた。次項及び§2.3においては、この3点のうち、特に、①の状況副詞句配列傾向がどの様に句構造に反映されるのか、ということを中心に論じる。

2.2 接辞投射句における PP 配置

前項では、ドイツ語と英語の語順の相違を考慮しながら、(7) に基づき、英語の文末状況副詞句配列 (16)（=(9)）を導き出した。

(16) 状況副詞句配列傾向　　　　　　　　　　　　　　　（=(9)）

① {a. Manner (*with high speed*), b. Matter (*about mathematics*), c. Comitative (*with a colleague*), d. Instrumental (*with a screwdriver*)},

② {e. Malefactive (*against the bad weather*), f. Means (*by bus*)}

③ {g. Comitative (*with a colleague*), h. Means (*by bus*)}, i. Comitative (*with a colleague*), j. Path (*through Mainz*), k. Benefactive (*for his wife*), {l. Goal (*to Hamburg*), m. Source (*from Munich*)}

④ n. Benefactive (*for his wife*), o. Reason (*because of illness*), p. Malefactive (*against the bad weather*), q. Locative (*in Venice*), r. Temporal (*on Sunday*), s. Reason (*because of illness*), t. Evidential (*according to *a witness*)

（Schweikert（2005: 96-101）を参照、{ }内の意味役割は交換可能、□で囲んだa.、d.、f.、h.は状況副詞句配列に混交する様態副詞句）

本項では、Schweikert（2005）による句構造樹（2）に（16）の各状況副詞句（PP）がどの様に配置されるのかということについて概観する。本項で得られた知見を、次項（§2.3）における、英語文末状況副詞句配列に適格に対応する接辞投射句構造を構築するための布石としたい。

（16）の意味役割がPPとして具現化される、句構造内の位置について、Schweikert（2005）は、PPを前置詞Pの最大投射とは見做さない。既に本章§1で見たように同書は、句構造樹（2）において、PrefPとV⁰Pの間に介在するPrefの付加部の位置にPPが配置されることを提案する。同構造において、PPをSpec-PrefPに配置*3することにより、PPの接頭辞としての特性を明示することができる。PrefPの数に応じてSpec-PrefPにPPを複数配置する場合、英語では（16）のa.からt.の順に、句構造樹の下方から上方に向かって、PPが配置される。結果として、a.がVに最も近い付加部に生起し、l.が文末（Vから最も離れた付加部）に生起する。

(17) He drove the car <u>with high speed</u> (=(16a)) <u>according to a witness</u> (=(16t)).

以上、要するに、PrefPの投射過程でPPが形成されるとするSchweikert（2005）の接辞投射句構造（2）は、VP Shellの上部にPrefPを必要な数だけ付加した構造である。構造（2）は、状況副詞句（副詞的前置詞句）が関与する、後述の機能論上・統語論上の原理や規則（作用域の原理、文末重心原理、副詞の文頭（節頭）移動など）を、形態統語論上の観点から、概ね、的確に適用することができる。しかし、構造（2）について、いくつかの問題点も挙げられる。以下、同構造の問題点を踏まえながら、修正案を提案することにする。

2.3　PP Shell 構造の問題点とその解決

　Schweikert (2005) は、接辞投射句構造 (2) を精緻化し、PP Shell 構造を構築した。本項では、同書の PP Shell 構造の長短について論じ、修正 PP Shell 構造を提案する。

2.3.1　PP Shell 構造の特性

　接辞投射句内に PP を導入したことに加え、Schweikert (2005) は PrefP を PP Shell として精緻化し、Pref に「抽象的述語関数」を組み込んだ。同書は、(2) のように PP を配置した句構造樹は、(18a, b) の同義性や (19) の文法性に対して有効な説明を与えることができないとする。そこで、本セクションでは、言わば PP Shell 構造が、PP 右方付加構造の妥当性を維持し得ることについて論じることにより、句構造樹 (2) に関わる問題点を克服する ((18a) の副詞句の有標配列の機能論的分析については第 4 章用例 (61a) に関する本文説明を参照)。

(18) a.　John met Jane in Venice in St. Marks Square.

(Schweikert (2005: 318))

　　 b.　John met Jane in St. Marks Square in Venice.

(19) a.　John spoke to Mary about these people$_i$ in each other$_i$'s houses on Tuesday.　(Cinque (2006c: 147))

　　 b.　*John spoke to Mary about each other$_i$ in these people$_i$'s houses on Tuesday.

(Pesetsky (1995: 172) in Cinque (2006c: 147))

　(20a) に対応する関数構造 (20b) は、VP Shell 構造に対応する (21) のような、いわば、PP Shell 構造 (argumental shell (Schweikert (2005: 318) を参照) に基づいて PP を派生させる、という特徴をもつ。

(20) a.　John read a book in Venice.

　　 b.　PLACE ($[_{ev}$ John read a book$]$, $[_{PP}$ in$]$, $[_{DP}$ Venice$]$)

(Schweikert (2005: 310))

　(20b) の PLACE は抽象的な 3 項述語で、ev (=event) と DP を場所的に関係づける機能を担う。加えて、ev と DP の間で関係づけ

られる場所関係は PP（=preposition/postposition）によって具現化される（Ibid.: 310）。後置詞型言語である日本語の場合、関数構造 (22b) が与えられる。

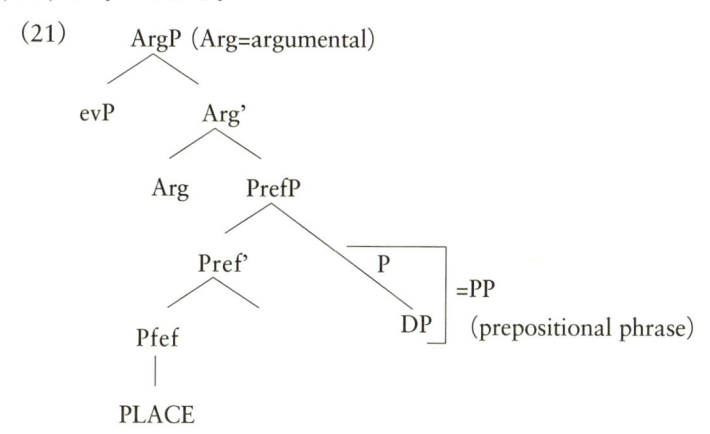

(21)　　　　ArgP (Arg=argumental)
　　　　　／＼
　　　　evP　　Arg'
　　　　　　　／＼
　　　　　 Arg　PrefP
　　　　　　　　／＼
　　　　　　Pref'　 P ⎤
　　　　　　／＼　　 ⎥ =PP
　　　　　Pfef　　DP ⎦ (prepositional phrase)
　　　　　│
　　　　PLACE

　　　　　　　　　（Schweikert（2005: 311）の句構造樹に基づく）

(22) a.　ジョンは、ヴェニスで本を読んだ。
　　 b.　PLACE（[ev ジョンは、ヴェニスで本を読んだ]，
　　　　　[PP で]，[DP 本]）　　　(cf. PP=preposition/postposition)

前置詞・後置詞に着目した述語関数 (cf. (20b), (22b)) を、Pref に直接支配される位置に配置することにより、前置詞型言語と後置詞型言語を同一の句構造樹 (21) により処理することが可能になる。つまり、統語・機能範疇階層 (23) の VP Shell 上部に PrefP (PP) を配置した句構造樹 (24) は、本書が支持する、PP を VP の右方に付加する構造と整合する。

(23) CP > SuffP > PrefP（ArgP）> VP Shell　　(Ibid.: 323 を参照)

同様に、句構造樹 (24) は、PP を含むイディオムとしての VP や PP を義務的に要求する VP（それぞれ、*put on airs* や *put five books on the table* など）と通常の VP を区別することができるという点においても、英語の PP 配列を説明する上で有効な句構造であると言える（実質的に、通常の PP は VP の右方に付加される、一方、*put on airs* や *put five books on the table* などにおける PP は V⁰P の付加部に義務的に付加される）。

第 6 章　文末における状況副詞句の統語的特性　　225

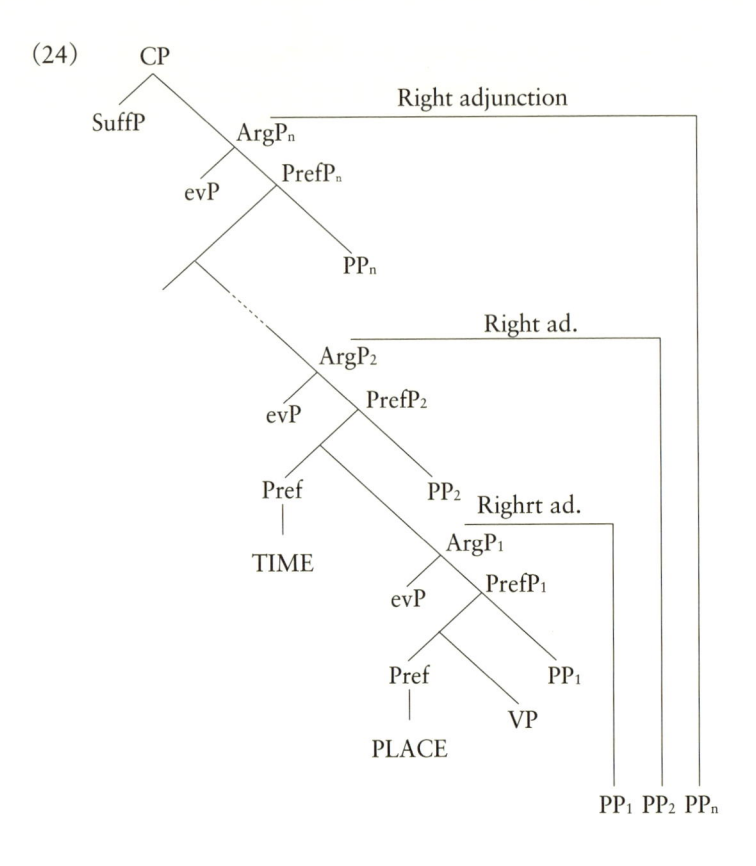

(24) [樹形図]

2.3.2 PP Shell 構造を支える意味解釈原理

　上の PP Shell を含む構造（24）は、英語の PP を VP の右方に付加する構造と整合する特性をもつということを踏まえ、次に、PP Shell 構造を支える意味解釈原理（25）について検討する。Schweikert（2005）が Barbiers（1995）から援用した原理（25）は、X バー理論に立脚した句構造が必ずしも的確な意味解釈に対応し得ないという難点を克服し、より建設的な PP 配列論の構築に貢献するものと考えられる。

　(25) 意味解釈原理
　　　Ⅰ．節点 Z が節点 X と節点 Y の間に S 関係（意味関係）を確立できるのは、X が Z を、また、Z が Y を直接 C 統御する場合に限られる。

Ⅱ．節点 Z が節点 X の意味関係認定子であるのは、Z が X と Y の間に S 関係を確立し、かつ、X と Y に同一指標が与えられる場合に限られる。

(Barbiers（1995: 7）in Schweikert（2005: 36）*4）

　(25-I) と (25-II) の帰結として、それぞれ (26a) と (26b) のような句構造が派生される。

(26) a.　[PP* [DP1 John [PP [P after [DP2 Mary]]]]]（John after Mary）
　　 b.　[PP* [DP1 the man_i [PP [P old [DP2 t_i]]]]]（the old man）

(Schweikert（2005: 36）による Barbiers（1995）の句構造に基づく）

　つまり、(26a) では after が *John* と *Mary* の意味関係認定子（Qualifier）としての役割を担う。(26b) では次の 2 つの役割、つまり、old が ① old それ自体と *the man* との意味関係認定子（Qualifier）としての役割及び ② *the man* と t_i の同一指標付与子としての役割を担う。

　意味解釈原理 (25) は、(27) の PP 配列の妥当性に対する的確な意味論的根拠を与えることもできる（(27a) のような副詞句配列の無標性については既に、第 4 章 §2.2.1 でも、「図（figure）・地（ground）」の視点からの分析を行っている）。

(27) a.　Tom lived in Chicago during the 1980s.
　　 b. (?)*5　Tom lived during the 1980s in Chicago.
　　 c-1.　[PP* [DP1 Tom's living [PP [P in [DP2 Chicago]]]]]
　　 c-2.　[PP* [DP1 Tom's living [PP [P during [DP2 the 1980s]]]]]

(27c-1) では、「トムの生活はシカゴに存在した」という解釈に PP（*during the 1980s*）の解釈を付加しても自然な解釈が得られる。一方、(27c-2) では、「トムの生活は 1980 年代に存在した」、すなわち、「トムは 1980 年に生まれ、1989 年に亡くなった」という解釈の後に、PP（*in Chicago*）の解釈を付加しても、「トムの生存期間は 10 年」という解釈が維持されてしまい、(27b) の意味を (27a) の意味と等価に扱うことはできない。

　上の意味解釈原理 (25) は要するに、(27a,b) のうち (27a) の事象構造が自然な解釈を投影するということを導くものである。

第 6 章　文末における状況副詞句の統語的特性

2.3.3　意味解釈原理と有標 PP 配列

状況副詞句の数に応じて、$ArgP_1, \cdots, ArgP_n$ をこの順に、Pref の右上方向に積み重ねた構造（24）は、状況副詞句の配列傾向に従った文の構造を求める場合に概ね有効な構造であると言える。一方、状況副詞句が関与する文のなかには、(24) を対応させることが困難なものもある。(28) の両文は PLACE などの 2 つの述語が並列していて、かつ、両者の配列を交換しても、その指示的意味が変わらない。

(28) a.　John met Jane <u>in Venice</u> <u>in St. Marks Square</u>.
　　 b.　John met Jane <u>in St. Marks Square</u> <u>in Venice</u>.

（以上、(18) 再掲）

(28) の両文に句構造樹 (24) を対応させる、つまり、$ArgP_{1,2}$（*in St. Marks Square* と *in Venice*）の何れかを無順序的に配置することを許すような派生は、句構造上で 2 つの状況副詞句の作用域を、C 統御（c-command）に基づいて決定するうえでの支障となる。この問題は、2 つの状況副詞句の間に叙述（predication）の構造を措定することにより解決できる。詳細は、§3.1.2 で論じる。

2.3.4　PredP と PP Shell 構造

本セクションでは、(28) における両文の異形同義性（structural homonymy）の問題を解決するため、Schweikert（2005）の句構造を (29) のように修正する（この構造は束縛原理が関与する文の分析にも適用可能である（本章§3.1.2 及び本章注 8〜10 も参照））。

(29)

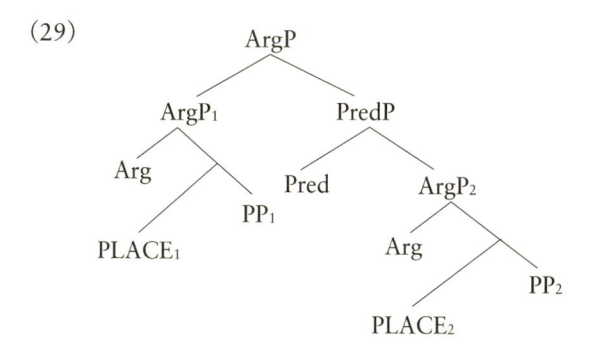

```
                    ArgP
                   /    \
               ArgP₁    PredP
               /  \     /    \
             Arg   PP₁ Pred  ArgP₂
              |              /    \
           PLACE₁          Arg    PP₂
                            |
                         PLACE₂
```

(*Ibid*.: p.319 の句構造樹に基づく)

Schweikert の句構造樹と本書が提案する (29) との主な違いは、① ModP (修飾句) を PredP に置き換え、結果として ArgP₁ と PredP の位置を入れ替え、② PP₁ と PP₂ の間に叙述の関係を築く機能範疇 PredP を設けている、という2点である。つまり、PP₁ が PP₂ によって叙述されるように、2つの PP を統合した ArgP を [ᵥₚ met Jane] に右方付加することにより、(30a) の日本語訳 (30b) と句構造樹 (29) を直接対応させることが可能になる。

(30) a. John met Jane <u>in Venice</u> <u>in St. Marks Square</u>.
　　 b. ジョンはとヴェニスの聖マークス広場でジェインと会った。
　　 c. John met Jane <u>in St. Marks Square</u> <u>in Venice</u>
　　 d. [_PP1_ in [_DP_ St. Marks Square [_PP2_ in Venice]]]

(30c) のような [PP₁ (location narrower than PP₂) + PP₂ (location)] の場合、Schweikert (2005: 321) は、PP₂ が [ᵥₚ met Jane] を修飾するのではなく、PP₁ 内部の DP ((30c) では *St. Marks Square*) を修飾するという伝統的な構造 (30d) を支持する。しかし、作用域の「狭さ」の順に、左側から右側に並置した2つの状況副詞句に対して、作用域の広い副詞句が作用域の狭い副詞句中の NP を修飾している構造 (30d) を対応させることは必ずしも妥当な方法ではないことがある。つまり、構造 (30d) は、PP₂ (*in Venice*) を主題化 (cf. (31a)) したり、PP₁ の主要部 (*in St. Marks Square*) を分裂文の焦点にする (cf. (31b)) 統語操作には対応できないが故に、(31a, b) における PP の派生については、PP の VP 右方付加構造

第6章 文末における状況副詞句の統語的特性 229

(31c) が必要となるのである。

(31) a. In Venice, John met Jane in St. Marks Square.
   b. It was in St. Marks Square that John met Jane in Venice.
   c. [VP [VP … [VP [PP1 in St. Marks Square]] [VP[PP2 in Venice]] [VP …

2.3.5 まとめ

Schweikert（2005）による複数のPPをVの左方に配列（LCA（線形対応の公理）に準拠）する方式と、PPをVPの右方に付加する本書の方式を整合させるように要約すると（32）のようになる。

(32) a. 抽象的述語関数（前置詞、前置詞の目的語、事象の3項で構成される）の最大投射ArgPをVP上部に複数回、右方付加する。　　　　　　　　　（句構造樹（2）を参照）
   b. 最大投射ArgPに支配される位置にPredPを導入することにより、左方のPPが右方の、PredPが支配するPPによって叙述される構造が派生される。

（句構造樹（29）を参照）

加えて、節（CP）を形成する主な統語範疇及び機能範疇を句構造樹の最上位から順に階層化すると（33）が得られる。Cinqueの副詞配列機能階層における副詞、接辞及び助動詞はCPとVP Shell上部の間に配置される。

(33) CP > SuffP > PrefP（ArgP）> VP Shell　　　　（= (23)）

3. PPのVP右方付加論の功罪*6

前節では、接辞投射句（SuffP/PrefP）を取り入れたSchweikert（2005）の句構造（特に（2）、（21）、（24）、（29））は、英語のPP配置を的確に捉えることができることを論じた。ところで、PP配列が意味的に軽いものから順にVPに右方付加されるということと機能文法の「文末重点（end-weight）の原則」がパラレルの関係にあるとするErnst（2002）の主張に対して、Cinque（2006c）（Cinque（2002）（文献名は本書巻末参考文献Cinque（2006c）の

項を参照）の加筆論文）は束縛理論に基づいた反論を行っている。次節では、（PPの）VP右方付加論の功罪について論じた上で、結論として、PP配列を英語に限定した場合、同論を支持できると主張する。

3.1 PPのVP右方付加論の問題点とその克服

総じて、VP右方付加構造は、(34)のような少数の道具立てを用いて、諸種の統語現象の効率的な説明に適しているのであるが、Cinqueなどにより問題点も指摘されている。

(34) a. 副詞・事象対応計算（FEO Calculus）
　　 b. 語彙意味選択域条件（lexicosemantic selectional (scope) requirements）
　　 c. 作用域主導原理（scope-based mechanism）

(Ernst (2002: 141))

本項では以下、第1に、LCAを部分的に採用することにより、PP配列における文副詞的PPとVP右方付加構造の矛盾を解決し、第2に、叙述構造PredP（(29)を参照）を採用することにより、束縛原理とVP右方付加構造の矛盾を解決する。第3に、語彙意味選択域特性を取り入れることにより、PPスクランブリングと重心原理の矛盾を解決する。

3.1.1 PP配列における文副詞的PPをVP右方付加構造にどの様に組み込むか？　LCAの部分的採用

第1に、本セクションでは、PP配列に文副詞的PPが混入する現象について考察する。

状況副詞句の意味役割のうち、[Evidential]、[Malefactive]、[Matter]の3つについては、モダリティー成分が認められる場合があることについては既に、第4章（§2.2.2）で論じた。つまり、これら3つの成分のうちいずれかを含むPPは、他の状況副詞句と比べて文副詞的な役割を担い易いという理由により、第4章（§2）では、(35)のような「状況副詞句の機能変更」現象に対し(36)のような機能論的な条件を提案した。

(35) a. A: It looks like snow this week.
  B: Yes. According to the weather forecast$_3$, it will snow heavily in this region$_1$ within a couple of days$_2$ t$_i$ $_3$.
 b. A: They are angry about the arson case last night.
  B: Yes. They took precautions, though, against fire$_1$ in their neighborhood$_2$ last year$_3$.
 c. A: How can we decrease the number of violent crimes?
  B: You can do nothing about it$_1$ in your community$_2$ now$_3$.
  (用例 b. と c-B はそれぞれ *Oxford Advanced Learner's Dictionary* (2000) の *against*、*about* の項を参照)
  (以上、本章 (15) 再掲)

(36) 状況副詞句配列条件   (＝第4章 (25)、本章 (13))
 複数の状況副詞句 (adverbial prepositional phrase:AdvPP) 群に文副詞としての解釈が可能な AdvPP$_x$ が介在する場合、その AdvPP$_x$ が文の焦点となる。他の AdvPP$_y$ は、統語上の状況副詞句配列傾向 ((9) を参照) に従って配置される。AdvPP$_y$ が AdvPP$_x$ よりも文末近くに配置された場合、AdvPP$_y$ は補足的情報 (afterthought) としての役割を担う。

 (35) のように主観的な状況副詞句と客観的な状況副詞句が混交した文については、重心原理に基づいて VP 右方付加を適用することは困難である。そこで、このような難点を解決するための方策として、複数の状況副詞句が V^0 によって、同副詞句の数だけ再帰的に (recursively) 認可される方式を支持することにする (Schweikert (2005: 252) も参照)。

 基本的に、客観的な状況副詞句は、VP の右方に付加する度に、同副詞句を認可し、一方、主観的な状況副詞句については、句構造上の最上部に位置づけられた Spec-PREPP*7 に併合する。つまり、LCA の発想を部分的に組み込むことになる。(35 の各 B) の構造は次のようになる。構造 (37) の段階で、VP に右方付加された2つの PP2,3 (波線を施した部分) は、V^0 によって認可される。一方、文副詞的な PP1 (二重下線を施した部分) は、PREP^0 によって認可

される。
(37) a. [$_{CP}$ ... [$_{PREPP}$ [$_{PP1}$ according to the weather forecast] [$_{PREP'}$ [$_{PREP}$ [$_{VP3}$[$_{VP2}$[$_{VP1}$ will snow] [$_{PP2}$ in this region]] [$_{PP3}$ within a couple of days]]]]]]]　　　　　　　　（=(35aのB)）
 b. [$_{CP}$ ... [$_{PREPP}$ [$_{PP1}$ against fire] [$_{PREP'}$[$_{PREP}$ [$_{VP3}$[$_{VP2}$[$_{VP1}$ took precautions] [$_{PP2}$ in their neighborhood]] [$_{PP3}$ last year]]]]]]　　　　　　　　　　　　　　（=(35bのB)）
 c. [$_{CP}$ ... [$_{PREPP}$ [$_{PP1}$ about it] [$_{PREP'}$[$_{PREP}$ [$_{VP3}$[$_{VP2}$[$_{VP1}$ do nothing] [$_{PP2}$ in your community]] [$_{PP3}$ now]]]]]]　　　　　　　　　　　　　　（=(35cのB)）

以上のように考えることにより、①（37a）ではVP3が左方に繰り上がり（35aのB）が派生される、②また、（37b, c）ではVP1が左方に繰り上がり（35b, cのB）が派生される。この派生過程を支持することにより、（動詞を修飾する）PPをVP右方に付加する構造に、文副詞の機能を担うPPを組み込むことができる。

3.1.2　束縛原理とVP右方付加構造の矛盾とその解決
　　　　叙述構造PredPの採用

第2に、（38）のような、従来の束縛原理においては、状況副詞句のVP右方付加構造が否定されてしまう用例*8の文法性を説明するための新たな提案、つまり、叙述構造PredPによる説明を行いたい。

(38) a.　John spoke to Mary about these people$_i$ in each other$_i$'s houses on Tuesday.
 b. *John spoke to Mary about each other$_i$ in these people$_i$'s houses on Tuesday.　　　　　　（以上、(19)再掲）

（38）はCinque（2006c）（Cinque（2002）（文献名は本書巻末参考文献Cinque（2006c）の項を参照）の加筆論文）により提出されたものである。PPをVPの右方に付加するErnstの方式では、束縛原理に照らすと両文の文法性が誤って判断されてしまう、というのがCinqueによる批判の要点である。そこで、本書では、（38a）のような先行詞を含む副詞句と照応形を含む副詞句の間に

第6章　文末における状況副詞句の統語的特性　　233

叙述の関係が認められる場合、Schweikert（2005: 319）の句構造を応用した構造（39a）*9 を提案する。以下、構造（39a）は、CinqueによるVP右方付加論批判に対応し得る構造であることを論じる。

(39) a. [CP ... [VP spoke to Mary [PREPP [PREP' [PREP] [PredP [PP1 ABOUT THESE PEOPLEi] [Pred' [Pred]] [PP2 IN EACH OTHERi'S HOUSES]]]]][PP3 on Tuesday] ... (Cf. Pred=predication)

b. John met Jane in Venice in St. Marks Square.

(Schweikert (2005: 318))

c. * John met Jane in Venice in Mary's house.

（39a）において、PredPをVPに右方付加した構造は、PREPをVPに右方付加した構造と見做すことができる（PPのVP右方付加論の修正版と言える）。Predは叙述構造PredPの抽象的な主要部である。また、PP1とPP2の間には、叙述（predication）の関係が成立していなければならないものと仮定してみよう*10。このように仮定することにより、（39b, c）における文法性の差についての有効な説明が可能になる。

つまり、述部の内容が主部の内容を「特徴づけ」られるか否か、という観点からの説明が、Cinqueによる問題提起に対する回答となる（ここでの「特徴づけ」はTakami（1992）や高見（1995）の受動文の分析における「特徴づけ（characterization）」の概念に基づいている）。具体的には、（39b）では「聖マークス広場で有名なヴェニス」という特徴づけが可能であるが、一方、（39c）では「メアリーの家で有名なヴェニス」という特徴づけは通常の文脈では（メアリーの家が特別な家でない限り）不自然である。つまり、連続する状況副詞句が叙述関係を形成するためには、「特徴づけ条件」が満たされていなければならないのである。

以上、本セクションでは、VP右方付加構造にPredP（叙述句）を組み込むことの有効性について論じた。以下、VP右方付加構造についての第3の問題点として、PPスクランブリングと重心原理の間に生じる矛盾を取り上げ、その解決策を提案する。

3.1.3 PPスクランブリングと重心原理の矛盾
語彙意味選択域特性への配慮

　第3に、重心原理を用いても、英語の状況副詞句の配列に若干のスクランブリング現象が関与する文の文法性の判断が困難になる。その場合、語彙意味選択域特性を配慮した説明が有効であるということについて、以下、論じる。

　(40) に基づけば、(41c) が無標のPP配列で、(41a, b, d) はスクランブリング操作を適用した有標のPP配列である。

(40) 状況副詞句配列傾向　　　　　　　　　　（= (9)、(16)）

① {a. ボックス{Manner} (*with high speed*), b. Matter (*about mathematics*), c. Comitative (*with a colleague*), d. ボックス{Instrumental} (*with a screwdriver*)}

② {e. Malefactive (*against the bad weather*), f. ボックス{Means} (*by bus*)}

③ {g. Comitative (*with a colleague*), h. ボックス{Means} (*by bus*)}, i. Comitative (*with a colleague*), j. Path (*through Mainz*), k. Benefactive (*for his wife*), {l. Goal (*to Hamburg*), m. Source (*from Munich*)}

④ n. Benefactive (*for his wife*), o. Reason (*because of illness*), p. Malefactive (*against the bad weather*), q. Locative (*in Venice*), r. Temporal (*on Sunday*), s. Reason (*because of illness*), t. Evidential (*according to a witness*)

（Schweikert (2005: 96-101) を参照、{ }内の意味役割は交換可能、□で囲んだ a., d., f., h. は状況副詞句配列に混交する様態副詞句）

(41) a. Carol built a treehouse for her brother in the backyard with her new tools.

　　 b. Carol built a treehouse in the backyard for her brother with her new tools.

　　 c. Carol built a treehouse with her new tools for her brother in the backyard.

　　 d. Carol built a treehouse in the backyard with her new

　　　　tools for her brother.　　　　　（以上、Ernst（2002: 132））
　　e. ?Carol built a treehouse for her brother with her new tools in the backyard.
　　f. ?Carol built a treehouse with her new tools in the backyard for her brother.

　（41）のスクランブリング現象に重心原理を適用することが困難なのは、作用域を基盤とする副詞配列原理（scope-based mechanism）よりも語彙意味選択域条件（lexicosemantic selectional (scope) requirements）が優先されるからである。この、状況副詞句は、統語・語彙の諸原理が直接相互作用するL-syntax（lexical VP）のレベルで、準項（semi-argument）として機能する、というErnst（2002: 255-256）による提案を採用することにより、動詞によってはその語彙意味選択域特性が状況副詞句の配列についての複数の組み合わせ（(41)のスクランブリング現象）を許容することがあるという結論が得られる。

　上で述べた語彙意味選択域特性が統語部門においてどの様に具現化されるのかということについては、本書では、Schweikert（2005: 255-259）による分析*11を支持する。同書は、厳密な非対称性理論に基づき、Vと複数のPPが併合（Merge）される5つのパターン（42）を提示した。（42）は、（41a-d）と（41e, f）の容認可能性の差を的確に説明することができる。

（42）パターン1：基底位置でPPとVの位置が決定されている。
　　　パターン2：Vが循環的に（cyclically）PPの左側に連続的に移動する。
　　　パターン3：a. Vが1つまたは複数のPPを一気に飛び越える（move around）。
　　　　　　　　b. Vが1つまたは複数のPPを1つずつ飛び越える。
　　　パターン4：VがPP$_5$を飛び越えて形成された［V PP$_5$］がPP$_4$の左側に随伴移動し、PP$_{1,2,3}$は併合により派生される。
　　　パターン5：VにPP$_3$が併合し、[PP$_3$ V]がf$_3$の左側に随伴

移動し、さらに、f₂ PP₂ の左側に [[PP₃ V] f₃] が随伴移動する。最後に、PP₁ を併合する。
（f=functional element）

（43）は（42）の構造パターンを簡略表示したものである。英語のPP配列の実態を考慮すると、（43）の5つのパターンのうち「パターン3」が英語PP配列派生の妥当な基底構造であると仮定することができる。加えて、上で述べたように、状況副詞句配列傾向（40）に基づくと、（44）（=（41c））が英語の無標のPP配列であるということになる。

(43) パターン1：(PP₁) (PP₂) (PP₃) (PP₄) PP₅ V
　　　パターン2：[[[V PP₅] PP₄] PP₃] PP₂ PP₁
　　　パターン3：a.　(PP₁) (PP₂) (PP₃) (PP₄) PP₅ V
　　　　　　　　：b.　(PP₁) (PP₂) (PP₃) (PP₄) PP₅ V
　　　パターン4：(PP₁) (PP₂) (PP₃) [V PP₅] PP₄
　　　パターン5：PP₁ [[PP₃ V] f₃] f₂ PP₂　（f=functional element）
　　　　　　　　　　　　　　　　　(Ibid.: 255-259 に基づく)

(44) Carol [_VP built a treehouse …]
　　　[1. with her new tools] [2. for her brother] [3. in the backyard] [_VP t].
　　　　<Instrumental>　　<Benefactive>　　<Locative>

（43）の「パターン3」は、（40）のPP配列の容認可能性に対する妥当な予測を可能にする。つまり、VPを（44）の [_VP t] の位置から（45）のように随伴移動（pied-piping）させると、（41a, b, d）は派生されるが（41e, f）（=（46a, b））は派生されない。

第6章　文末における状況副詞句の統語的特性　237

(45) Carol [VP built a treehouse...]
[1.with her new tools] [2.for her brother] [3.in the backyard] [VP t].

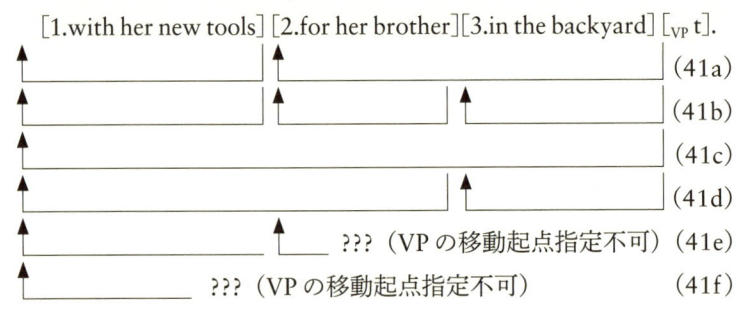

```
        ↑                    ↑                    ↑                      (41a)
        ↑                    ↑              ↑                             (41b)
        ↑                                                                 (41c)
                             ↑              ↑                             (41d)
        ↑                    ↑          ???（VPの移動起点指定不可）(41e)
        ↑                  ???（VPの移動起点指定不可）              (41f)
```

(46) a. ?Carol built a treehouse for her brother with her new tools in the backyard.

b. ?Carol built a treehouse with her new tools in the backyard for her brother. （以上、(41e, f) 再掲）

次の (47) は、PP のスクランブリング現象について、VP の随伴移動に基づいた説明が困難な用例である。

(47) a. Grappling every day with the se... (Fiction)

(Biber, et al. (1999: 813) に基づく)

b. ...flashed upwards with a witch-like cry. (Fiction)

(Ibid.: 814)

c. ...scattered everywhere like so many mirages... . (Fiction)

(Ibid.: 814)

⎰ d. The plane arrived uneventfully at Honolulu by midnight. (Quirk, et al. (1985: 650))
⎱ e. My son goes to school (#uneventfully) every day (uneventfully).

f. Tom went to bed (*in dismay) that night (in dismay).
(cf. Tom slept soundly that night.)

(47b, c) は重心原理を用いた説明が可能であるが、(47a, e, f) は、「重量計算」以前に①状況副詞句の機能（意味役割）の再解釈や②副詞の「様態性」の厳密な定義づけが必要な例である。なお、(47d) は (47e) の様態副詞 *uneventfully* の有標分布を比較するための用例である。

(47a, e, f) については、辞書 (lexicon) のレベルにおいて、各

副詞に機能変更(意味転用)の可能性が、(48)のように記載されているものとする。

(48) a. *every day*：[持続(duration)]成分と[断続(intermittency)]成分のうちの1つが語彙項目として具現化され、統語部門に列挙(numerate)される([持続]と[断続]は[様態]の下位成分とする)。

b. *uneventfully, in dismay*：[様態]成分と[(付帯)状況(contingency)]成分のうちの1つが語彙項目として具現化され、統語部門に列挙(numerate)される。

(48)のような記載が、(47a, e, f)の文法性の簡潔な説明を可能にする。加えて、概念構造のレベルでは、副詞句 *every day*, *uneventfully, in dismay* によって修飾される動詞が関数としての機能を担い、当該副詞句の機能変更を促す。つまり、(47a, e, f)の場合、生成語彙論における共合成(co-composition)(Pustejovsky (1995: Ch.7.2)を参照)の操作が動詞と副詞句の組合わせに適用される、と考えることにより、副詞の機能変更と配置転換の対応関係を的確に説明することができる。

具体的には、(47e)の *every day* は「持続的に」という継続アスペクト(*always*)を導く機能副詞としての解釈が妥当である。(47a)の *every day* は「断続的に」という習慣アスペクト(*usually*)を導く機能副詞としての解釈がふさわしい。同様に、(47e, f)の *uneventfully*、*in dismay* は、(49a)の「様態性」の定義からやや逸脱する。むしろ、(49b)の「状況性」の定義と調和する*12。加えて、(49a)を(50)の様態規則(Manner Rule)*13 に組み込むことにより、英語における動詞とその右方に生起する副詞の相対的位置*14 に対する、説明の妥当性が保証される。

(49) a. 様態性：動作の過程や状態の存続に関与するエネルギー放出の心理的・物理的な有り様の度合い

b. 状況性：事象の存在を限定する(存在の在り処を具現化する・囲い込む)空間的・時間的な有り様の傾向

(50) 様態規則：叙述副詞が述語Fを主要語とするPredPの内部に生起し、同副詞が論理形式 ∃x…*ADJ* (x, …,

第6章 文末における状況副詞句の統語的特性　239

¶x'¶）（この形式において、事象はxとして選択される）を投射する場合に限り、同論理形式は、∃ e{e'| ooo} ADJ (e,…,¶e¶) に変換される。変換後の論理形式における、ooo はFの項構造を表す。（ある事象が比較類¶¶と関連づけて解釈される場合、それを特定化された事象と呼ぶ。） （＝第2章 (89)）

3.2 まとめ

以上、状況副詞句を句構造上に配列する場合、LCAに基づいた句構造よりも、状況副詞句のVP右方付加構造のほうが、統語・意味の対応関係をより合理的に捉えることができることを論じた。

要するに、状況副詞句をVPに右方付加する方式は、①文副詞的状況副詞句の処理及び②状況副詞句の配列条件である「重心原理」をC統御に基づいた作用域の概念と整合させる*15 ことにおいて優れた利点をもつ。更に、複数の状況副詞句の配列が英語の状況副詞句配列傾向から逸脱する現象（スクラブリング現象など）についての説明は、③動詞の語彙意味選択域特性に立脚したVPを随伴移動させることにより、当該文を派生する方式、あるいは、④「様態規則」（Ernst（2000, 2002））及び副詞の様態性の度合いを考慮しながら状況副詞句の「重量計算」を行い、その結果に基づいて状況副詞句をVPに右方付加する方式にその有効性が認められる。

4. おわりに

本章では、Schweikert（2005）による統語・機能範疇階層（51）についての考え方に立脚しながら、副詞的前置詞句（状況副詞句）を接頭辞（Pref）の付加部に位置づけ、状況副詞句を的確に句構造上に配置する方式を提案した（状況副詞句配列傾向（9）、(16)、(40) も参照）。

(51) CP > SuffP > PrefP（ArgP） > VP Shell

特に、束縛原理に抵触するPP配列については、PredPを組み込

んだ句構造樹（29）の導入が有効である。

---

*1　第4章の注11を参照。
*2　以下、英語の状況副詞句配列を求めるために用いた実例を示す。
 a. And if such a psychological phenomenon has a role in mathematics, we are also not told how far we can speak about mathematics with any exactitude, and how far we can speak about it only with the kind of indeterminacy we have to use in speaking about instincts, etc. 【Matter+Manner】
 b. As we observe a child doing mathematics or talking with others about mathematics, we strive to understand what his or her mathematical world might be like. 【Comitative+Matter】
 c. Have you spoken about mathematics with your siblings? 【Comitative+Matter】
 d. The rinsing solution can be poured with high speed through this small channel into the peripheral bronchi. 【Manner+Path+Goal】
 e. I didn't even realize that Frankie was in there with us until my buddy started playing with him with a hammer. 【Comitative+Instrumental】
 f. Travelling by bus with children for your family holiday—top tips（An ad headline） 【Means+Comitative】
 g. I remember travelling with her by bus at times as well as being rowed across a river on a boat. 【Comitative+Means】
 h. I presume the OP is talking about the earth with the earth's physics. 【Matter+Means】
 i. Believe it or not—I fight against the bad weather by jogging or hiking outside. 【Malefactive+Means】
 j. However, biocontrol is not achieved by means of antibiotics or by mycoparasitism, in spite of the fact that BCA has the potential to degrade cell-wall polymers, such as chitin. 【Means+Means+Malefactive】
 k. We made the choice for Tom because of his age.... 【Benefactive+Reason】
 l. To end the argument I decided to drove for her from Bataan to lark Airbase via SCTEX. SCTEX is Subic Clark, and Tarlac Express way the longest expressway in the Philippines. 【Benefactive+Source+Goal+Path】
 m. Can you pass the flu from person to person through a dog? 【Source+Goal+Path】
 n. The group travel through Spain from Jerez to Gibraltar to meet two new arrivals. 【Path+Source+Goal】
 o. Families drove from surrounding states for her expertise – she was often

第6章　文末における状況副詞句の統語的特性　　241

their only hope. 【Source+Benefactive】
p. Jesus appeared to two disciples <u>on the Emmaus road</u> <u>on Sunday</u> <u>according to Luke</u>. 【Locative+Temporal+Evidential】
q. Heathrow Airport operator BAA said services had returned to normal after hundreds of flights were cancelled <u>on Sunday</u> <u>because of snow</u>. 【Temporal+Reason】
r. Then he broke open the door <u>with a hammer</u> <u>together with his friend</u> and moved some paintings to his studio. 【Instrumental+Comitative】
s. Why follow instructions <u>with care</u> <u>about the handling and management of live animals</u>？ 【Manner+Matter】

(以上、インターネット検索（URL は以下に記載（最終確認日：2012.2.16））、【 】部及び下線筆者)

(a) http://www.logicmatters.net/resources/pdfs/MathsAsGame.pdf,
(b) http://www.jstor.org/pss/40247953
(c) http://www.emis.de/proceedings/PME31/3/1.pdf
(d) http://www.ncbi.nlm.nih.gov/pubmed/3407905
(e) http://mazda626.net/topic/37477-new-project-garage-build/
(f) http://www.stickyfingerstravel.com/By_bus/By_bus.340.html
(g) http://www.immigrantships.net/adoption/vanessap.html
(h) http://forums.digitalspy.co.uk/showthread.php?t=1530714
(i) http://www.sparkpeople.com/myspark/messageboard.asp?imboard=6&imparent=17625747&strViewThisPage=23
(j) http://www.aspergillus.org.uk/GoogleIndexing/searchconfforgoogle.php?this_page=639
(k) http://deafpositive.blogspot.com/2006/08/deaf-today-hearing-world-steal-our-deaf.html
(l) http://www.stickyfingerstravel.com/By_bus/By_bus.340.html
(m) http://wiki.answers.com/Q/Can_you_pass_the_flu_from_person_to_person_through_a_dog
(n) www.channel4.com/programmes/coach-trip/4od
(o) http://www.newsobserver.com/2011/11/14/1642847/an-early-advocate-for-autistic.html
(p) http://www.logosapostolic.org/bible_study/RP208-2FirstDayWeek.htm
(q) http://www.bbc.co.uk/news/uk-england-london-16892940
(r) http://en.kunming.cn/index/content/2011-12/02/content_2760822.htm
(s) http://wiki.answers.com/Q/Why_follow_instructions_with_care_about_the_handling_and_management_of_live_animals

＊3 句構造樹（2）のPrefの付加部のPPは、Prefに支配される抽象的述語関数PLACEによって、義務的に配置されるものとする。構造（2）にPrefを表示する利点として、PPに副詞前置（adverb preposing）または話題化（topicalization）を適用し、(i) のような構造を派生させた場合、派生前の構造に残されたPrefの痕跡（trace）が、派生後の構造におけるPPの情報特性を保持することができる、ということが挙げられる。

(i) ...[$_{TopP/FocP}$ from high above$_i$ [$_{TP}$ so many bombs fell on the town {F... t$_i$ }...
(FocP=focus phrase)（So many bombs fell on the town from high above.）

なお、状況副詞句（PP）の認可（つまり、機能（文副詞的か動詞修飾的か、ということ）や作用域の確定など）は句構造樹（2）下部の VP Shell レベルで行われるものとする。

*4　原文は以下の通り。Principle of Semantic Interpretation（PSI）
  I. A node Z establishes a S(emantic)-Relation between a node X and a node Y iff X immediately C-commands Z and Z immediately C-commands Y.
  II. A node Z is a Qualifier of a node X iff Z establishes a S(emantic)-Relation between X and Y, and X and Y are coindexed.
                                              (Barbiers (1995: 7) in Schweikert (2005: 36))

*5　第4章及び本章において、無標の副詞配列を「動詞＋空間＋時間」としたが、(27b) の文法性は文レベルでは判断し難い。本章§3.1.2及び第4章注11を参照されたい。

*6　本節（§3「PPのVP右方付加論の功罪」）は、筆者が日本言語学会第134回大会（2007年6月16日、於：麗澤大学）にて、口頭発表した内容（鈴木（2007b））を修正したものである。

*7　Schweikert (2005: 285) は、複数の状況副詞句を統合した最大投射をPREPP として句構造に組み込む。筆者は文副詞の文頭生起傾向を配慮し、文副詞的としての解釈が可能な状況副詞句を Spec-PREPP に配置する。この場合、LCA の発想を部分的に組み込むことになる。

*8　用例 (38) において PP (*about these people, in each other's houses*) の *these people* と *each other* の間で束縛原理を成立させるためには、Pesetsky (1995: 例えば174の (456)) の滝状構造（cascade structure）による (i) のような構造記述が必要である。

(i) ...[$_{P'}$ P (to) [$_{PP}$ DP (these people) [$_{P'}$ P (in) [DP (each other's houses) ...

*9　句構造 (39a) における PredP は句構造 (29) の ArgP を削除したものである。その理由は、ArgP を最大投射とする句構造では、用例 (38) の束縛現象に対して合理的な説明を与えることができないからである。

*10　PredP の「指定部―補部」における叙述関係に基づいて、(38) の連続するPP の叙述構造を (i) のように意味表示してみよう。(ia) は、本書が仮定する叙述構造を成立させるための前提である「特徴づけ条件」を満たしているので、(38a) の叙述構造 (ia) は束縛理論に抵触しない。

(i) a.[THESE PEOPLE WERE SPOKEN ABOUT IN THE INNER SPACE OF EACH OTHER'S HOUSES]
    b.[EACH OTHER WAS SPOKEN ABOUT IN THE INNER SPACE OF THESE PEOPLE'S HOUSES]

一方、(38b) の叙述構造 (ib) は「特徴づけ条件」を満たしているとは考え難い。よって、(38b) は叙述を形成できない。つまり、本書が採用する構造 (29) は (38b) を非文とすることができる。しかし、(38b) の連続する PP に叙述関係が成立していないのであるならば、これらの PP は VP の右方に付加しなければならない。その場合、同文の統語構造は Cinque の指摘どおり束縛原

理には抵触しない（(38b) は文法的と間違えた判断が下されてしまう）。したがって、叙述構造によって2つの状況副詞句を関係づけるにあたり、叙述構造の採用は、照応表現（例えば (38)）や状況副詞句の有標配列現象（例えば、(28a)（= (18a)）や第4章用例 (61a)）の場合に限定したほうがよい。なお、2つのPPのうちどちらが「叙述される」のか、ということについては、本書ではJackendoff（1972: 43）の主題階層、つまり、Agent>｛Location, Source, Goal｝>Themeを基準とする。

＊11　Schweikert（2005: 255-259）による、V/VPと複数のPPを併合（merge）する5つのパターン (42) は、Cinque（2004: 11 [sic]）（筆者：Cinque（2006c: 特に163）（2004年の口頭発表に基づく）であると思われる）のV/VPがPPを随伴しながら移動するという発想に基づいている（Schweikert（2005: 255）。なお、Schweikert（2005: 255-259）の分析は厳密な非対称性理論に立脚している。本書が支持するErnst（2002）の「VP右方付加論」とSchweikert（2005: 255-259）の分析（「VP随伴論」）との整合性を維持するために、VP随伴は句構造樹 (29) において、$ArgP_1$ が形成される以前の統語計算の段階で適用されるものとする。つまり、VP Shellの段階で、PPが英語PPの配列傾向 (16) にしたがって無標の配置がなされた後、必要に応じて、随伴移動によるPPのスクランブリングが行われる。

＊12　(47e, f) の、*every day, that night* については、それぞれの概念が、<goes to school>、<went to bed> と意味的に緊密な関係（連想関係）にあるために、<goes to school + every day>、<went to bed + that night> という結合が許容される。このように考えれば、(47e, f) の *uneventfully, in dismay* に様態副詞としての解釈を与えることは可能である。よって、(47e, f) に限って言えば、(48b) のような辞書記載は不要であるかもしれない。しかし、次の (i) のように、*in dismay* に状況副詞としての解釈を与える方が自然な場合もある（同副詞句は主語NP（Paige）の心理的状況を表している）。

(i) Travis's gaze dropped to the book beneath her hands. 'Going somewhere?' he enquired mildly. <u>In dismay</u> Paige realised that the atlas lay open to his inspection.（トラビスはペイジが両手で覆い隠した地図帳に視線を落とし、じっと眺めた。「どこかに出掛けるのですか？」彼は穏やかに尋ねた。ペイジは地図帳が開いていて彼に見られる状態になっていたことに気づき<u>狼狽した</u>。）　　　　（BNC、下線及び和訳筆者）

＊13　様態規則 (50) は、Ernst（2002: 443）では (i) のようにやや簡素化されている。

(i) Manner Rule:
A predicational adverb may select an event $[F(x, ...)...]$ denoted by its sister, yielding:

$[_{E'} [_E F(e) \& \theta(e, x), ...] \& P_{ADJ}([_E F(e) \& \theta(e, x), ...], x)]$,

where the designated relation in P_{ADJ} is $[_{REL} \text{manifests}]$, and (if P_{ADJ} maps FEOs to a scale) the comparison class for P_{ADJ} is all events of x F-ing.

＊14　ある事象が様態性の尺度（scale）上に配置される場合、場所や時間といった状況概念は事象形成上周辺的な役割を担う。(i) において、事象 [TOM

READ THE BOOK］は様態性（［CAREFULNESS］）の尺度上に配置された後に、事象が発生した場所や時間が限定されると考えるべきであろう。

(i) Tom read the book <u>carefully</u> <u>in the library</u> <u>that afternoon</u> because the professor had recommended it to him as one of the must books by Noam Chomsky.

つまり、状況副詞句は、様態副詞に比べ、事象形成の参与子としての中核的な役割を担い難いということが、両副詞の配列傾向（英語の場合、［動詞＋様態副詞＋状況副詞句］）に反映している。

*15 (ia) は、C統御と関連づけた作用域による説明が困難な例である。
  (i) a. Tom lived <u>IN CHICAGO</u>$_{Focus}$ in the 1960s.
      b. [TOM'S LIFE IN THE 1960S EXISTED IN CHICAGO]
      c. [TOM'S LIFE IN CHICAGO EXISTED IN THE 1960S]

つまり IN CHICAGO に焦点が落とされた (ia) に対応する意味表示は、(ib) であって、(ic) ではない。そこで、(ia) における *IN CHICAGO*$_{Focus}$ を新情報、*in the 1960s* を、補足的情報（afterthought）としての挿入副詞句（ParAdvP）と見做してみよう。本書では、句構造合成により ParAdvP を派生させる方式（第4章（§5.1）を参照）を採用しているので、(ii) のように、C統御や作用域を道具立てとしないで、文末重心の原理に限定した説明が可能になる。

  (ii) [$_{ParAdvP}$ in the 1960s [$_{IP}$]] に [$_{IP}$ Tom lived IN CHICAGO] を代入後、主語 NP（Tom）と VP（lived IN CHICAGO）を内置移動⇒ (ia) が派生される。

(ii) で内置移動を適用しなければ、(iii) が派生される。この派生は、(ia) における、旧情報としての *in the 1960s* を文頭に移動させる必要がなく、従来の副詞前置に比べ、経済的な統語操作と言える。

  (iii) <u>In the 1960s</u>, Tom lived <u>IN CHICAGO</u>$_{Focus}$.

第7章
様態性の尺度と副詞配列の相関

1. はじめに

　第2章から第6章までの議論において、［様態性］の概念を基軸に据えた副詞配列論を展開してきた。本章では、これまでの議論で得られた知見を踏まえながら、様態性の尺度と副詞配列についての相関を包括的に明示する。

2. 様態成分の意味的連続性

2.1　概観　様態性と状況性の反比例関係

　副詞の［様態］成分に対して、(1)のような定義を与えることが有効であるということについては、既に、第2章及び第3章で詳述した。

(1) a.　様態①：動作の過程や状態の存続に関与するエネルギー放出の心理的・物理的な有り様　　（＝第2章 (3)）
　　b.　様態②：動作の過程や状態の存続に関与するエネルギー放出対象に、結果として<u>間接的に</u>付与される出来高、出来映え、雰囲気などの属性

(＝第3章 (59))

とりわけ (1a) は、［様態］の中心的定義である。(1b) は結果副詞を論じる際に必要な定義であった。本節では、まず、本書におけるこれまでの議論から得られた包括的な視点に立って、定義 (1a) の妥当性について再確認する。次に、(1b) などの［様態］の周辺的な定義と関連づけながら、(1a) では捉えることのできない副詞の意味的特性について論じる。最後に、様態性の尺度上で、［様態性］と［状況性］は、その度合いが反比例の関係になるように位置

づけられていると結論づける。

　まず、定義 (1a) の妥当性について検討してみよう。［様態］成分が動詞に内在していることは、例えば、移動様態動詞（manner-of-motion verb）の概念構造によって明示することができる。(2) は、run に「走り方」についての様態が潜在的に内在していることを示す構造である。

　　(2)　[[x ACT_{<MANNER>}] CAUSE [BECOME [y <PLACE>]]]
　　　　(e.g., *John ran to the store.*)　　(Zubizarreta and Oh (2007: 7))

一方、［場所］成分（<PLACE>）は動詞の外部に表示される。加えて、［時］の成分（<TEMPORAL>）は表示されない*1。つまり、［様態］、［場所］、［時］と動詞との意味的緊密性は、｛様態＞場所＞時｝の順に低下する。ここで、［様態］の定義 (1a) と関連づけながら［場所］を (3) のように定義づけてみよう。

　　(3)　場所：動作の過程や状態の存続に関与するエネルギー放出
　　　　　　　の〈結果〉としての空間

　定義 (3) により (4a) には、「ジョンが走った時のエネルギー放出に利用された結果としての空間が〈グランド〉であった」という解釈が与えられる。

　　(4)　a.　John ran <u>on the ground</u>.
　　　　b.　John ran <u>to the store</u>.
　　　　c.　John jumped <u>into the lake</u>.

一方、(4b) の解釈は「ジョンは〈店〉を目指して走って行った。その時のエネルギー放出に利用された結果としての空間が〈到達点としての店〉であった」ということである。同様に (4c) についても、「ジョンが飛び込んで到達した地点としての〈湖〉がエネルギー放出の結果としての空間であった」という解釈が得られる*2。

　(4b, c) についての上の解釈は、日常的な経験からは理解し難いものではあるが、同解釈を採用すると、(5) のような認識動詞 *think* と［場所］との関係の説明がし易くなる。(5a) の指示的意味（referential/intellectual meaning）を変えずに書き換えたのが (5b) である。ここで、(5a) と (5b) の情的意味（emotive meaning）の違いに着目しながら、［場所］の特性について論じる。

(5) a. Going up a mountain track, I fell to thinking.（山路(やまみち)を登りながら、こう考えた。―夏目漱石『草枕』、p.7）
(*The Three-Cornered World* tr. by Turney, Alan (1968: 12)、
（下線筆者））

b. I fell to thinking on a mountain track.（山路でこう考えた。）

(5b) は、「思考行為に伴うエネルギー放出の結果としての空間が〈山路〉であった」という解釈であるのに対し、(5a) では、*a mountain track* が分詞句内に生起しているため、主節の *think* との関わりが弱められている。つまり、思考を働かせることによるエネルギー発生の結果としての空間は〈主人公の脳内〉である。主人公にとって、〈山路〉は、脳内空間での思考の働きを活発化させるための〈状況（環境）〉としての役割を効果的に担っている。一方、(5b) では思考を働かせた〈空間〉が〈山路〉であった、という〈場所の特定化〉に焦点が置かれている。それ故、(5a) と比較し、〈山路〉に〈世間から離れた場所〉という比喩的意味の解釈を与え難くなる（§3.2.2 も参照）。

ここで、上の (5) の 2 文における［場所］を、動詞との関わり方の度合いという観点から、「一次的場所」と［二次的場所］に分類する。(5a) の *a mountain track* は *think* に対して［二次的］であるが、(5b) の *a mountain track* は *think* に対して［一次的］である。［一次的］と［二次的］の間には明確な区切りがなく、連続的であると考えられる。(6) における、*climb* という行為による、対象に対する働きかけの直接性の度合いは、対象「① *the mountain*」よりも対象「② *the heavy snow*」の方が低い、という意味で、②が［二次的場所］となる。このように、「一次的・二次的」という違いはあるものの、①と②は意味的に関連し合っている（連想関係にある）という点において、(5) の場合と同様に、①の［一次的場所］と②の［二次的場所］の間には連続性が認められると言える。

(6) We climbed up the mountain in spite of the heavy snow.
しかも *the heavy snow*（大雪）は群前置詞 *in spite of* の目的語であ

るため、［場所］と［状況］の２つの特性を持ち合わせている。この意味で、［場所］と［状況］の間に連続性が観察される。

上の考察は、既に第２章で求めた様態性階層（7）の妥当性を裏付けるものである。

(7) 様態性階層　　　　　　　　　　　　　　　　（＝第２章 (2), (96)）
    a.　［純様態］
    b.　［様態］　＝　{［様態］、［道具］、［手段］}
    c.　［二次様態］　＝　{［視点］、［程度 A］、［付帯性 A］}
    d.　［疑似様態］　＝　{［付帯性 B］、［程度 B］、［法性］}

(7a) から (7d) の順に［様態性］の度合いが低くなり、［状況性］の度合いが強くなる。つまり、［様態性］と［状況性］の度合いは反比例の関係にある。この比例関係は、動詞に後続する副詞配列に投射され、原則的に、(7a) から (7d) の順に、動詞から離れた、文末寄りの位置に配置される（［状況］の定義については次項で詳述）。

上の様態性階層（7）を踏まえ、以下、動詞右方及び動詞左方（機能階層領域内部）の様態性の尺度を求める。

2.2　様態性の尺度①　動詞右方

尺度（8）は、〈様態性の強さ〉と〈動詞と副詞の近さ〉は正比例の関係にあることを表している。なお、この配列が厳格なものではないということの要因については、§3で論じる。

(8) 様態性の尺度：動詞右方
    A.　［Pure manner］（cf. *tightly, loudly, woodenly* など数が限られている（cf. Ernst（2002: 96））
    B.　［Manner］：
      ①{1. Manner /Quality (*with high speed, suspiciously*),
      2. Instrumental (*with a screwdriver*)}
      ②{3.Method (*by building new jails*), 4. Means (*by bus*)}
    C.　［Secondary manner］：
      ③{5. [a. Viewpoint (*scientifically*), b. Similarity (*like a lawyer*)], 6.Attire (*in nineteenth-century costumes*),

7.Role/Capacity (*as a lookout*), 8. Restitutive (*again*), 9. Repetitive (*again*), 10. Degree/Measure (*very* (*satisfied*), *considerably, completely, a lot,* (*very*) *much*), 11. Degree of perfection (*perfectly*), 12. Contingency (*with his legs crossed*)}

D. [Pseudo manner]：

④{13. Manner (*with high speed*), 14. Matter (*about mathematics*), 15. Comitative (*with a colleague*), 16. Instrumental (*with a screwdriver*)}

⑤{17. Malefactive (*against the bad weather*), 18. Means (*by bus*)}

⑥{19. Comitative (*with a colleague*), 20. Means (*by bus*)}, 21. Comitative (*with a colleague*), 22. Path (*through Mainz*), 23. Benefactive (*for his wife*), {24. Goal (*to Hamburg*), 25. Source (*from Munich*)}

⑦26. Benefactive (*for his wife*), 27. Reason (*because of illness*), 28. Malefactive (*against the bad weather*), 29. Locative (*in Venice*), 30. Temporal (*on Sunday*), {31. [a. Reason (*because of illness*), b. Purpose, c. Result, d. Condition]}, 32. Evidential (*according to a witness*)

(Schweikert (2005: 96-101) を参照、{ } 内の意味役割は交換可能、□ で囲んだ 13, 16, 18, 20 は状況副詞句配列に混交する様態副詞句。第6章 (9)、(16)、(40) も参照)

上の (8) の意味役割を担う副詞句は、主題化 (話題化と場面設定化に二分される (第4章 (§3.2) を参照)) の目的で、主語 NP を越えた文頭に生起可能である。文頭に生起した副詞句には強い「状況性」が認められるが、VP に右方付加された状況副詞句の「状況性」とはその質が異なる。ここで、[状況] の定義 (9a) に加え、[状況] の機能的下位分類として、(9b) のように、①VP 左方位置で反映される [状況]、②VP 右方付加位置で反映される [状況] 及び③挿入副詞句生起位置で反映される [状況]、の 3 種類を提示

する。［状況］の定義（9a）には［様態］及び［場所］の定義、それぞれ（1）と（3）の内容を組み込んである。その理由は、言うまでもなく、［様態性］と［状況性］の意味的連続性を反映させるためである。

(9) 状況の定義及び機能論的下位分類
 a. 状況の定義
  動作の過程や状態の存続に関与するエネルギー放出の〈結果〉としての心理的・物理的空間。この空間を言語化した状況副詞句は、それに後続する事象や言外の事象に対する、聞き手の興味・関心を高めるサスペンス効果を担う。
 b. 状況の機能論的下位分類
  ①VP左方位置で反映される「状況」：「地（ground）」として、事象の存在を限定（存在の在り処を具現化）し、直前の文脈との整合性を維持する。主題（theme）（場面設定子または話題）として具現化される。
  ②VP右方付加位置で反映される「状況」：VPによって表される動作の過程や状態の存在を限定（存在の在り処を具現化）する。「図（figure）」としての機能を担う。
  ③挿入副詞句生起位置で反映される「状況」：挿入句を除いた主文の内容に対して、別の視点からの照明をあてる目的で、話し手のコメントを加える。「図（figure）」としての機能を担う傾向が強い。 （佐藤他（2006: 9）を参照）

以上、本項では、［状況］の定義（9）に焦点を当てながら、〈様態性の強さ〉と〈動詞と副詞の近さ〉の間には正比例の関係が成り立つことを述べた。つまり、［状況］の定義（9）に焦点を当てると、総じて、文末近くに配置された副詞（句）の［状況性］は強い、と言える。

2.3 様態性の尺度② 動詞左方

階層（10）は主として、Cinque（1999）、Haumann（2007）等に基づき、本動詞（main verb）よりも左方に生起する副詞群を配

列したものである。

(10) 動詞左方の副詞配列

　①主語 NP の左方：

　　1. Speech act (*frankly* (*speaking*)) > 2. Scene-setter > 3.Evaluative (*fortunately*) > 4. Evidential (*apparently*) >5. Subject-oriented (*cleverly*) > 6. Preposed adverb

　②主語 NP の右方：

　　7.Modal (*probably*) > 8. Past (*once*) > 9.Future (*then*) > 10.Modal (*perhaps*) > 11. Modal (*necessarily*) > 12. Modal (*possibly*) >13. Habitual (*usually*) > 14. Repetitive (*again*) > 15.Frequentative (*often*) > 16. Celerative (*quickly*) > 17. Anterior (*already*) > 18. Terminative (*no longer*) > 19. Continuative (*still*) > 20. Perfect(?) (*always*) > 21. Retrospective (*lately*) > 22. Proximative (*soon*) > 23. Durative (*briefly*) > 24. Generic/Progressive (*characteristically*(?)) > 25. Prospective (*almost*) > 26. Completive (i) (*completely*) > 27. Subject-oriented (*reluctantly*), 28. Voice (*well*), 29. Celerative (*fast/early*), 30. Frequentative (*often*), 31. Completive (*completely*)

　　　（筆者注：「?」は Cinque (1999) による（第1章注12参照））

　ここで、動詞左方（副詞配列機能階層領域）に生起する副詞についての要点として、①場面設定子の範囲及び②主語 NP の左方に移動した機能副詞は、主題（theme）としての下位機能（話題または場面設定子）を担う、という2点について論じておく。

　まず、場面設定子の範囲について述べる。(10)-①の '2. Scene-setter'（場面設定子）は文頭における副詞句の多重主題構造を論じる上で重要な機能範疇である。本書では、本来の Scene setter 以外の副詞（Speech act adv., Evaluative adv., Evidential adv., Subject-oriented adv., Preposed adv. など）も、機能論上の観点から、場面設定の目的で主題化されることがあり得るという立場をとる（詳細は、第3章（§4）、第4章（§4）、第5章（§2）を参照）。しかし、

第7章　様態性の尺度と副詞配列の相関　　253

この立場に対して次のような統語論上の反論が予想される。つまり、統語レベルでは、(11a, b) の間に統語上の不均衡が観察されるので、Scene-setter の範囲を広げるべきではない、という反論である。

(11) a. <u>Quickly</u>, John left the room.
(〈部屋を物色中の空き巣のジョンが、家の者が帰ってくる物音を耳にした〉という文脈：<u>立ち所にジョンは部屋を去った。</u>）

b. *<u>Carefully</u>, where did you put my China?

(Haumann (2007: 212)、下線及び和文筆者)

しかし、意味論的には、(11a) の *quickly* は後続事象の内容を知りたいという聞き手の興味・関心を高めるサスペンス効果を担い得るのに対し、(11b) の *carefully* は同効果を担うことができない（サスペンス効果については、第3章（§4.2）、第4章（§3〜§5）を参照)。また、(11a) の *quickly* は、サスペンス効果に加え、場面設定の機能をも担うことができる。すなわち、「物音がした瞬間」が効果的に場面設定化されているのである。

次に、主語 NP の左方に移動した機能副詞は、主題（theme）としての下位機能（話題または場面設定子）を担う現象について述べる。(10)–②の {7. Modal (probably) > … > 16. Celerative (quickly)} は (10)–①の領域に移動して、主語 NP の左方に生起し得る副詞である。これらの副詞が文頭で主題化された場合、「話題」と「場面設定」のどちらの機能を担うのかということは、文脈から判断せねばならぬことが多々ある。ここで、談話文法の視点が重要となる。詳細は既に、①「文頭状況副詞句の分類と機能論的特性」（第4章（§3.2））及び②「英語状況副詞句が主語 NP の情報特性に与える影響」（第5章（§5））について論じているので、同論考を参照されたい。特に、「話題」と「場面設定」の相違については、①における「文頭要素の分類」（第4章、(29b)）のおいて、その有益な判別方法が示唆されている。

以上、本項では、機能階層内部（動詞左方）に生起する副詞について、その要点を2点提示した。

2.4 機能階層内部の様態性

§2.3で述べた機能階層内部の特徴を踏まえながら、機能階層内部の［様態性］の度合いを求めると（12）が得られる。以下、①、②、③の順に様態性の度合いが強くなるということを確認する。

(12)　①モダリティー様態 ＞ ②主語指向様態 ＞ ③アスペクト様態 ＞ VP

　　　　　←――――――――――――――――――→
　　　　　(弱)　　　　　〈様態性〉　　　　　(強)

本項では、まず、§2.4.1において、①モダリティー様態の一般的特性について論じ、次に、§2.4.2において、①の応用として、②法副詞と法助動詞の不規則な共起現象の要因について論じる。

2.4.1　モダリティー様態の［－様態性］特性　一般論

（13）の各副詞に与えた機能的特徴に共通していることは、事象が発生した「場所」の特定化（事象囲い込み）にモダリティーが関与するという点において、文副詞的な性質を備えているということである。なお、ここでの「場所」は（3）に基づき、具体的な「場所」に加え、抽象的な「場所」も含まれる（第3章の（8）に示した「機能階層領域内副詞の意味フレーム」を参照）。

(13) モダリティー様態の［－様態性］

　　a.　Speech act adv.：事象内容を表現するときの話し手の発話態度を提示する。

　　b.　Evaluative adv.：事象内容に対する話し手の評価を提示する。

　　c.　Evidential adv.：事象内容が真実であることの証明先を話し手が提示または示唆する。

　　d.　Scene-setter：「場所」、「時」、「理由」、「条件」などを表す副詞句に主題（theme）としての機能を担わせ、事象の背景（background）を設定する。

　　e.　Focalizer：事象内容の一部を焦点化する。

　　f.　Subject-oriented adv.：主語NPの属性を主観的に提示する（この場合の主語は文脈により、形式上の主語（structural subject）と意味上の主語（logical subject）

第7章　様態性の尺度と副詞配列の相関　　255

に分かれる（第3章注36を参照）。

g. Preposed adv.：直前の事象内容との談話構成上の一貫性を高める。主として文頭様態副詞がこの機能を担う。

h. Epitemic adv.*3：事象内容の様相（modality）についての話し手の認識様態を提示する。(e.g. *perhaps, certainly, probably*)

i. Past adv.：事象の発生時（event time）を「過去」に位置づける。

j. Future adv.：事象の発生時（event time）を「未来」に位置づける。

ここで、特に、(13c) 及び (13h) について、英語のモダリティー様態がどの様に具現化され、それが、どの様な意味で「状況的」であるのかということについて、①証言副詞及び②法副詞に焦点を絞って、論じておきたい。

第1に、証言副詞の具現化のされ方及びその具現形が表す「状況性」について述べる。(14) のグロスは証言副詞を用いて (15) のような書き換えが可能である。

(14) a. De skall ville bygge et hus. (Danish)
　　　　'They are said to want to build a house.'

　　　　　　　　　　　　　　　　　　　　(Cinque (1999: 85))

　　 b. Bei den Unruhen soll bisher vier Tote gegeben haven. (German)
　　　　'So far our people are reported [to have been] killed in the disturbances.'　　　　　　　　(Ibid.: 86)

(15) a. 'They allegedly want to build a house.'

　　 b. So far our people were reportedly killed in the disturbances.

つまり、(14) はデンマーク語やドイツ語の証言法助動詞 *skulle*, *sollen* と英語の *allegedly*、*reportedly*、*obviously*、*clearly*、*evidently* などの証言（evidential）副詞が意味的に対応しており、証言副詞を機能階層上に配置し得ることの例証と言える。*allegedly*,

256

reportedly を例にとるならば概略、[ACCORDING TO WHAT HAS BEEN ALLEGED/REPORTED] のように意味表示できる。この意味表示から、証言副詞は、「事象内容が真であることの証明先を話し手が場面設定子として提示または示唆する」という「状況」提示機能を担うと言えるのである。

第2に、法副詞の具現化のされ方及びその具現形が表す「状況性」について述べる。(16) における法副詞（modal adverb）と認識的法助動詞（epistemic modal）の統語的振舞いは同一である。つまり、認識的（epistemic）用法の *must* と同様に法副詞 *probably* は、話者指向的（speaker-oriented）であるため疑問文には生起し得ない。

(16) a. It must be five o'clock.
b. *Must it be five o'clock?
c. Frank probably beat all his opponents.
d. *Did Frank probably beat all his opponents?
e. Aren't Roman Catholic priests necessarily unmarried?
（ローマ・カトリックの司祭は必ずしも独身ではないのですね。）
f. Can he possibly have said that?（ひょっとして、彼はそう言ったのですね。）

(b.,d. は Cinque (1999: 86)、e.,f. は *Ibid.*: 203、下線と和訳筆者)

したがって、(*possibly, necessarily* も含め) 法副詞は認識的法助動詞の指定部 ((17) の Mod1, 3, 4) に配置される。

(17) … [probably Mod1 [once T(Past) [then T(Future) [perhaps Mood2 [necessarily Mod3 [possibly Mod4 [usually Asp5 …
（1=epistemic, 2=irrealis, 3=necessity, 4=possibility, 5=habitual） （Cinque (1999: 106) の (92) に基づく）

ところが、法副詞と認識的法助動詞の統語特性が異なる場合がある。Cinque (1999: 88) は、Bellert (1977: 344) の、話し手が聞き手の応答内容を先回りして示唆 (suggest) する状況では疑問文でも *perhaps* が生起し得る、という指摘に依拠しながら、副詞配列

階層構築の過程で法副詞 *perhaps* を Irrealis（非現実叙法様態副詞）(*i.e.* (17) の Mood2）とし、Modality（法副詞）(*i.e.* (17) の Mod1、3、4（それぞれ (17) の *probably*、*necessarily*、*possibly*))と区別している。加えて、同書は、*perhaps* と同様に、(16e, f) において、*necessarily*、*possibly* も疑問文に生起可能であることを観察する。この観察は、法副詞による、話し手の命題内容に対する心的態度の表明の仕方を分析するにあたり、「聞き手への配慮」という観点から、法副詞ごとに別個の語用論的特徴を抽出する必要があることを示唆している。とは言え、命題内容が真であることに対する話し手の確信度について、例えば、*certainly* であれば、「ここで話す命題が真である可能性は100％に近い」という話し手の確信を表明する。この「話し手の確信度を表明する」という点において、法副詞に共通の「（話し手の心的）状況」提示機能を見出すことができる。但し、証言副詞と法副詞が表す「状況性」は類似してはいるが、「証拠」が話し手の外部にあるのか（証言副詞）、話し手の内面にあるのか（法副詞）、という明確な違いを念頭に置かねばならない。なお、証言副詞句における「証拠」に話し手の視点が置かれるか否か、ということについては既に、第4章（§2.2.2）で議論している。

　以上、モダリティー様態の［－様態性］特性の一般論、及び証言副詞と法副詞が表す「状況性」の違いについて、その要点を述べた。

2.4.2　ヘッジとしての法副詞
法副詞と法助動詞の不規則な共起現象＊4

　上のセクションでは、「意味的に整合する」法副詞と法助動詞の共起現象について論じた。ところが、機能階層領域内において、英語の法助動詞と法副詞の、意味的に不規則な共起現象が観察されることがある。つまり、(18) の法副詞 *possibly* を文頭に移動させると容認可能になる（Hoye（1997: 195））。

(18) a.　They must {1. *possibly, 2. certainly} have left.

(Hoye（1997: 80）、下線筆者)

　　 b.　{1.Possibly, 2.Certainly} they must have left.

このpossibly > mustの共起は一見、副詞配列機能階層論の反例とも言える。本セクションでは、文頭の法副詞がヘッジ（hedge）としての役割を担う場合について論じる。

Hoye（1997）の指摘どおり、法副詞が文頭（節頭）*5に生起すると、必然性を表す認識的用法の法助動詞（must）との共起が可能になる。用例（19）はその実例である。

(19) a. I can't remember maybe, he must be about ninety.
b. I think maybe I must have been Spanish in some former life ....
c. Perhaps death must exist. （以上、BNC、下線筆者）

probably, maybe, perhaps, possibly, mustの副詞配列機能階層上における配列は{ probably > must > perhaps, maybe > possibly }であるから、(18a-1)は文法的、(19)は非文法的であると予測できる。ところが、実際は、(18a-1)は非文法的、(19)は文法的である。

上の、法副詞と法助動詞の不規則な共起現象は、法副詞は法助動詞に比べ命題内容の客観性を保障しやすい、というHoye（1997: 50-51）の主張を語用論的に敷衍することにより、その理由づけが可能になる。つまり、話し手が法副詞を法助動詞に先行させるのは主要命題の内容が客観的である、あるいは、会話の公理（conversational maxims）のうち「質（quality）の公理」に違反していない、ということを聞き手に前もって「約束」しておきたい、という心理が働くからであろう。法副詞をその本来的な位置から文頭（節頭）に移動させることにより、主要命題の内容が真であることに対する話し手の「自信の度合い」を前もって提示することになる。つまり、必然性を表す法助動詞（must）の本来の意味内容が緩和され直接的な表現の回避につながるのである。

以上、法副詞がヘッジとしての機能を担い得ることについて論じた。なお、上のHoye（1997）による論考を踏まえ、Ernst（2009）は、〈文頭で話し手の確信を表明し、文中で確信度を緩和する〉興味深い用例を挙げている*6。

第7章 様態性の尺度と副詞配列の相関　259

2.5 主語指向様態の［－様態性］特性
主語指向副詞とCAN・WILLの対応

　本項では、①主語指向副詞の特性、及び②主語指向副詞と根源的法助動詞（CAN及びWILL）との間に対応関係が観察されることについて述べ、そこで得られた知見を踏まえ、主語指向副詞の［－様態性］特性を、「主語NPがある事態に関与したときの、主語NPの一時的な〈能力及び意志〉の具現形としての心理的・物理的状況」と規定することになる。

　まず、第1に、主語指向副詞の特性を纏めておきたい。主語NP（意味上の主語（logical subject）も含む）の属性を表す主語指向付加詞（e.g. *unwisely*）と主語指向態度離接詞（e.g. *carelessly*：無頓着にも）には、用例（20）が示すように、①この順に作用域が広がる、②主語指向付加詞には話し手の視点が観察される、③主語NPの定性（definiteness）が主語指向態度離接詞の生起位置に影響を及ぼす、という特徴（Haumann（2007: Ch.4.3.1）を参照）に加え、用例（21）が示すように、④主語指向副詞は主語NPの一時的属性を叙述する、という特徴が観察される

(20) a. {The woman, *A woman} quite cleverly has been carefully answering questions stupidly.（これまで｛その女性、ある女性｝が質問に間抜けな答え方をすることに注意を払ってきたのは誠に賢いことであった。）

　　 b. {The woman, A woman} has quite cleverly been carefully answering questions stupidly.

　　 c. Carelessly, Tom unwisely spoke ill of Mary in her face.
　　　　 (a.,b.はHaumann（2007: 201-用例（34）、210-(62)、211-(65)））
　　　　　　　　　　　　　　　　　　　　　　　を参照、下線及び和訳筆者）

(21) a. (Always) cautious, he opened the door just a little.

　　 b. (*Always) cautiously, he opened the door just a little.
　　　　　　　　　　　　　　　　　　　　　　　　　(Ojea (1998: 166))

主語指向副詞は主語NPの属性を叙述するという点で、描写述語（depictive predicate）と類似している。しかし、Ojea（1998）は、（21a, b）の文法性の違いなどに着目し、描写述語（形容詞）は恒

常的 (individual-level) であるのに対し、主語指向副詞は一時的 (stage-level) であるとしている。Ojer の指摘を敷衍するならば、(21a,b) の意味表示はそれぞれ概略、(22a,b) のようになる。

(22) a. ［HE WAS ALWAYS A CAUTIOUS PERSON WHEN HE OPENED THE DOOR JUST A LITTLE］

b. ［HE WAS IN A CAUTIOUS SITUATION OF MIND AT THE PARTICULAR TIME WHEN HE OPENED THE DOOR JUST A LITTLE］

Ojea が指摘するように、主語指向副詞の「状況性」は 1 回限りの特定事象における主語 NP の「一時的な心理的・物理的状況」であるのに対し、(23a, b) から分かるように通常、状況副詞句は「恒常的」と言える。この点が、主語指向副詞における「状況性」と状況副詞句における「状況性」の大きな違いである。

(23) a. It is always with this car that the Belgian Audi Club had tournament championship Belcar in the late '90s.

b. Usually in New York City there will be no extra penalty for missing the first appearance.

（以上、インターネット検索*7、下線筆者）

第 2 に、主語指向副詞と根源的法助動詞（CAN 及び WILL）の対応関係について述べ、そこでの知見から、主語指向副詞の「状況性」についての規定を精緻化する。

Cinque (1999: 90) は *clumsily* を、能力 (ability) を表すモダリティー要素に含め、イタリア語の用例 (24) の根源的法助動詞（主語指向法助動詞）の指定部に位置づける。つまり、同副詞は (25) の Mod3 に配置される。

(24) a. Gianni si presenta volentieri obbligatoriamente al posto di polizia.

'G. willingly obligatorily goes to the police headquarters.'

b. *Gianni si presenta obbligatoriamente volentieri al posto di polizia.

'G. obligatorily willingly goes to the police headquarters.'

c. Gianni inevitabilmente lascerà goffamente cadere la

tazza.

'G. will inevitably clumsily drop the cup.'

d. *Gianni goffamente lascerà inevitabilmente cadere la tazza.

'G. will clumsily inevitably drop the cup.'

(Cinque (1999: 90)、下線筆者)

(25) … > Mod1 > Mod2 > Mod3 …

(1=volition, 2=obligation, 3=ability/permission)

(*Ibid.*: 90 を参照)

形容詞 *clumsy* を含む(26a)は、*clumsily*(主語指向副詞)を用いて(26b)のように書き換え可能である。よって、(26a)は、(25)の Mod3 に *clumsily* を配置することの妥当性を裏付ける用例と見做すことができる。(26c)は -*ly* 副詞が隣接しているため(26b)よりも不自然ではあるが、*inevitably* の直後にコンマイントネーションを落とせば容認度は高まる(筆者が英語母語話者に確認)。

(26) a. Puppies will inevitably be clumsy.

(インターネット検索*8、下線筆者)

b. Puppies will inevitably do anything, clumsily.

c. ?Puppies will inevitably clumsily do anything.

ここで、英語の主語指向副詞を[ABILITY(能力)]と[WILL(意志)]に基づいて、(27)のように分類・例示する。[ABILITY]と[WILL]は、Ernst (2002: 54)における主語指向副詞の分類〈[Agent-oriented(行為者指向)](単線を引いた語)と[Mental-attitude(心的態度)](二重下線を引いた語)〉とほぼパラレルの関係にあることに着目されたい(*secretly*, *ostentatiously* を除いては、[ABILITY]と[Agent-oriented]、及び[WILL]と[Mental-attitude]がそれぞれ対応している)*9。

(27) a. ABILITY: *awkardly, uncoordinatedly, ungainly, gracelessly, cleverly, stupidly, wisely, foolishly, rudely, intelligently,* unmanageably, gracefully, elegantly, *tactfully*, etc.

b. WILL：*reluctantly, calmly, willingly, anxiously, eagerly, frantically, absent-mindedly, gladly, sadly,* permissively, liberally, broad-mindedly, (in)tolerantly, intolerantly, strictly, uncompromisingly, sternly, severely, conscientiously, conservatively, *secretly, ostentatiously,* etc.

（Oxford Thesaursus of English（2004）を参照）

　以上の考察から、主語指向副詞の［−様態性］特性を、「主語NP がある事態に関与したときの、主語NP の一時的な〈能力及び意志〉の具現形としての心理的・物理的状況」と規定することができる。

2.6　アスペクト様態の［±様態性］特性

　本項では、アスペクト様態の［±様態性］特性について纏める（なお、アスペクト様態を表す副詞は、副詞ごとに様態性傾向の強弱に差があるため、ここでは、「±」記号を使用する）。

　(28) のアスペクト様態には、①事象の発生頻度と②事象そのものの属性（発生時点、速度、継続性・完了性、先行事象との関係性）という2つの特徴が観察される。

(28) アスペクト様態の［±様態性］

　　a.　1. Habitual (*usually*), 2. Repetitive (*again*), 3. Frequentative (*often*)：事象の発生頻度を表す。

　　b.　Celerative (*quickly*)：事象発生から完了までの迅速さを表す。

　　c.　1. Anterior (*already*), 2. Terminative (*no longer*), 3. Continuative (*still*)：事象の完了様態を表す。

　　d.　Imperfective (*never*)：事象の発生頻度がゼロであることを表す。

　　e.　Retrospective (*lately*)：現在から回顧した近い過去に事象が発生したことを表す。

　　f.　Proximative (*soon*)：先行事象と後続事象の発生上の近接さを表す。

g. 1. Durative (*briefly*),
   2. Generic / Progressive (*characteristically* (?))：事象の継続様態を表す

   (筆者注：「?」は Cinque（1999）による（第1章注12参照））

h. Prospective (*almost*)：事象の発生直前の状況を表す。

(29) は、様態の定義におけるエネルギー放出の有り様に着目して、様態性の尺度上に（28）の副詞群を並べたものである。

(29)（様態的）　b. f. g. c. {a., d.} g. h. e.　（状況的）

⟵──────────────────⟶

2.7　まとめ

本項では、動詞と副詞の意味的緊密性は、副詞の様態性の度合いに依存しているということ、つまり、副詞の種類を「様態」、「場所」、「時間」に大別した場合、{様態＞場所＞時間} の左から順に動詞との緊密性が低下するということに基づき、①動詞右方及び②動詞左方（機能階層内部）における様態性の尺度を求めた。特に、結果副詞の様態性を論じるための定義（30）に加え［場所］の定義（31）は［様態性］と［状況性］の意味的連続性を捉えるための重要な道具立てである。

(30) 様態②：動作の過程や状態の存続に関与するエネルギー放出対象に、結果として<u>間接的</u>に付与される出来高、出来映え、雰囲気などの属性　　　　　　（＝(1b)）

(31) 場所：動作の過程や状態の存続に関与するエネルギー放出の〈結果〉としての空間　　　　　　　　　　（＝(3)）

3.「様態性の尺度」の適用を困難にする要因
副詞配列の不規則性

本節では、副詞の配列は動詞左方（機能階層領域）の場合と比べると、動詞右方（V の付加部及び VP 右方付加領域）における配列の不規則性（例外性）が、より強く観察されるパターンについて、(32a,b) の2つの観点から論じる。(32b) は更に2つの下位パタ

ーンに分類される。
(32) 動詞右方における副詞配列の不規則化現象のパターン
    a. 複数の視点候補の絞り込みが VP 全体の情報構成に依存しているパターン
    b. 動詞右方の情報構成が副詞配列の不規則性をもたらすパターン
      1. 文脈の影響を受け、最小の VP 内の副詞配置に不規則性がもたらされるパターン
      2. 意味的連結性の原理を機能させる目的で副詞の有標配列が選択されるパターン

3.1　VP 全体の情報に基づいた複数の視点候補からの絞り込み

(33) の 2 文において、副詞句 (*through NP* と *from NP to NP*) の位置が非対称的である要因として、話し手の視点 (empathy) の違いが挙げられる（複数の状況副詞句のうち 1 つに話し手の視点が置かれ、同副詞句が文副詞化する現象については、第 4 章（§2.2.2）及び第 6 章（§2.1）を参照）。

(33) a. Can you pass the flu <u>from person to person</u> <u>through a dog</u>?
     b. The group travel <u>through Spain</u> <u>from Jerez to Gibraltar</u> to meet two new arrivals.（以上、第 6 章の注 2 (m, n) 再掲）

(33a) の *from person to person* については、「（ウイルスの）空間移動」の意味から「次から次へと・連続的に・漸次的に」という「時間経過」の意味に意味拡張した慣用表現と考えたい。*from person to person* をアスペクト様態副詞と見做すことにより、*pass* の語彙内在素性（[Source]、[Goal]）の具現形としての同副詞句と *pass* との結合度の強さに対する理由づけが容易になる。一方、「犬を使って」という [Means] としての役割を担う *through a dog* は、アスペクト様態を担う *from person to person* と比べ、「状況性」が強い。加えて、話し手は *through a dog* に「視点」を置き、かつ、「焦点化」している（新情報として提示している）。(33a)

とは対照的に、(33b) では *through Spain* が *travel* の内在素性 [Extension] の具現形であり、*travel* との結合度が強い。一方、*from Jerez to Gibraltar* は話し手の「視点」の移動を表す状況副詞句として、「焦点化」されている。ここで、上の用例 (33) についての観察から、仮説 (34) を提案する (第4章 (25) も参照)。

(34) 同一文中に複数の副詞句が生起する場合、「状況性」が強く、しかも、新情報として「焦点」が落とされる副詞句に話し手の視点が置かれる。

「視点」は、「時間」よりも「空間」を表す状況副詞句に置かれる傾向が高い。その理由づけを行うにあたり、Cresswell (1985a) の次の用例が重要である。

(35) a. Spain is through the earth <u>from here</u>.（<u>ここから</u>、地面を掘り抜くとスペインに辿り着く。）

(Cresswell (1985a: 112)、下線及び和訳筆者)

b. <u>Through the night</u> a band kept playing *My Strength* and *My Tower* and *Abide with Me*.（<u>夜を徹して</u>、バンドが「たくましいあなた」、「わたしを守って」、「わたしのそばにいて」を演奏し続けた。）

(Ibid.: 135、下線及び和訳筆者)

(35a) はニュージーランドにいる話し手が、「空間」を表す *from here* に視点を置いた文であるのと同様に、(35b) についても、通常の解釈では、*through the night* という「時間」を表す状況副詞句に話し手の視点が置かれている、と考えられる。ところが、Cresswell は、同文における *through the night* は、時間移動表現ではない、とする。バンド演奏の継続状態は、「夜」という時間の「終点」においては存在し得ない (pp.134–135)*10。つまり、*through the night* については、話し手の「視点」を置く場面設定子というよりはむしろ、*keep* の語彙内在アスペクト素性 [Duration (継続)] の具現形としての解釈が優先されるアスペクト様態副詞であると考えられる。よって、(35b) における *through the night* は「状況的」というよりも「様態的」である。

以上、VP 内部の複数の副詞句のうち、どの副詞句に話し手の視

点が置かれているのかということを決定するためには、VP 全体の情報を配慮する必要があることについて論じた。つまり、同じ副詞句であっても、それが生起する VP の違いによって、視点が置かれるか否かということに差が生じるのである。

3.2 動詞右方の情報構成

本項では、「最小の VP の情報構成」及び「意味的連結性の原理」が、動詞と副詞との距離を調整し、ひいては、動詞右方の有標副詞配列を導く動因となっていることについて論じる。

3.2.1 文脈の影響を受け、最小の VP 内の副詞配置に不規則性がもたらされる場合

§3.1 では、「VP 全体の情報」が、副詞句配列の不規則性をもたらす要因であるということについて考察した。本セクションでは、「最小の VP の情報」に着目しながら、副詞句配列の不規則性について論じる。なお、「最小の VP」とは、例えば、①[run to the station [quickly]] や②[run quickly [to the station]] の下線を施した部分を指す。①と②の最小の VP 内で副詞句の選ばれ方が異なるのは、総じて文脈に依存することを以下、考察する。

動詞右方の新情報としての副詞句には必ずしも、文末焦点（end-focus）の原則が適用されないことがある（cf.(36a)）。一方、(36b) では *put it* が十分な情報を形成していないために、副詞句に焦点が落ちている（Wells (2006)）。

(36) a. There is a ˈfly in my soup.
  b. ˈPut it on the ˈtable.   (*Ibid.*: 157)

次に、上の「最小の VP 内における副詞配置の不規則性」についての一般論を踏まえながら、最小の VP の情報特性が状況副詞句配列に影響を与えることを検証するための実例を 4 例、提示・考察する。

まず、(37a) では、相対的に重要な情報（新情報）としての副詞句 *by flying some forty-five sorties* が、聞き手にとって予測し易い情報 *against the enemy fleet* に先行している。

(37) a. In addition to reconnaissance and preparatory raids against enemy air installations, land-based aircraft from the SWPA supported the action of the naval forces by flying some forty-five sorties against the enemy fleet. (敵の軍事施設に対する偵察や予備襲撃に加えて、南西太平洋地域の地上軍用機が、おおよそ45階建ビルに相当する高さを飛行して、海軍の戦闘を援護した。それは敵艦隊による攻撃に備えてのことだ。)

b. Believe it or not—I fight against the bad weather by jogging or hiking outside. (=第6章, 注2 (i)) (何と、まあ一、私は外をジョギングしたりハイキングをしたりして、悪天候と格闘しています。)

(以上、インターネット検索*11、下線及び和訳筆者)

つまり、同文においては、先行の状況副詞句「by＋補文」が、節 (IP) に相当する重要な情報を伝えている。これは、同副詞句が表す情報を早めに聞き手に提示したいという話し手の意識*12 が働くためであろう。なお、この文脈においては、後続の *against the enemy fleet* は補足的な情報（afterthought）で、直前にコンマイントネーションを落としてParAdvPとする解釈を採用する（ParAdvPについては第4章（§5）を参照）。

一方、(37b)は、"How do you exercise/stay active in bad weather?" という問いに対する回答である。この副詞配置の要因としては、① *fight against* NP というコロケーションが一般化しているということと、②最初に *believe it or not* と言って、聞き手の関心を惹きつけ、新情報としての *by jogging or hiking outside* に文末焦点を落とすことにより、文体上の効果（サスペンス効果）を高めるため、という2つの要因が考えられる。

次の2例においても、動詞右方の状況副詞句配列に不均衡が生じている。

(38) a. ... then he gave us some tickets for the gig of the next night in Milan. We were soooo excited !!! (Silvy, I don't know why our boys weren't with us !!!) Then we ran

quickly to the station to take the first train to Milan ….（それから彼は、翌日の晩にミラノで開かれるジャズパーティーの券を数枚、私たちにくれました。と〜っても興奮しました!!!（ねえ、シルビー、男の子たちも誘ってあげればよかったわね!!!）それで、<u>駅まで</u> <u>急いで</u>走って行って、ミラノ行きの始発電車に乗ったのよ…。）

b. He suddenly said, "Oh, I have a beautiful specimen in the next room. I'll go and get it." He ran <u>to the door</u> <u>quickly</u>, and both sides opened as though for a theatrical effect ….（彼は突然言い出した。「そうだ、隣の部屋に奇麗な標本があるんだ。」彼が<u>素早く</u> <u>扉のところまで</u>走って行くと、劇場での体験にも似た効果を演出するかのように、両方の部屋が一つに開け放された…。）

(以上、インターネット検索*13、下線及び和訳筆者。
b. は筆者句読点変更)

Haumann（2007: 例えば411）は、到達句（TelP（telicity phrase, i.e. "to + Goal"）を、様態副詞よりも動詞に近い位置に配置する。しかし、談話レベルでは（38）のように非対称性が観察される。(38a)では quickly に焦点が落ち、「駅に行くこと」は単に、目的達成の手段に過ぎず、「急いで会場に行くこと」が行為主体（主語NP）の「最優先事項」であることが含意されている。一方、(38b)では to the door に焦点が落ち、「標本を見せる」という行為に「移行」したことが重要な情報として表現されている（「彼」が扉のところまで「素早く」移動したことは、直前の文脈で既に示唆されている）。

以上、最小のVPの情報特性が、動詞右方における状況副詞句の有標配列を引き起こす要因の1つであることを示す実例を4例考察した。次に、動詞と状況副詞句との意味的結合度の差が、状況副詞句配列に影響を与える要因となる実例を考察する。

3.2.2 意味的連結性の原理を機能させる目的で副詞の有標配列が選択される場合

(39) では、本来別の VP$_x$ に含まれるべき副詞句が VP$_y$ に割り込み、VP$_y$ の多義化現象が観察される*14。Cresswell (1985a) は、(39) における *in the train, by Tuesday* によって修飾される *send* を主要部とした VP の意味が曖昧 (ambiguous) であることを指摘する*15。

(39) a. He *sent* the letter to Konstanz in the train. （可能な解釈：①彼は列車のなかのポストから（車内の／車外の）コンスタンツに手紙を送った。②彼は列車の中の誰かに頼んで同じ列車にいるコンスタンツに手紙を送った。）

(Cresswell (1985a: 164)、下線及び和訳筆者)

b. He sent the parcel to Konstanz by Tuesday. （可能な解釈：①彼は火曜日までにコンスタンツに小包を送り届けた。②彼は火曜日までにコンスタンツへの小包の郵送手続きを完了させた。） (*ibid.*: 164、下線及び和訳筆者)

この、(39) における VP の意味の曖昧化現象は、Wasow (2002) の言う、「意味的連結性 (semantic connectedness)」の原理*16 を遵守していないために引き起こされている。更に、実例を考察してみよう。まず、(40) の副詞句 *as closely as possible* の位置に着目されたい。

(40) On this side of the Atlantic, the Lancaster-Oslo/Bergen corpus was designed to replicate as closely as possible the Brown corpus, the only difference being that this corpus contains British rather than American English texts. （大西洋側のこちらの地域では、ランカスター・オスロ／ベルゲンコーパスはブラウンコーパスとできる限り同じ複製になるように設計された。唯一の違いと言えば、同コーパスはアメリカ英語よりもイギリス英語のテクストを対象としているということである。） (Wasow (2002: 84)、下線及び和訳筆者)

(40) において、'designed to replicate the Brown corpus as closely as possible' のように配置すると、2つの動詞 (*design* と *replicate*)

の近くに目的語 NP (*the Brown corpus*) が生起する。その結果、副詞句 *as closely as possible* の修飾対象として、「複製方法」と「設計方法」の2つが可能となり、解釈が曖昧になる。これを防ぐために意味的連結性の原則が働くのである (p.84)。

同様に、先の (39) についても、不自然な表現にはなるが、(41) のように書き換えることにより、意味的連結性の原理が機能する。つまり、(39) の場合と比べ、(41) では副詞句（波線部）が修飾する述語が1つに絞り込まれている分、多義性が解消されている。

(41) a-①He sent the letter in the train to Konstanz, who was [was not] in the same train, through the postbox set up in it.（彼は列車のなかのポストから車内の［車外の］コンスタンツに手紙を送った。）

②He sent the letter in the train to Konstanz, who was in the same train, by asking one of the passengers to take it to him.（彼は列車の中の誰かに頼んで同じ列車にいるコンスタンツに手紙を送った。）

b-①He sent the parcel to Konstanz, and it reached him by Tuesday.（彼は火曜日までにコンスタンツに小包を送り届けた。）

②He sent the parcel to Konstanz, of which procedure was completed by Tuesday.（彼は火曜日までにコンスタンツへの小包の郵送手続きを完了させた。）

文体操作による意味的連結の具現化である (40) は、聞き手が構文解析を容易に行えるようにするための方策と言える。ところが、(39) は、(41) と比べて構文解析の難易度は高い。にもかかわらず、(39) のような表現が現実に観察されるのは、文脈が許容する場合に限られる。それ以外の場合には、(11) のような表現が選択されるべきである。(41) を (39) のように言語化するのは、まさに、福地 (1995) において提唱されている「統語的局地化現象 (syntactic localization)」に他ならない。

本セクションでは、要するに、次の2点について論じた。つまり、

第7章　様態性の尺度と副詞配列の相関　**271**

①（40）や（41）の場合のように、「意味的連結性の原理」を適用すると、「文の多義化」は避けられるが、副詞句は有標の位置に配置される。一方、②（39）の場合のように、「意味的連結性の原理」を適用しないで、「複数のVPの単一化操作」を行うと、副詞句は無標の位置に配置されるが、「文の多義化」が生じてしまう。

3.3　まとめ

本項では主として、副詞の配列は動詞左方（機能階層領域）の場合と比べると、動詞右方（Vの付加部及びVP右方付加領域）における配列に不規則性がより強く観察されることを見た。そのパターンは、(32)で挙げたように3つに大別される。加えて、用例(40)において考察したような、動詞と副詞の「意味的連結性（semantic connectedness）」の概念は、統語論と談話分析論（文体論）のインターフェイスレベルでの副詞研究の重要な道具立てと言える。

4. 様態性の尺度と副詞配列の相関

上の（8）、（10）、（13）、（28）から、様態性の尺度と副詞配列の相関を文頭から文末に向けて図式化すると（42）が得られる。(43)の①〜⑦は、具体的な副詞のカテゴリーである。

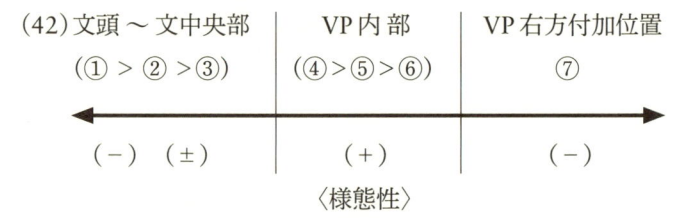

(42)

文頭 〜 文中央部	VP内部	VP右方付加位置
(① > ② > ③)	(④ > ⑤ > ⑥)	⑦
(−)　　(±)	(+)	(−)

〈様態性〉

注：＊X > Y：XはYよりも様態性の度合いが高いことを表す。
　　＊（+）：様態性傾向が強い、（−）：様態性傾向が弱い（状況性傾向が強い）、（±）：副詞ごとに様態性傾向の強弱に差がある）

(43) I．VP左方

①[Modal manner], ②[Subject-oriented manner],
③[Aspectual manner]

Ⅱ．V右方
　　④［Pure manner］, ⑤［Manner］, ⑥［Secondary manner］,
　　⑦［Pseudo manner］

(42)の横線は、副詞の［様態］成分と［状況］成分は意味的に連続しているということを示すものである。この、[様態]と[状況]の連続性を反映させた定義、及び状況の機能論的下位分類が(44)及び(45)である((44)において、a.よりもb.の方が状況性が強い)。

(44)様態の定義　　　　　　　　　　　　　　　　　　　(= (1))
　a.　様態①：動作の過程や状態の存続に関与するエネルギー放出の心理的・物理的な有り様
　b.　様態②：動作の過程や状態の存続に関与するエネルギー放出対象に、結果として<u>間接的</u>に付与される出来高、出来映え、雰囲気などの属性

(45)状況の定義及び機能論的下位分類　　　　　　　　　(= (9))
　a.　状況の定義
　　　動作の過程や状態の存続に関与するエネルギー放出の〈結果〉としての心理的・物理的空間。この空間を言語化した状況副詞句は、それに後続する事象や言外の事象に対する、聞き手の興味・関心を高めるサスペンス効果を担う。
　b.　状況の機能論的下位分類
　　①　VP左方位置で反映される「状況」：「地（ground）」として、事象の<u>存在を限定</u>（<u>存在の在り処を具現化</u>）し、直前の文脈との整合性を維持する。主題（theme）（場面設定子または話題）として具現化される。
　　②　VP右方付加位置で反映される「状況」：VPによって表される動作の過程や状態の存在を限定（存在の在り処を具現化）する。「図（figure）」としての機能を担う。
　　③　挿入副詞句生起位置で反映される「状況」：挿入句

を除いた主文の内容に対して、別の視点からの照明をあてる目的で、話し手のコメントを加える。「図 (figure)」としての機能を担う傾向が強い。

(佐藤他 (2006: 9) を参照)

「様態性」と「状況性」の概念が連続しているということは、両概念の定義の中間的な解釈が可能な副詞が文中に生起するという現象によっても裏付けることができる (第6章用例 (47) を参照)。加えて、副詞の解釈に多義性が生じた場合、[状況] の定義 (45a) を踏まえたうえで、Ernst (2000, 2002) の提唱する「様態規則」(第2章 (89) 参照) を適用することにより、「解釈の絞り込み」が可能となる。

---

*1 「時」を表す副詞 (句) は AspP により C 統御 (c-command) されているものと考えられる。例えば、動詞語彙意味論でよく論じられてきたように、(i) の副詞句 (下線部) の選択は動詞句のアスペクト特性に依存している。

  (i) John {ran for hours / *in an hour} / {ran to the park *for hours / in an hour}.

*2 ここでの議論は、哲学者 William James (1842–1910) の主張 (i) に影響を受けている。

  (i) To attain perfect clearness in our thoughts of an object, then, we need only consider what conceivable effects of a practical kind the object may involve—what sensations we are to expect from it, and what reactions we must prepare.　　　　　　(James (1995: 18)、下線筆者)

 (i) は要するに、〈ある対象を完全に理解するためには、当該の対象がもたらす実用的な結果、期待される感情、及び覚悟すべき反応について想定しさえすればよい〉ということである。

 (i) の発想を、本書における「場所」の規定に援用するとこうなる。つまり、常識的に言って、「どこかを目指して走る・飛び込む」という〈原因〉事象は、〈結果 (効果)〉として「店・湖中への〈到達〉」という事象を想定範囲に含む。故に、「店・湖中」は、「状況」の定義の一部である、「エネルギー放出の〈結果〉としての空間」と見做すことが可能になる。この問題は更なる検討が必要であろうが、本書ではこれ以上は踏み込まない。

*3 Cinque (1999) は法副詞を、①Mood adv. と②Modal adv. に分類するが、ここでは、Haumann (2007: 特に、Ch. 5.2.1.4) に従い、Epistemic adv. として一括する。なお、①には、*frankly*, *fortunately* など、法副詞以外の副詞

も含まれることにも留意されたい。
＊4　ヘッジとしての法副詞については、鈴木（1998）を参照。
＊5　(i) は、意味的に対立する法副詞と法助動詞は、前者が後者に先行していれば共起可能であることを示唆している。したがって、正確には、「文頭（節頭）」ではなく「法助動詞に先行する位置」である。

(i) a. It appears that an inflammatory reaction probably must happen simultaneously in the person so that sufficient cytokines are available.
(Lee, Thomas F. (2001: 46、下線筆者)、*Conquering Rheumatoid Arthritis*)
b. However, definition of these latter events perhaps must be that they are unnecessitated events.　　　　　　　　（BNC、下線筆者）

なお、(ia) と (ii) から分かるように、法副詞 *probably* は、*maybe, perhaps, possibly* と違い、必然性を表す法助動詞 *must* の前後に隣接し得る。その理由は、*probably* の意味には［必然性］の成分が含まれているためであろう（Cf. probably: used to say that sth is likely to happen or to be true – Cit. from *probably* in *OALD*（2000）、下線筆者）。あるいは、この、*must* と *probably* の2種類の語順は文体上の問題として扱われるべきかもしれない。

(ii) ... he must probably fail of the highest success by over-doing the matter.
(Ladd, George Trumbull. (2007: 181、下線筆者)、*Philosophy of Mind*)

＊6　Ernst（2009: 515）は、例えば、*Smith, Jones, Williams* がスキャンダルに関与している、という文脈において、聞き手が *Franklin* も関与しているのかと質問した場面を挙げる。この場面で話し手が、(i) のように答えたとする。

(i) Most certainly, he will possibly be implicated in the scandal.
(*Ibid.*: 515、下線筆者)

(i) では、特に *too*（〜も）を加えることにより、主観を交えたいという心的態度と客観的でありたいという心的態度が、それぞれ、*most certainly* と *possibly* によって具現化される、と Ernst は言う。

＊7　(23a) http://oneighturbo.com/audi/audi-r8-gt3/belgian-audi-club-debuts-its-audi-r8-gt3-racer/（2010.2.14）
(23b) http://www.lawguru.com/legal-questions/new-york-criminal-law/received-open-container-ticket-nyc-112062663/a（2011.11.15）

＊8　http://www.ehow.com/how_4785976_judge-puppys-temperament.html（2010.2.14）

＊9　主語指向副詞は文副詞と語修飾副詞に分類されることについては、Greenbaum（1969）以降、多数の副詞文献で言及されてきたが、学校文法ではこの分類はあまり浸透していないように思われる。詳細は、Greenbaum（1969: Chs.5.1.3.8, 5.3.4, 5.3.5)、Jackendoff（1972: Chs.3.4, 3.9)、鈴木英一（1979; 1983; 1984: 196–197, 200–201, 210–212, 236–237)、岡田（1985: Chs.2.7, 2.0, 3.2.3）等を参照。

＊10　つまり、この *through the night* についての Cresswell の見解は、第4章（§2.1.1）で論じた前置詞の〈空間概念〉から〈時間概念〉への拡張に対する反論と言える。

＊11　(37a)：http://www.history.army.mil/books/wwii/MacArthur%20Reports/MacArthur%20V1/ch03.htm（2012.2.23）

*12 ここでの「意識」は Chafe（1994: 特に Ch.6）を参照。「南西太平洋地域の地上軍用機が敵の軍事施設に対する偵察や予備襲撃をする」という直前の情報①が、「おおよそ45階建ビルに相当する高さを飛行する」という直後の情報②の処理コストを「準活性化」している。それ故、情報①を、早めに聞き手に提示しても、自然な（理解しやすい）談話が形成されているのである（「準活性化」については、*Ibid.*: pp.72–73 の形容詞 'semiactive' を含んだ記述参照）。

*13 (38a) :http://www.murmurs.com/topic/92205-what-did-you-dream-last-night/

(38b) :http://classiclit.about.com/library/bl-etexts/gdemaupassant/bl-gdemaup-door.htm（以上、2011.12.18）

*14 この「複数の VP の単一化現象」は具体的には、(ia) の VPx 内の副詞句 in the train が@の位置に割り込み（intrude）、VPx が削除され、VPy だけが残される現象を言う。(ia,b) に「複数の VP の単一化現象」が関与すると、(ic) のような多義文が派生する。この種の統語現象は、従来の生成文法ではほとんど論じられてこなかった。ここでは、文体規則の一種と見做すに留める。

(i) a. He [VPy sent the letter to Konstanz　@　through a postbox which was [VPx set up in the train]]. (=(39a-①))

b. He [VPy sent the letter to Konstanz　@　, which he had [VPx written in the train by asking a passenger to carry it to Konstanz]]. (=(39a-②))

c. He sent the letter to Konstanz in the train. (=(39a))

*15 Cresswell のこの指摘は、語彙意味論関係の文献でしばしば言及されてきた、Jerry A. Fodor の *cause NP to die* から *kill* を含んだ文を派生することができないことがあるという、語彙分解分析限界説を踏まえている（例えば、Fodor（1970a, b）を参照）。

16 「意味的連結性の原理」は、概略、動詞句の解釈に重要な影響を与える要素は動詞と隣接した（adjacent）位置に配置される、という趣旨の構文解析上の原理である（Wasow（2002: 87）を参照）。

第8章
結論
英文法研究における本書の意義

　第2〜7章において展開してきた英語副詞各論を総合すると、英語の副詞は、「様態性」の尺度に基づいて、各副詞の文中（文頭、文中央部、文末）における機能が連続的に連関している、という結論が得られる。本章では、本書が英語副詞研究、ひいては英文法研究の発展にどのように貢献することができるのかということについて述べる。

　従来の副詞研究を大局的に振り返ると、副詞が関わる統語現象毎に、副詞配置を支える意味論的根拠が論じられる傾向があり、体系的な説明に優れた副詞文献は少ない。本書は、一貫して、副詞の本質は、その「様態性」にあるということを主張した。この「様態性」の概念を中核に据え、そこに、機能論的視点（語用論、談話分析など）を加えることにより、副詞の統語現象を体系的に説明することができるのである。

　以下、本書の特色を、英語副詞論、ひいては英文法研究における本書の意義を交えながら、7点述べる。

　第1に、本書は、「様態」の定義（1）から導き出した「様態性の尺度」上に、副詞がそのカテゴリーごとに配置されることを検証している。

（1）様態①：動作の過程や状態の存続に関与するエネルギー放出の心理的・物理的な有り様。

動作の過程や状態の存続に関与するエネルギーの放出を言語化するための代表的な品詞は、言うまでもなく、動詞である。したがって、当該の動詞を中核とした事象形成に関与する主体が、そのエネルギーを過不足なく放出し得るか、ということは、動詞を修飾する副詞の「様態性」が動詞の概念構造（conceptual structure）に的確に

組み込まれているか、ということと密接に結びついている。動詞と副詞の「様態性」の関係を明らかにするためには、適切な動詞分類に基づいて、動詞の概念構造を精緻化することが重要な作業となる。

　副詞を「様態性」の尺度で捉えることは、様態副詞が他の機能を担う副詞（例えば、視点副詞（e.g. *mathematically*（数学的視点から））に比べ、動詞に近い位置に生起する傾向が強いという事実の説明につながる。何らかの意図を伴う行為主体が主語 NP として生起すると、様態性の度合いの高い副詞と動詞との共起が可能となる。この傾向は、他動詞に強く観察される。一方、行為主体の意図性が読み取れない（あるいは、読み取り難い）動詞の場合、それと共起する副詞の様態性の度合いは低くなり、逆に、状況性の度合いが高くなる。

　第 2 に、文中央部における様態副詞及び（様態副詞と総じて）同形態の主語指向副詞の統語上の違いを求めることにより、両副詞の機能上の違いが明確になる。つまり、(2) において、主語指向付加詞（①、②、⑤）や主語指向離接詞（②）は「副詞配列機能階層」領域の位置で併合する。

(2) a. 　[$_{IP}$ John [$_{I'}$ {① carefully, ② carelessly} [$_{I'}$ has [$_{VP}$ {③ carefully, ④ carelessly} read the book]]]
　　 b. 　Tom ⑤ intentionally read the book ⑥ carelessly.

一方、様態副詞は、最小の VP 内付加部（⑥）の位置で併合するか、VP 付加部から VP 指定部（③、④）に移動する。

　(2) に見られる、様態副詞と主語指向副詞の派生方法が違うのは、両副詞の機能が本質的に異なるからである。つまり、様態副詞と同形態の主語指向副詞は、①話し手が主語 NP の属性を叙述する機能あるいは、②話し手が主語 NP の行為に対するコメントを付加する機能を担うという点で「状況的」なのである。この「状況的」という性質が様態副詞には観察されない。(2b) において、「読書を行った時のエネルギーの放出」の仕方（有り様・様態）が「無頓着（*careless*）であった」ということと「無頓着な読書を行った時の、主語 NP の属性」が「意図的（*intentional*）であった」ということは、叙述対象及び叙述方法が異なるのである。

第3に、(3)の *very quickly* のように、様態副詞は文頭でも観察される。

　(3) He did not run far. Very quickly he found it increasingly
　　　painful to breathe　　　　　　　　　　　　　(BNC)

文頭は、談話構成上、先行文脈の内容を踏まえた主題 (theme)（場面設定子 (scene-setter) または話題 (topic)）の機能を担える要素（典型的には、NP、状況副詞句など）が配置される。様態副詞も、文脈は限定されるが、生起条件 (4) を満たせば、文頭で自然に許容される。

　(4) 様態副詞の文頭生起条件　　　　　　　(＝第3章 (91))
　　　様態副詞が文頭に生起していることに対して、聞き手が唐突さを感じない程度の情報量を満たしている場合、当該の様態副詞は、文頭に生起することができる。

(4) の「聞き手が唐突さを感じない程度の情報」とは、より正確には、(5) のように規定することができる。

　(5) 語用論的な前提に基づいて、話し手が指し示したいと思っている情報を、話し手が発話した瞬間に、聞き手が同定しうる (identifiable) 情報。　　　　　(＝第3章 (83b))

(5) は、機能文法における「旧情報」(old / given information) を副詞論の立場から再定義したものである。一般に、「機能語」(function word) として分類される副詞でも、談話レベルでは、「聞き手が同定しうる (identifiable) 情報」と見做すことができることがある。その場合、様態副詞の文頭生起が可能になるのである。

　第4に、本書における結果副詞の分析には、先行研究には見られない独自の視点が含まれている。その1つは、結果副詞に、「様態」の第2定義 (6) を当てはめることにより、結果副詞を「様態副詞」の延長線上に位置づけることができるという視点である。

　(6) 様態②：動作の過程や状態の存続に関与するエネルギー放
　　　　　　　出対象に、結果として間接的に付与される出来高、
　　　　　　　出来映え、雰囲気などの属性。

　もう1つの視点は、結果副詞と（結果構文における）結果形容詞はその分布が類似しているが、①結果副詞には「事象完結一時取消

機能」が観察され易いということ及び②「結果個体」の概念を組み込んだ「様態規則」の遵守が認められる場合、様態副詞の結果用法が成立する、というものである。特に、「事象完結一時取消機能」は、結果副詞が被影響者（patient）の属性を<u>間接叙述</u>することを説明するための重要な道具立てであるという考察は先行研究には見られない。

　第5に、文頭の状況副詞句の分析において、本書では特に、補文から抜き出して文頭に移動させた状況副詞句とそれに続く主節は、多重主題（multiple themes）構造を形成することに着目している。「多重主題」という観点からの分析は、最近、ヨーロッパ系の生成文法において注目されているカートグラフィック・シンタックスの発展に貢献するものと考えられる（最新文献のうち、特に、Haegeman（2012）と本書の間には研究上の密接な接点が観察される）。

　第6に、文末の状況副詞句を的確に配列するための句構造について、Ernst（2002）の、状況副詞句をVPの右方に付加する方式を応用した。この方式は、ミニマリストプログラムにおける「線形対応の公理（LCA）」（Kayne（1994）を参照）とは異なる、古典的なXバー理論に基づくものである。文末重心の原則を重視する「VP右方付加方式」は、副詞の「様態性」の度合いが副詞の分布を決定する、という本書の主張と整合する。

　状況副詞句のVP右方付加方式を採用するにあたり、副詞の作用域に着目したが、作用域の研究は、形式意味論的副詞論が得意とする分野である。形式意味論的副詞論の知見を語彙意味論的副詞論に導入することにより、一層多角的な副詞研究が期待できる。この2つの副詞論を統一的に発展させるためには、①副詞やそれと密接な関係にある動詞の意味分解（semantic decomposition）と②副詞の分布を支える機能論的説明の均整のとれた摺合せが重要な作業となる。

　上の「文末重心の原則」や「作用域原理」では説明できない、第7章（§3）で見たような文末状況副詞句の不規則な配置については、今後、福地（1995）において提唱されている「統語的局地化

(syntactic localization)」の「度合い」についての研究を発展させることにより、同現象の本質に迫ることができよう。

　第7に、状況副詞句のなかでも、挿入的副詞句は、統語上の明確な節点が規定し難い統語範疇である。本書では、文中央部及び文末の挿入副詞句の機能を「サスペンス効果」によって捉えることができることを検証している。ここでの知見は今後、談話分析、文体論、翻訳論等の発展に貢献することが期待される。

　以上、英文法研究における本書の意義について、7項目に分けて述べた。

　最後に、筆者は、言語能力の解明と言語習得のプロセスの解明は同時平行的に行われるべきものである、という研究姿勢を支持する。本書が主張した「様態性の尺度」が心理的にどの程度妥当（valid/real）なものであるのか、ということを明らかにするためにも、英語という個別言語における副詞の習得順序の本格的な研究が急務である。

参考文献

〈用例収集等に使用した書物、辞書、コーパス等〉

Benton, D. A. *How to Think Like A CEO*. Warner Books, 1999.
BNC : *British National Corpus* (*World Edition* (2000), *XML Edition* (2007))
Fee, Gordon D. and Douglas Stuart. *How to Read the Bible for All Its Worth*. Zondervan Publishing Company, 1993.
Flesch, Rudolf. *Why Johnny Can't Read*. Harper Paperbacks, 1986.
Hunter, Lew. *Lew Hunter's Screenwriting*. Perigee Trade, 2004.
Jensen, Andra. *When Babies Read*. Jessica Kingsley Pub, 2005.
Ladd, George Trumbull. *Philosophy of Mind*. Cook Press, 2007.
Lee, Thomas F. *Conquering Rheumatoid Arthritis*. Prometheus Books, 2001.
Longman Advanced American Dictionary (1st edition), Cambridge: Pearson Longman, 2000.
Longman, Tremper. *How to Read the Psalms*. InterVarsity Press, 1988.
Mozian, Joe. *Hire Me Dumbass!* Dumbass Publications, 2002.
Oxford Advanced Learner's Dictionary of Current English (6th edition), New York: Oxford University Press, 2000.
Oxford Thesausrus of English (2nd edition), Oxford: Oxford University Press, 2004.
Sylvester, Christine. *Feminist International Relations: An Unfinished Journey*. Cambridge University Press, 2002.
Tansley, Isaiah. *Introduction to the Principia of Emanuel Swedenborg*. Kessinger Publishing, 2003.
Turney, Alan. *The Three-Cornered World*. Tokyo: Charles E. Tuttle Company, 1968.
市川繁治郎 他（編）、『新編 英和活用大辞典』（東京：研究社、1995 年）
エドワード・サイデンステッカー（訳）、*The Izu Dancer*（伊豆の踊子）、『対訳 伊豆の踊子』（東京：原書房、1964 年）、pp.8–67.
小西友七 他（編）、『ジーニアス英和大辞典』（東京：大修館書店、2001 年）
夏目漱石、『草枕』（東京：岩波書店、1990 年（文庫版））
レオン・ピコン（訳）、*Reëncounter*（再会）、『対訳 伊豆の踊子』（東京：原書房、1964 年）、pp.70–131.

〈研究文献〉

Abels, Klaus. (2003) Auxiliary Adverb Word Order Revisited. In *Proceedings of*

UPenn Colloquium on Linguistics 26: pp.1–15.

Adger, David and George Tsoulas. (2004) Circumstantial Adverbs and Aspect. In Austin, Jennifer R., Stefan Engelberg and Gisa Rauh (eds.) *Adverbials: The Interplay between Meaning, Context, and Syntactic Structure*, pp.45–66. Amsterdam: John Benjamins.

Adger, David and Gillian Ramchand. (2003) Predication and Equation. In *Linguistic Inquiry* 34 (3): pp.325–359.

Aijmer, Karin. (2002) *English Discourse Particles: Evidence from a Corpus*. Amsterdam: John Benjamins.

Aijmer, Karin and Anna-Brita Stenström (eds.) (2004) *Discourse Patterns in Spoken and Written Corpora*. Amsterdam: John Benjamins.

Alexiadou, Artemis. (1997) *Adverb Placement: A Case Study in Antisymmetric Syntax*. Amsterdam: John Benjamins.

Ambridge, Ben and Adele E. Goldberg. (2008) The Island Status of Clausal Complements: Evidence in Favor of an Information Structure Explanation. In *Cognitive Linguistics* 19 (3): pp.349–381.

Anderson, John M. (1971) *The Grammar of Case: Towards a Localistic Theory*. London: Cambridge University Press.

荒木一雄・安井稔 編（1992）『現代英文法辞典』三省堂.

Asakawa, Teruo. (1978) Remarks on the Unbounded Adverb Preposing. In *Studies in English Linguistics* 6: pp.51–63（朝日出版社）.

Austin, Jennifer R., Stefan Engelberg and Gisa Rauh (eds.) (2004) *Adverbials: The Interplay between Meaning, Context, and Syntactic Structure*. Amsterdam: John Benjamins.

Bach, Emmon W. and Robert. T. Harms (eds.) (1968) *Universals in Linguistic Theory*. New York: Holt, Rinehart & Winston.

Baker, Carl L. (1971) Stress Level and Auxiliary Behavior in English. In *Linguistic Inquiry* 2 (2): pp.167–181.

Baker, Carl L. (1981) Auxiliary-Adverb Word Order. In *Linguistic Inquiry* 12 (2): pp.309–315.

Baker, Mark. (1988) *Incorporation*. Chicago: University of Chicago Press.

Baker, Mark. (1995) *The Polysynthesis Parameter*. Oxford: Oxford University Press.

Barbiers, Jozef. (1995) The Syntax of Interpretation. (Doctoral dissertation) The Netherlands: Leiden University.

Bartsch, Renate. (1976) *The Grammar of Adverbials*. Amsterdam: North-Holland Publishing Company.

Bäuerle, Rainer, Urs Egli, and Arnim von Stechow. (eds.) (1979) *Semantics from Different Points of View*. Springer-Verlag: Berlin.

Bellert, Irena. (1977) On Semantic and Distributional Properties of Sentential Adverbs. In *Linguistic Inquiry* 8 (2): pp.337–351.

Belletti, Adriana (2004) *Structures and Beyond: The Cartography of Syntactic Structures*, Vol. 3. New York: Oxford University Press.

Belletti, Adriana and Luigi Rizzi. (1996) *Parameters and Functional Heads*. Oxford: Oxford University Press.
Benincá, Paola and Munaro Nicola (eds.) (2010) *Mapping the Left Periphery: The Cartography of Syntactic Structures*, Volume 5. Oxford: Oxford University Press.
Bennett, David. (1975) *Spatial and Temporal Uses of English Prepositions. An Essay in Stratificational Semantics*. London: Longman.
Bever, Thomas G., Jerrold J. Katz and Terence Langendoen (eds.) (1976) *An Integrated Theory of Linguistic Ability*. New York: Crowell.
Biber, Douglas, Stig Johansson, Geoffrey Leech, Susan Conrad and Edward Finegan. (1999) *Longman Grammar of Spoken and Written English*. London: Longman.
Bok-Bennema, Reineke, Bob de Jonge, Brigitte Kampers-Manhe, and Arie Molendijk (eds.) (2001) *Adverbial Modification*. Amsterdam-Atlanta, GA: Editions Rodopi B.V.
Bolinger, Dwight. (1972) *Degree Words*. The Hague: Mouton.
Boroditsky, Lera. (2000) Metaphoric structuring: Understanding time through spatial Metaphors. In *Cognition* 75 (1): pp.1–28.
Bouma, Gosse, Robert Malouf and Ivan A. Sag. (2001) Satisfying Constraints on Extraction and Adjunction. In *Natural Language & Linguistic Theory* 19 (1): pp.1–65.
Broccias, Cristiano. (2008) Towards a History of English Resultative Constructions: The Case of Adjectival Resultative Constructions. In *English Language and Linguistics* 12 (1): pp.27–54.
Brown, Gillian and George Yule. (1983) *Discourse Analysis*. Cambridge: Cambridge University Press.
Brinton, Laurel J. (1996) *Pragmatic Markers in English: Grammaticalization and Discourse Functions*. Berlin: Mouton de Gruyter.
Brinton, Laurel J. (2008) *The Comment Clause in English: Syntactic Origins and Pragmatic Development*. Cambridge: Cambridge University Press.
Carnie, Andrew and Eithne Guilfoyle. (2000) *The Syntax of Verb Initial Languages*. New York: Oxford University Press.
Chafe, Wallace. (1994) *Discourse, Consciousness, and Time*. Chicago: The University of Chicago Press.
Chaves, Rui P. (2009) Construction-based Cumulation and Adjunct Extraction. In *Proceedings of the 16th international conference on head-driven phrase structure grammar*, University of Göttingen, Germany, pp.47–67. Stanford: CSLI Publications. (Available at：http://cslipublications.stanford.edu/HPSG/2009/、Aug., 26, 2011)
千葉修司 他 編（1991）『現代英語学の諸相 宇賀治正朋博士還暦記念論文集』開拓社．
Chomsky, Noam. (1957) *Syntactic Structures*. The Hague: Mouton.
Chomsky, Noam. (1965) *Aspects of the Theory of Syntax*. Cambridge, Mass.:

MIT Press.

Chomsky, Noam. (1970) Remarks on Nominalization. In Noam Chomsky. *Studies on Semantics in Generative Grammar,* pp.11–61. The Hague: Mouton.

Chomsky, Noam. (1972) *Studies on semantics in generative grammar.* The Hague: Mouton.

Chomsky, Noam. (1973) Conditions on Transformations. In Noam Chomsky. *Essays on Form and Interpretation,* pp.81–160. New York: North-Holland.

Chomsky, Noam. (1975) *The Logical Structure of Linguistic Theory.* New York: Plenum.

Chomsky, Noam. (1977) *Essays on Form and Interpretation.* New York: North-Holland.

Chomsky, Noam. (1981) *Lectures on Government and Binding.* Dordrecht: Foris. Chomsky, Noam. (1982) *Some Concepts and Consequences of the Theory of Government and Binding.* Cambridge, Mass.: MIT Press.

Chomsky, Noam. (1986) *Barriers.* Cambridge, Mass.: MIT Press.

Chomsky, Noam. (1993) A Minimalist Program for Linguistic Theory. In Hale, K. and S. Keyser (eds.) *Essays in Honor of Sylvain Bromberger,* pp.1–52. Cambridge, Mass.: The MIT Press.

Chomsky, Noam. (1995) *The Minimalist Program.* Cambridge, Mass.: MIT Press.

Chomsky, Noam. (2000) Minimalist Inquiries:The Framework. In Roger Martin, *et al.* (ed) *Step by Step: Essays on Minimalist Syntax in Honor of Howard Lasnik,* pp.89–155. Cambridge, Mass.: MIT Press.

Chomsky, Noam. (2001) Derivation by Phase. In Michael Kenstowicz (ed.) *A Life in Language,* pp.1–52. Cambridge, Mass.: MIT Press.

Chomsky, Noam. (2006) On Phases. In Robert Freidin, Carlos Otero and Maria Luisa Zubizarreta (eds.) *Foundational Issues in Linguistic Theory: Essays in Honor of Jean-Roger Vernaud,* pp.133–166. Cambridge, Mass.: MIT Press.

Cinque, Guglielmo. (1990). *Types of A-bar Dependencies.* Cambridge, Mass.: MIT Press.

Cinque, Guglielmo. (1999) *Adverbs and Functional Heads: A Cross-Linguistic Perspective.* Oxford: Oxford University Press.

Cinque, Guglielmo. (2004) Issues in Adverbial Syntax. In *Lingua* 114 (6): pp.683–710.

Cinque, Guglielmo. (2006a) *Restructuring and Functional Heads: The Cartography of Syntactic Structures Volume* 4. New York: Oxford University Press.

Cinque, Guglielmo. (2006b) Issues in Adverbial Syntax. In Guglielmo Cinque. *Restructuring and Functional Heads: The Cartography of Syntactic Structures Volume* 4, pp.119–144. New York: Oxford University Press. (Reprinted from "Issues in Adverbial Syntax." In *Lingua* 2004, Vol. 114 (6):

pp.683-710.)

Cinque, Guglielmo. (2006c) Complement and Adverbial PPs: Implications for Clause Structure. In Guglielmo Cinque. *Restructuring and Functional Heads: The Cartography of Syntactic Structures Volume* 4, pp.145-166. New York: Oxford University Press. (Revised version of "Complement and Adverbial PPs: Implications for Clause Structure," paper presented at the 25th annual GLOW Colloquium in Amsterdam, April 9-11, 2002).

Clark, Eve V. (2003) *First Language Acquisition*, Cambridge: Cambridge University Press.

Clark, Herbert H. (1973) Space, Time, Semantics, and the Child. In Timothy E. Moore (ed.) *Cognitive Development and the Acquisition of Language*, pp.27-63. New York: Academic Press.

Cole, Peter and Jerry L. Morgan (eds.) (1975) *Syntax and Semantics* 3. New York: Academic Press.

Cole, Peter. (1981) *Radical Pragmatics*. New York: Academic Press.

Croft, William. (1993) The Role of Domains in the Interpretation of Metaphors and Metonymies. In *Cognitive Linguistics* 4 (4): pp.335-370.

Cresswell, Maxwell John. (1974) Adverbs and Events. In *Synthese* 28: pp.455-481.

Cresswell, Maxwell John. (1977) Interval Semantics and Logical Words. In Rohrer, Ch. (ed.) *On the Logical Analysis of Tense and Aspect*, pp.7-29.

Cresswell, Maxwell John. (1978a) Adverbs of Space and Time. In Guenthner, F. and S. J. Schmidt. (eds.) *Formal Semantics and Pragmatics for Natural Language*, pp.171-199.

Cresswell, Maxwell John. (1978b) Prepositions and Points of View. In *Linguistics and Philosophy* 2: pp.1-41.

Cresswell, Maxwell John. (1979) Interval Semantics for Some Event Expressions. In Bäuerle, R., U. Egli and A. von Stechow. (eds.) *Semantics from Different Points of View*, pp.90-116.

Cresswell, Maxwell John. (1981) Adverbs of Causation. In Eikmeyer, H-J. and H. Rieser. (eds.) *Words, Worlds and Contexts*, pp.21-37.

Cresswell, Maxwell John. (1985a) *Adverbial Modification: Interval Semantics and Its Rivals*. Boston: D. Reidel Publishing Company.

Cresswell, Maxwell John. (1985b) Adverbial Modification in Situation Semantics. In Cresswell, Maxwell John. *Adverbial Modification,* pp.193-220.

Csirmaz, Aniko. (2008) Adverbs of Quantity: Entities of Different Kinds. University of Utah. 32nd Penn Linguistics Colloquium(Available at: http://www.ling.upenn.edu/Events/PLC/plc32/revised/csirmaz.pdf (Mar. 26, 2009))

Dixon, Robert M. W. (2005) *A Semantic Approach to English Grammar* (Second Edition). New York: Oxford University Press.

Dowty, David. (1975) The stative in the progressive and other essence / accident contrasts. *Linguistic Inquiry* 6 (4): pp.579–586.

Eikmeyer, Hans-Jürgen and Hannes Rieser. (eds.) (1981) *Words, Worlds and Contexts*. W. de Gruyter: Berlin.

Emonds, Joseph E. (1976) *A Transformational Approach in English Syntax: Root, Structure-Preserving, and Local Transformations*. New York: Academic Press.

Endo, Yoshio. (2007) *Locality and Information Structure: A Cartographic Approach to Japanese*. Amsterdam: John Benjamins.

Engels, Eva. (2012) *Optimizing Adverb Positions*. Philadelphia: John Benjamins.

Ernst, Thomas. (1984) *Towards an Integrated Theory of Adverb Position in English*. Reproduced by the Indiana University Linguistics Club.

Ernst, Thomas. (2000) Manners and Events. In Tenny and Pustejovsky (eds.) *Events as Grammatical Objects: The Converging Perspectives of Lexical Semantics and Syntax*, pp.335–358. California: CSLI Publications.

Ernst, Thomas. (2002) *The Syntax of Adjuncts*. Cambridge: Cambridge University Press.

Ernst, Thomas. (2003) Semantic Features and the Distribution of Adverbs. In Lang, Ewald, Claudia Maienborn, and Cathrine Fabricius-Hansen. *Modifying Adjuncts,* pp.307–334. The Hague: Mouton de Gruyter.

Ernst, Thomas. (2004) Principles of Adverbial Distribution in the Lower Clause. In *Lingua* 114 (6): pp.755–777.

Ernst, Thomas. (2007) On the Role of Semantics in a Theory of Adverb Syntax. In *Lingua* 117 (6): pp.1008–1033.

Ernst, Thomas. (2009) Speaker-oriented adverbs. In *Natural Language & Linguistic Theory* 27 (3): pp.497–544.

Erteschik-Shir, Nomi. (1973) On the Nature of Island Constraints. (Doctoral dissertation) Cambridge, Mass.: MIT.

Erteschik-Shir, Nomi. (1997) *The Dynamics of Focus Structure*. Cambridge: Cambridge University Press.

Erteschik-Shir, Nomi. (2007) *Information Structure: The Syntax-Discourse Interface*. Oxford: Oxford University Press.

Espinal, Teresa M. (1991) The Representation of Disjunct Constituents. In *Language* 67 (4): pp.726–762.

Fillmore, Charles J. (1968) The Case for Case. In Bach, Emmon W. and Robert. T. Harms (eds.) *Universals in Linguistic Theory,* pp.1–88. New York: Holt, Rinehart & Winston.

Fillmore, Charles J. (1982) Towards a Descriptive Framework for Spatial Deixis. In Jarvella, Robert J. and Wolfgang Klein (eds.) *Speech, Place, and Action,* pp.31–59. London: John Wiley.

Firbas, Jan. (1992) Functional Sentence Perspective in Written and Spoken Cambridge: Cambridge University Press.

Fodor, Jerry A. and Jerrold J. Katz (eds.) (1964) *The Structure of Language:*

Readings in the Philosophy of Language. Englewood Cliffs, N. J. : Prentice-Hall.

Freidin, Robert, Carlos Otero and Maria Luisa Zubizarreta. (2006) *Foundational Issues in Linguistic Theory: Essays in Honor of Jean-Roger Vernaud.* Cambridge, Mass.: MIT Press.

Fodor, Jerry A. (1970a) Troubles about Actions. In *Synthese* 21 (3): pp.298-319.

Fodor, Jerry A. (1970b) Three Reasons for Not Deriving 'Kill' from 'Cause to Die'. In *Linguistic Inquiry* 1 (4): pp.429-438.

Frank, Robert. (2002) *Phrase Structure Composition and Syntactic Dependencies.* Cambridge, Mass.: MIT Press.

Fries, Charles C. (1952) *The Structure of English: An Introduction to the Construction of English Sentences.* New York: Harcourt, Brace & Co. Rpt., London: Longman, 1957.

福地肇（1985）『談話の構造』大修館書店．

福地肇（1995）『英語らしい表現と英文法 意味のゆがみをともなう統語構造』研究社．

Fukui, Naoki. (1995) *Theory of Projection in Syntax.* Tokyo : Kuroshio Publishers. (Revised version of Ph.D dissertation (Cambridge, Mass.: MIT, 1986): "A Theory of Category Projection and Its Applications.")

Geenhoven, Veerle van. (2004) For-Adverbials, Frequentative Aspect, and Pluractionality. In *Natural Language Semantics* 12 (2): pp.135-190.

Geuder, Wilhelm. (2000) Oriented Adverbs: Issues in the Lexical Semantics of the Event Adverbs. (Doctoral dissertation) Baden-Württemberg: Universität Tübingen. (Available at : http://www2.sfs.uni-tuebingen.de/Alumni/Dissertationen/geuderdiss/titelblatt.pdf、June 18, 2005)

Givón, Talmy. (1984) *Syntax: A Functional-Typological Introduction, vol.1.* Philadelphia: John Benjamins.

Goldberg, Adele E. (1995) *Constructions: A Construction Grammar Approach to Argument Structure.* Chicago: University of Chicago Press.

Goldberg, Adele E. and Ray Jackendoff. (2004) The English Resultative as a Family of Constructions. In *Language* 80 (3): pp.532-568.

Greenbaum, Sidney. (1969) *Studies in English Adverbial Usage.* London: Longman.

Greenbaum, Sidney. (1970) *Verb-Intensifier Collocations in English.* The Hague: Mouton.

Greenberg, Joseph H. (ed.) (1963) *Universals of Language.* Cambridge, Mass.: MIT Press.

Greenberg, Joseph H. (1963) Some Universals of Grammar with Particular Reference to the Order of Meaningful Elements. In Greenberg, Joseph H. (ed.) *Universals of Human Language,* pp.58-90. Cambridge, Mass.: MIT Press.

Greenberg, Joseph H., Charles A. Ferguson and Edith A. Moravcsik (eds.) (1978a) *Universals of Human Language, Vol. 3: Word Structure.* Stanford:

Stanford University Press.

Greenberg, Joseph H., Charles A. Ferguson and Edith A. Moravcsik (eds.) (1978b) *Universals of Human Language, Vol. 4: Syntax*. Stanford: Stanford University Press.

Grice, Herbert Paul. (1975) Logic and Conversation. In *Syntax and Semantics* 3, pp.41–58.

Grieve, Jack. (2012) A Statistical Analysis of Regional Variation in Adverb Position in a Corpus of Written Standard American English. In *Corpus Linguistics and Linguistic Theory* 8 (1): pp.39–72.

Gross, Maurice, Morris Halle and Marcel-Paul Schützenberger (eds.) (1973) *The Formal Analysis of Natural Languages : Proceedings of the First International Conference*. The Hague: Mouton.

Grimshaw, Jane. (1990) Argument Structure. Cambridge, Mass.: MIT Press.

Gruber, Jeffrey S. (1965) Studies in Lexical Relations. (Doctoral dissertation) Cambridge, Mass.: MIT.

Gruber, Jeffrey S. (1976) *Lexical Structures in Syntax and Semantics*. Amsterdam: North-Holland

Guenthner, Franz and Siegfried J. Schmidt. (eds.) (1978) *Formal Semantics and Pragmatics for Natural Languages*. Reidel: Dordrecht.

郡司利男・鈴木英一 監訳 (1983)『グリーンボーム 英語副詞の用法』研究社.

Haegeman, Liliane. (1991) Parenthetical Adverbials: the Radical Orphanage Approach. 千葉修司 他 編『現代英語学の諸相 宇賀治正朋博士還暦記念論文集』、pp.232–254. 開拓社.

Haegeman, Liliane. (1995) *The Syntax of Negation*. Cambridge: Cambridge University Press.

Haegeman, Liliane. (2003) Notes on Long Adverbial Fronting in English and the Left Periphery. In *Linguistic Inquiry* 34 (4): pp.640–649.

Haegeman, Liliane. (2012) *Adverbial Clauses, Main Clause Phenomena, and the Composition of the Left Periphery*. New York: Oxford University Press.

Haegeman, Liliane (ed.) (1997) *Elements of Grammar*. Dordrecht: Kluwer.

Haider, Hubert. (2004) Pre- and Postverbal Adverbials in OV and VO. In *Lingua* 114 (6): pp.779–807.

Hale, K and S. Keyser (eds.) (1993) *Essays in Honor of Sylvain Bromberger*, Cambridge, Mass.: The MIT Press.

Halle, Morris, Joan Bresnan and George A. Miller, eds. (1978) *Linguistic Theory and Psychological Reality*. Cambridge, Mass.: MIT Press.

Halliday, M. A. K. (1967) Notes on Transitivity and Theme in English, Part 2. In *Journal of Linguistics* 3 (2): pp.199–244.

Halliday, M. A. K. (1985, 2004^3) *An Introduction to Functional Grammar*. London: Edward Arnold.

Halliday, M. A. K. and Ruqaiya Hasan. (1976) *Cohesion in English*. London: Longman.

Harnish, Robert. (1976) Logical Form and Implicature. In Bever, Thomas G.,

Jerrold J. Katz and Terence Langendoen (eds.) *An Integrated Theory of Linguistic Ability*, pp.313–391. New York: Crowell.

長谷川欣佑 (1983)「文法の枠組 統語理論の諸問題」『月刊言語』12 (8)：pp.90–99. 大修館書店.

Haspelmath, Martin. (1997) *From Space to Time: Temporal Adverbials in the World's Languages*. Munchen: LINCOM Europa.

Hasselgård, Hilde. (1996) *Where and When? Positional and Functional Conventions for Sequences of Time and Space Adverbials in Present-Day English*. Oslo: Scandinavian University Press.

Hasselgård, Hilde. (2004) The Role of Multiple Themes in Cohesion. In Aijmer, Karin and Anna-Brita Stenstörm (eds.) *Discourse Patterns in Spoken and Written Corpora*, pp.65–88. Amsterdam: John Benjamins.

Hasselgård, Hilde. (2010) *Adjunct Adverbials in English*. Cambridge: Cambridge University Press.

Haumann, Dagmar. (2007) *Adverb Licensing and Clause Structure in English*. Philadelphia: John Benjamins.

Hawkins, Bruce. (1984) The Semantics of English Spatial Prepositions. (Doctoral dissertation) San Diego: University of California.

Hawkins, John A. (1983) *Word Order Universals*. New York: Academic Press.

Hawkins, John A. and G. Gilligan. (1988) Prefixing and Suffixing Universals in Relation to Basic Word Order. In *Lingua* 74: pp.219–259

Heim, Irene. (2002) File Change Semantics and the Familiarity Theory of Definiteness. In Portner, Paul and Barbara Partee (eds.) *Formal Semantics: The Essential Readings*. pp.223–248. Oxford: Blackwell.

Heny, Frank W. (1973) Sentence and Predicate Modifiers in English. In *Syntax and Semantics* 2: pp.217–245.

Herskovits, Annette. (1986) *Language and Spatial Cognition*. Cambridge: Cambridge University Press.

Hooper, Joan B. (1975) On Assertive Predicates. In Kimball, John Price (ed.) *Syntax and Semantics* 4, pp.91–124. New York: Academic Press.

Hooper Joan B. and Sandra A. Thompson. (1973) On the Applicability of Root Transformations. In *Linguistic Inquiry* 4 (4): pp.465–497

Hornby, Albert S., et al. (eds.). (1942) *Idiomatic and Syntactic English Dictionary*. 開拓社.

Hornstein, Nobert. (1990) *As Time Goes By: Tense and Universal Grammar*. Cambridge, Mass.: MIT Press.

Hoye, Leo. (1997) *Adverbs and Modality in English*. London: Longman.

Huang, Shuan-Fan. (1975) *A Study of Adverbs*. The Hague: Mouton.

Huddleston, Rodney and Geoffrey K. Pullum. (2002) *The Cambridge Grammar of the English Language*. Cambridge: Cambridge University Press.

Hukari, Thomas E. and Robert D. Levine. (1995) Adjunct Extraction. In *Journal of Linguistics* 31 (2): pp.195–226.

Ifantidou, Elly. (2001) *Evidentials and Relevance*. (Pragmatics & Beyond, New Series 86.) Amsterdam: John Benjamins.

飯田隆 (2001)『日本語形式意味論の試み (2) 動詞句の意味論』(Available at：http://phil.flet.keio.ac.jp/person/iida/papers/book2.pdf (July 26, 2007))

Ikegami, Yoshihiko. (1970) *The Semological Structure of the English Verbs of Motion : A Stratificational Approach*. Tokyo: Sanseido.

池田拓朗 (1992)『英語文体論』研究社.

Jackendoff, Ray. (1972) *Semantic Interpretation in Generative Grammar*. Cambridge, Mass.: MIT Press.

Jackendoff, Ray. (1978) Grammar as Evidence for Conceptual Structure. In Halle, Morris, Joan Bresnan and George A. Miller (eds.) *Linguistic Theory and Psychological Reality,* pp.201–228. Cambridge, Mass.: MIT Press.

Jackendoff, Ray. (1983) *Semantics and Cognition*. Cambridge, Mass.: MIT Press.

Jackendoff, Ray. (1990) *Semantic Structures*. Cambridge, Mass.: MIT Press.

Jackendoff, Ray. (1991) Parts and Boundaries. In *Cognition* 41 (1-3): pp.9–45.

Jackendoff, Ray. (1996) The Proper Treatment of Measuring out, Telicity, and Perhaps Even Quantification in English. In *Natural Language & Linguistic Theory* 14 (2): pp.305–354.

Jackendoff, Ray. (1997) *The Architecture of the Language Faculty*. Cambridge, Mass.: MIT Press.

Jacobson, Sven. (1964) *Adverbial Positions in English*. Stockholm: Department of English, University of Stockholm (Earlier AB Studentbok).

Jacobson, Sven. (1975) *Factors Influencing the Placement of English Adverbs in Relation to Auxiliaries*. Stockholm: Almqvist & Wiksell International.

Jacobson, Sven. (1978) *On the Use, Meaning, and Syntax of English Preverbal Adverbs*. Stockholm: Almqvist & Wiksell International.

Jacobson, Sven. (1981) *Preverbal Adverbs and Auxiliaries: A Study of Word Order Change*. Stockholm: Almqvist & Wiksell International.

Jakobson, Roman and Shigeo Kawamoto (eds.) (1970) *Studies in General and Oriental Linguistics*. Tokyo: T.E.C. Corporation.

James, William. (1995) Pragmatism. New York: Dover Publications. (W. ジェイムズ 枡田啓三郎 訳『プラグマティズム』(1957) 岩波文庫)

Jarvella, Robert J. and Wolfgang Klein (eds.) (1982) *Speech, Place, and Action*. London: John Wiley.

Jespersen, Otto. (1949) *A Modern English Grammar*, Vol. VII. London: George Allen & Unwin.

Jucker, Andreas H. and Yael Ziv (eds.) (1998) *Discourse Markers. Descriptions and Theory*. Philadelphia: John Benjamins.

影山太郎 (1996)『動詞意味論 言語と認知の接点』くろしお出版.

影山太郎 (2002)「動詞意味論を超えて」『月刊言語』2002年11月、pp.22–29. 大修館書店.

影山太郎 (2007)「第2章 英語結果述語の意味分類と統語構造」小野尚之 編

『結果構文研究の新視点』pp.33–65. ひつじ書房.
影山太郎 (2009)「語彙情報と結果述語のタイポロジー」小野尚之 編『結果構文のタイポロジー』pp.101–139. ひつじ書房.
Kageyama, Taro (ed.) (1997) *Verb Semantics and Syntactic Structure.* Tokyo: Kuroshio Publishers.
Kaltenböck, Gunther. (2005) Charting the Boundaries of Syntax: A Taxonomy of Spoken Parenthetical Clauses," In *View[z]: Vienna Working Papers* 14 (1): pp.21–53. (Available at: http://anglistik.univie.ac.at/fileadmin/user_upload/dep_anglist/weitere_Uploads/Views/Views0501ALL.pdf (Octo. 3, 2007))
Kamp, Hans and Uwe Reyle. (1993) *From Discourse to Logic.* Dordrecht: Kluwer Academic Publishers.
金子義明 (2009)『英語助動詞システムの諸相』開拓社.
Katz, Jerrold J., and Paul M. Postal. (1964) *An Integrated Theory of Linguistic Descriptions.* Cambridge, Mass.: MIT Press.
Kayne, Richard S. (1994) *The Antisymmetry of Syntax.* Cambridge, Mass.: MIT Press.
Kayne, Richard S. (2000) *Parameters and Universals.* New York: Oxford University Press.
Keenan, Edward L. (ed.) *Formal Semantics of Natural Language.* Cambridge: Cambridge University Press.
Kenstowicz, Michael. (2001) *A Life in Language.* Cambridge, Mass.: MIT Press.
Keyser, Samuel Jay. (1968) Review of Sven Jacobson, *Adverbial Positions in English.* In *Language* 44 (2): pp.357–374.
菊地朗 (2008)「第3章 修飾の一般的特徴」岸本秀樹・菊地朗 著『叙述と修飾』、pp.93–120. 研究社.
岸本秀樹・菊地朗 (2008)『叙述と修飾』研究社.
Kim, Rhanghyeyun. (2000) A Minimalist Account of the Distribution of Adverbs. In *Studies in Generative Grammar* 10(2): pp.453–504. Korean Generative Grammar Circle.
Kimball, John Price (ed.) (1975) *Syntax and Semantics* 4. New York: Academic Press.
Kiparsky, Paul and Carol Kiparsky. (1971) Fact. In Steinberg, Canny D. and Leon A. Jakobovits (eds.) *Semantics: An Interdisciplinary Reader in Philosophy, Linguistics and Psychology,* pp.345–369. London: Cambridge University Press.
Kiss, Katalin É. (2002) *The EPP in a Topic-prominent Language.* In Peter Svenonius (ed.) *Subjects, Expletives, and the EPP,* pp.107–124. New York. Oxford University Press.
Klima, Edward S. (1964) Negation in English. In Jerry A. Fodor and Jerrold J. Katz (eds.) *The Structure of Language: Readings in the Philosophy of Language,* pp.246–323. Englewood Cliffs, N. J.: Prentice-Hall.
小西友七 (1976)『英語の前置詞』大修館書店.

小西友七 編 (1985)『英語基本動詞辞典（普及版)』研究社.
小西友七 編 (1989)『英語基本形容詞・副詞辞典』研究社.
Kuno, Susumu. (1987) *Functional Syntax*. Chicago: The University of Chicago Press.
Kuroda, Shigeyuki. (1968) Some Remarks on English Manner Adverbials. In Roman Jakobson and Shigeo Kawamoto (eds.) *Studies in General and Oriental Linguistics*, pp.378–396. Tokyo: T.E.C. Corporation.
Laenzlinger, Christopher. (2004) A Feature-based Theory of Adverb Syntax. In Jennifer R. Austin, Stefan Engelberg and Gisa Rauh (eds.) *Adverbials: The Interplay between Meaning, Context, and Syntactic Structure*, pp.205–252. Amsterdam: John Benjamins.
Lakoff, George. (1987) *Women, Fire, and Dangerous Things*. Chicago: The University of Chicago Press.
Lakoff, George and Mark Johnson. (1980) *Metaphors We Live By*. Chicago: Chicago University Press.
Lambrecht, Knud. (1994) *Information Structure and Sentence Form*. Cambridge: Cambridge University Press.
Lang, Ewald, Claudia Maienborn, and Cathrine Fabricius-Hansen. (2003) *Modifying Adjuncts*. The Hague: Mouton de Gruyter.
Langacker, Ronald. (1987) *Foundations of Cognitive Grammar*, Vol.1. California: Stanford University Press.
Larson, Richard K. (1985) Bare-NP adverbs. In *Linguistic Inquiry* 16 (4): pp.595–621.
Larson, Richard K. (1988) On the Double Object Construction. In *Linguistic Inquiry* 19 (3): pp.335–391.
Leech, Geoffrey N. (1969) *Towards a Semantic Description of English*. London: Longman.
Leech, Geoffrey N. (1971, 1987) *Meaning and the English Verb*. London: Longman.
Levin, Beth. (1993) *English Verb Classes and Alternations: A Preliminary Investigation*. Chicago: Chicago University Press.
Levin, Beth and Malka Rappaport Hovav. (1995) *Unaccusativity: At the Syntax-Lexical Semantics Interface*. Cambridge, Mass.: MIT Press.
Levinson, Lisa. (2010) Arguments for Pseudo-resultative Predicates. In *Natural Language & Linguistic Theory* 28 (1): pp.135–182.
Levinson, Stephen C. (2001) Space: Linguistic Expression. In Neil J. Smelser and Paul B. Baltes (eds. in chief) *International Encyclopedia of Social and Behavioral Sciences* 22: pp.14749–14752. Amsterdam: Elsevier.
Levinson, Stephen C. (2003) *Space in Language and Cognition*. Cambridge: Cambridge University Press.
Lewis, David K. (1975) Adverbs of Quantification. In Edward L. Keenan (ed.) *Formal Semantics of Natural Language*, pp.3–15. Cambridge: Cambridge University Press.

Li, Yafei, Rebecca Shields, and Vivian Lin. (2012) Adverb Classes and the Nature of Minimality. In *Natural Language & Linguistic Theory* 30 (1): pp.217–260.

Lyons, John. (1977) *Semantics*. 2 vols. Cambridge: Cambridge University Press.

Martin, Roger et al.,ed. (2000) *Step by Step: Essays on Minimalist Syntax in Honor of Howard Lasnik*. Cambridge, Mass.: MIT Pr.

丸田忠雄・平田一郎（2001）『語彙範疇（Ⅱ）』研究社.

丸田忠雄（2001）「第3章 前置詞」丸田忠雄・平田一郎 著『語彙範疇（Ⅱ）』pp.119–167. 研究社.

McCawley, James D. (1982) Parentheticals and Discontinuous Constituent Structure. In *Linguistic Inquiry* 13 (1): pp.91–106.

McCawley, James D. (1988) *The Syntactic Phenomena of English*, 2 volms. Chicago: The University of Chicago Press.

McCawley, Noriko A. (1977) What is the 'Emphatic Root Transformation' Phenomenon?" In *Papers from the 13th Regional Meeting*. Chicago: Chicago Linguistic Society, pp.384–400.

McConnell-Ginet, Sally. (1982) Adverbs and Logical Form: A Linguistically Realistic Theory. In *Language* 58 (1): pp.144–184.

Miller, George A. and Philip Johnson-Laird. (1976) *Language and Perception*. Cambridge, Mass.: Harvard University Press.

Miller, Jim. (1985) *Semantics and syntax: Parallels and Connections*. New York: Cambridge University Press.

Milsark, Gert. (1979) *Existential Sentences in English*. New York: Garland. (=Reproduced version of Milsark (1974: Existential Sentences in English. (Doctoral dissertation) Cambridge, Msss.: MIT)

Mizuno, Eiko. (2010) *A Phase-based Analysis of Adverb Licensing*. In *GENGO KENKYU* [Journal of the Linguistic Society of Japan] 137: pp.1–16.

Moore, Timothy E. (ed.) (1973) *Cognitive Development and the Acquisition of Language*. New York: Academic Press.

Morzycki, Marcin. (2001) Almost and Its Kin, Across Categories," In *SALT* XI: pp.306–325. (Available at：https://www.msu.edu/~morzycki/papers/almostmodifiers.pdf, Aug. 19, 2005)

Nakajima, Heizo. (1982) The V^4 System and Bounding Category. In *Linguistic Analysis* 9: pp.341–378.

Nakajima, Heizo. (1991) Transportability, Scope Ambiguity of Adverbials and the Generalized Binding Theory. In Journal of Linguistics 27 (2): pp.337–374.

中右実（1980）「文副詞の比較」國廣哲彌 編『日英語比較講座2 文法』pp.157–219. 大修館書店.

中右実（1994）『認知意味論の原理』大修館書店.

長瀬慶來 監訳（2009）『英語のイントネーション』研究社.

日本学術振興会（1997）『文部省 学術用語集 言語学編』丸善株式会社出版事業

部.

岡田伸夫 (1985)『副詞と挿入文』大修館書店.

大塚高信・中島文雄 監修 (1982)『新英語学辞典』研究社.

Ojea, Ana. (1998) On the Eventive Structure of Adjectives and Adverbs. In *Atlantis* 20 (2): pp.159–175.

小野尚之 編 (2007)『結果構文研究の新視点』ひつじ書房.

小野尚之 編 (2009)『結果構文のタイポロジー』ひつじ書房.

Palmer, Frank. (1965, 1987[2]) *The English Verb*. London: Longman.

Perlmutter, David M. (1978) Impersonal Passives and the Unaccusative Hypothesis. Proceedings of the 4th Annual Meeting of the Berkeley Linguistics Society, pp.157–189.

Pesetsky, David. (1987) Wh-in-situ: Movement and Unselective Binding. In Reuland Eric J. and Alice G. B. ter Meuren (eds.) *The Representation of (In) definiteness*, pp.98–129. Cambridge, Mass.: MIT Press.

Pesetsky, David. (1995) *Zero Syntax: Experiencers and Cascades*. Cambridge, Mass.: MIT Press.

Pittner, Karin. (2004) Where Syntax and Semantics Meet: Adverbial Positions in the German Middle Field. In Jennifer R. Austin, Stefan Engelberg and Gisa Rauh (eds.) *Adverbials: The Interplay between Meaning, Context, and Syntactic Structure*, pp.253–287. Amsterdam: John Benjamins.

Pollard, Carl and Ivan Sag. (1994) *Head-Driven Phrase Structure Grammar*. Chicago: University of Chicago Press and Stanford: Center for the Study of Language and Information.

Pollock, Jean-Yves. (1989) Verb Movement, Universal Grammar, and the Structure of IP. In *Linguistic Inquiry* 20 (3): pp.365–424.

Portner, Paul and Barbara Partee (eds.) (2002) *Formal Semantics: The Essential Readings*. Oxford: Blackwell.

Postal and Ross. (1970) A Problem of Adverb Preposing. In *Linguistic Inquiry* 1 (1): pp.145–146.

Povalnà, Renata. (1998) Some Notes on Spatial and Temporal Adverbials in English Conversation. In *Brno Studies in English* 24: pp.87–108.

Prince, Ellen F. (1981) Toward a Taxonomy of Given-New Information. In Peter Cole (ed.) *Radical Pragmatics*, pp.223–255. New York: Academic Press.

Pustejovsky, James. (1991) The Syntax of Event Structure. In *Cognition* 41 (1-3): pp.47–81.

Pustejovsky, James. (1995) *The Generative Lexicon*. Cambridge, Mass.: MIT Press.

Quirk, Randolph C., Jan Svartvik, Sidney Greenbaum, and Geoffrey N. Leech. (1985) *A Comprehensive Grammar of the English Language*. London: Longman.

Rackowski, Andrea and Lisa Travis. (2000) "V-initial Languages: X or XP Movement and Adverbial Placement. In Andrew Carnie and Eithne Guilfoyle. *The Syntax of Verb Initial Languages*, pp.117–142. New York:

Oxford University Press.

Radford, Andrew. (2004) *Minimalist Syntax: Exploring the Structure of English*. Cambridge: Cambridge University Press.

Ramchand, Gillian Catriona. (2008) *Verb Meaning and the Lexicon: A First-Phase Syntax*. Cambridge: Cambridge University Press.

Rappaport Hovav, Malka and Beth Levin. (2001) An Event Structure Account of English Resultatives. In *Language* 77 (4): pp.766–797.

Reichenbach, Hans. (1947) *Elements of Symbolic Logic*. New York: Free Press.

Reinhart, Tayna. (1981) Definite NP Anaphora and C-Command Domains. In *Linguistic Inquiry* 12 (4): pp.605–635.

Reinhart, Tayna. (1983) *Anaphora and Semantic Interpretation*. London: Croom Helm.

Reinhart, Tayna. (1987) Specifier and Operator Binding. In Reuland Eric J. and Alice G. B. ter Meuren (eds.) *The Representation of (In)definiteness*, pp.130–167. Cambridge, Mass.: MIT Press.

Reuland Eric J. and Alice G. B. ter Meuren (eds.) (1987) *The Representation of (In)definiteness*. Cambridge, Mass.: MIT Press.

Ritter, Elizabeth and Sara Thomas Rosen. (1996) Strong and Weak Predicates: Reducing the Lexical Burden. *Linguistic Analysis* 26: pp.29–62.

Rizzi, Luigi. (1990) *Relativized Minimality*. Cambridge, Mass.: MIT Press.

Rizzi, Luigi. (1996) Residual Verb Second and *Wh*-criterion. In Adriana Belletti and Luigi Rizzi (eds.) *Parameters and Functional Heads*, pp.63–90. Oxford: Oxford University Press.

Rizzi, Luigi. (1997) The Fine Structure of the Left Periphery. In Liliane Haegeman (ed.) *Elements of Grammar*, pp.281–337. Dordrecht: Kluwer.

Rizzi, Luigi. (2004) Locality and Left Periphery. In Adriana Belletti (ed.) *Structures and Beyond: The Cartography of Syntactic Structures*, Vol. 3, pp.223–251. New York: Oxford University Press.

Robert, Frank. (2002) *Phrase Structure Composition and Syntactic Dependencies*. Cambridge, Mass.: MIT Press.

Rohrer, Christian. (ed.) (1977) *On the Logical Analysis of Tense and Aspect*. Gunter Narr: Tübingen.

Ross, John R. (1967) Constraints on Variables in Syntax. (Doctoral dissertation) Cambridge, Mass: MIT.

Ross, John R. (1973a) Nouniness. In Osamu Fujimura (ed.) *Three Dimensions of Linguistic Theory*, pp.137–258. Tokyo: TEC.

Ross, John R. (1973b) Slifting. In Maurice Gross, Morris Halle and Marcel-Paul Schützenberger (eds.) *The Formal Analysis of Natural Languages : Proceedings of the First International Conference*, pp.133–169. The Hague: Mouton.

Sadock, Jerrold M. (1981) Almost. In Peter Cole (ed.) *Radical Pragmatics*, pp.257–271. New York: Academic Press.

Sag Ivan A. (1978) Floated Quantifiers, Adverbs, and Extraction Sites. In

Linguistic Inquiry 9 (1): pp.146–156.
Sag Ivan A. (1980) A Further Note on Floated Quantifiers, Adverbs, and Extraction Sites. In *Linguistic Inquiry* 11 (1): pp.255–257.
Sag Ivan A. (2005) Adverb Extraction and Coordination: A Reply to Levine. In Stefan Müller (ed.) *The Proceedings of the 12th International Conference on Head-Driven Phrase Structure Grammar,* Department of Informatics, University of Lisbon, pp.322–342, Stanford: CSLI Publications. (Available at: http://cslipublications.stanford.edu/HPSG/6/sag.pdf (Aug., 10, 2011))
Saito, Mamoru and Naoki Fukui. (1998) Order in Phrase Structure and Movement. In *Linguistic Inquiry* 29 (3): pp.439–474.
斎藤武生・鈴木英一 (1984)『講座・学校英文法の基礎 第3巻 冠詞・形容詞・副詞』研究社.
佐藤信夫 他 (2006)『レトリック事典』大修館書店.
Schiffrin, Deborah. (1987) *Discourse Markers.* Cambridge: Cambridge University Press.
Schreiber, Peter A. (1971) Some Constraints on the Formation of English Sentence Adverbs. In *Linguistic Inquiry* 2 (1): pp.83–101.
Schreiber, Peter A. (1972) Style Disjuncts and the Performative Analysis. In *Linguistic Inquiry* 3 (3): pp.321–347.
Schroten, Jan. (2001) Locating Time and Place. In Bok-Bennema, Reineke, Bob de Jonge, Brigitte Kampers-Manhe, and Arie Molendijk (eds.) *Adverbial Modification,* pp.169–185. Amsterdam-Atlanta, GA: Editions Rodopi B.V.
Schweikert, Walter. (2005) The Order of Prepositional Phrases in the Structure of the Clause. Philadelphia: John Benjamins.
Smelser, Neil J. and Paul B. Baltes (eds. in chief) (2001) *International Encyclopedia of Social and Behavioral Sciences* 22. Amsterdam: Elsevier.
Sobin, Nicholas. (2002) The Comp-trace Effect, the Adverb Effect and Minimal CP. In *Journal of Linguistics* 38 (3): pp.527–560.
Sperber, Dan and Deirdre Wilson. (1986) *Relevance: Communication and Cognition.* Oxford: Blackwell.
Steinberg, Canny D. and Leon A. Jakobovits (eds.) (1971) *Semantics: An Interdisciplinary Reader in Philosophy, Linguistics and Psychology.* London: Cambridge University Press.
Steinitz, Renate. (1969) *Adverbial-Syntax* (*Studia grammatica* X) Berlin: Akademie Verlag.
鈴木英一 (1979)「主語副詞の諸特徴」『言語文化論集』第6号、pp.15–39. 筑波大学 (現代語・現代文化学系).
鈴木英一 (1983)「副詞の修飾機能と指向性」『筑波英学展望』第2号、pp.69–81. 筑波大学現代語・現代文化学系英語学・英文学グループ.
鈴木英一 (1984)「副詞」斎藤武生・鈴木英一著『講座・学校英文法の基礎 第3巻 冠詞・形容詞・副詞』pp.129–246. 研究社.
鈴木博雄 (1998)「Leo Hoye (1997) の英語副詞論 法助動詞副詞結合の不規則性を中心に」『学苑』703号、pp.36–47. 昭和女子大学近代文化研究所.

鈴木博雄（2003a）「Guglielmo Cinque の副詞階層論について」『学苑』751 号、pp.19–37. 昭和女子大学近代文化研究所.

鈴木博雄（2003b）「Peter Svenonius の"副詞・主語相関説"について」『学苑』第 752 号、pp.71–85. 昭和女子大学近代文化研究所.

鈴木博雄（2003c）「言語類型論における副詞の主体的役割について Rackowski and Travis（2000）の副詞論」『学苑』第 759 号、pp.79–88. 昭和女子大学近代文化研究所.

鈴木博雄（2004a）「Adger and Ramchand（2003）の叙述構造論（1）」『学苑』第 767 号、pp.17–26. 昭和女子大学近代文化研究所.

鈴木博雄（2004b）「Adger and Ramchand（2003）の叙述構造論（2）」『学苑』第 768 号、pp.24–33. 昭和女子大学近代文化研究所.

鈴木博雄（2007a）「英語副詞の様態性に関する一考察」『学苑』797 号、pp.67–74. 昭和女子大学近代文化研究所.

鈴木博雄（2007b）「英語状況副詞句の配列条件と句構造」『日本言語学会第 134 回大会予稿集』pp.180–185. 日本言語学会.

鈴木博雄（2008）「『様態性』と『状況性』に視点を置く副詞配列の分析―機能階層領域内外における英語副詞の統語的生起実態と意味的連続性」（博士論文、東北大学）

鈴木博雄（2009a）「句構造合成論 フェイズ理論との対比を中心に」『学苑』821 号、pp.76–82. 昭和女子大学近代文化研究所.

鈴木博雄（2009b）「句構造合成論の適用可能性について」『学苑』822 号、pp.67―75. 昭和女子大学近代文化研究所.

鈴木博雄（2011a）「文頭状況副詞句の多重主題現象に関する機能統語論的一考察」『学苑』845 号、pp.1–10. 昭和女子大学近代文化研究所.

鈴木博雄（2011b）「英語結果副詞の事象完結一時取消機能について」『日本言語学会第 143 回大会予稿集』pp.106–111. 日本言語学会.

鈴木博雄（2012）「英語における結果状態の具現化のされ方について」『学苑』858 号、pp.15–24. 昭和女子大学近代文化研究所.

Svenonius, Peter. (2002) Subject Positions and the Placement of Adverbials. In Peter Svenonius (ed.) *Subjects, expletives, and the EPP*, pp.201–242. New York: Oxford University Press.

Svenonius, Peter (ed.) (2002) *Subjects, Expletives, and the EPp.* New York: Oxford University Press.

Swart, H.de. (1993) *Adverbs of Quantification: A Generalized Quanti_er Approach.* New York: Garland

Takami, Kenichi. (1992) *Preposition Stranding: From Syntactic to Functional Analyses.* The Hague: Mouton.

高見健一（1993）『機能的構文論による日英語比較 受身文，倒置文の分析』くろしお出版.

Talmy, Leonard. (1978) Figure and Ground in Complex Sentences. In Greenberg, Joseph H., Charles A. Ferguson and Edith A. Moravcsik (eds.) *Universals of Human Language, Vol.* 4: *Syntax.* pp.625–649. Stanford: Stanford University Press.

田中茂範 (1987)『基本動詞の意味論 コアとプロトタイプ』三友社出版.
Tannen, Deborah (ed.) (1993) *Framing in Discourse*. Oxford: Oxford University Press.
Tannen, Deborah. (1993) "What's in a Frame?: Surface Evidence for Underlying Expectations. In Deborah Tannen (ed.) *Framing in Discourse,* pp.14–56. Oxford: Oxford University Press.
Taraldsen, Knut T. (2002) The *Que/ Que* Alternation and the Distribution of Expletives. In Peter Svenonius (ed.) *Subjects, Expletives, and the EPP,* pp.29–42. New York: Oxford University Press.
Tenny, Carol L. (2000) Core Events and Adverbial Modification. In Carol Tenny and James Pustejovsky (eds.) *Events as Grammatical Objects: The Converging Perspectives of Lexical Semantics and Syntax,* pp.285–334. California: CSLI Publications.
Tenny, Carol L. and Peggy Speas. (2004) The Interaction of Clausal Syntax, Discourse Roles, and Information Structure in Questions. Paper presented at Workshop on Syntax, Semantics and Pragmatics of Questions, Université Henri Poincaré, Nancy, France, April 13, 2004.(Available at: http://www.linguist.org/ESSLI-Questions-hd.pdf (March, 10, 2007))
Tenny, Carol and James Pustejovsky (eds.) (2000) *Events as Grammatical Objects: The Converging Perspectives of Lexical Semantics and Syntax.* California: CSLI Publications.
Tesnière, Lucien. (1959) *Éléments de syntaxe structural*. Paris: Klincksieck.
Thomason, Richmond H. and Robert C. Stalnaker. (1973) A Semantic Theory of Adverbs. In *Linguistic Inquiry* 4 (2): pp.195–220.
Thompson, Sandra A. and Anthony Mulac. (1991) A Quantitative Perspective on the Grammaticalization of Epistemic Parentheticals in English. In Elizabeth C. Traugott and Bernd Heine (eds.) *Approaches to Grammaticalization,* Vol.2, pp.313–329. Amsterdam: John Benjamins.
Traugott, Elizabeth C. (1978) On the Expression of Spatio-temporal Relations in Language. In Joseph Greenberg, *et al.* (eds.) Joseph H Greenberg, Charles A. Ferguson and Edith A. Moravcsik (eds.) *Universals of Human Language,* Vol. 3: *Word Structure,* pp.369–400. Stanford: Stanford University Press.
Traugott Elizabeth C. and Richard B. Dasher. (2002a) *Regularity in semantic change*. Cambridge: Cambridge University Press.
Traugott Elizabeth C. and Richard B. Dasher. (2002b) The Development of Adverbials with Discourse Marker Function. In Elizabeth C. Traugott and Richard B. Dasher. *Regularity in Semantic Change,* pp.152–189. Cambridge: Cambridge University Press.
Traugott Elizabeth C. and Bernd Heine (eds.) (1991) *Approaches to Grammaticalization.* (Typological Studies in Language, 19) 2 vols. Amsterdam: John Benjamins.
Travis, Lisa. (1988) The syntax of Adverbs. In *McGill Working Papers in Linguistics*. Special Issue on Comparative Germanic Syntax, pp.280–310.

Department of Linguistics, McGill University.
Tyler, Andrea and Vyvyan Evans. (2003) *The Semantics of English Prepositions.* Cambridge: Cambridge University Press.
Urgelles-Coll, Miriam. (2010) *The Syntax and Semantics of Discourse Markers.* New York: Continuum International Publishing Group
Vangsness, Øystein A. (2002) Icelandic Expletive Constructions and the Distributon of Subject Types. In Peter Svenonius (ed.) *Subjects, Expletives, and the EPP,* pp.43-70. New York: Oxford University Press.
Vendler, Zeno. (1967) *Linguistics in Philosophy.* Ithaca, N. Y. : Cornell University Press.
Vikner, Sten. (1985) Reichenbach Revisited: One, Two, or Three Temporal Relations. In *Acta Linguistica Hafniensia* 19 (2): pp.81-98.
Vlach, Frank. (1993) Temporal Adverbials, Tenses and the Perfect. In *Linguistics and Philosophy* 16 (3): pp.231-283.
Washio, Ryuichi. (1997) Resultatives, Compositionality and Language Variation. In *Journal of East Asian Linguistics* 6 (1): pp.1-49.
Wasow, Thomas. (2002) *Postverbal Behavior.* CSLI Publications: California.
Waters, Cathleen Moira. (2011) Social and Linguistic Correlates of Adverb Variabilityin English: A Cross-varietal Perspective. (Doctoral dissertation) Canada:University of Tronto.(Available at: https://tspace.library.utoronto.ca/bitstream/1807/31968/1/Waters_Cathleen_M_201111_PhD_thesis.pdf (May 16, 2012))
Wells, John C. (2006) *English Intonation: An Introduction.* Cambridge: Cambridge University Press.
Wickboldt, June M. (2000) Some Effects of Manner Adverbials on Meaning. In Carol Tenny and James Pustejovsky (eds.) *Events as Grammatical Objects: The Converging Perspectives of Lexical Semantics and Syntax,* pp.359-374. California: CSLI Publications.
Williams, Edwin. (1980) Predication. In *Linguistic Inquiry* 11 (1): pp.203-238.
Williams, Edwin. (1994) *Thematic Structure in Syntax.* Cambridge, Mass.: MIT Press.
Wierzbicka, Anna. (1986) Precision in Vagueness: The Semantics of English "Approximatives". In *Journal of Pragmatics* 10 (5): pp.597-614.
山梨正明 (1986)『発話行為』大修館書店.
吉川 洋 (2007)「インターバル意味論からイベント意味論へ」『兵庫県立大学環境人間学部 研究報告』第9号、pp.101-118.
Zandvoort, R. W. (1957, 1975[7]) *A Handbook of English Grammar.* London: Longmans, Green & Co.,Ltd.
Zubizarreta, Maria L. and Eunjeong Oh. (2007) *On the Syntactic Composition of Manner and Motion.* Cambridge, Mass.: MIT Press.

あとがき

　人生は偶然に支配されていると思われることが多々ある。筆者が英語学を志す切っ掛けもそうであった。高校入学直前の春に、近所の古本屋で、『英語の構造：構造言語学及び変形文法理論による英語の分析』（大江三郎著、真砂書房、1972）の書名に惹かれ、書棚から取り出し、読み始めると、これが高校生にも読みやすい英語学入門の学部用テキストであった。

　早速購入し、1週間程で読了。読みやすいとは言え、内容は高度であるので、筆者の理解度は相当低かったように覚えている。むしろ、英語学という興味深い学問領域がある、という意識をもてただけである。加えて、この僅か180ページほどのテキストには、英語学の基本が的確に盛り込まれており、研究の出発点における基礎知識の重要さも実感させてくれた。

　そのようなわけで、今日にいたるまで、『英語の構造』は幾度読み直したか分からない。同書に加え、筆者は、以下の著者による代表的な文献を1〜2年毎に、最低1回は目を通すことにしている。E. Sapir、O. Jespersen、L. Bloomfield、F. Th. Visser、N. Chomsky、R. Jackendoff、D. Bolinger、J. Lyons、R. Montague、D. R. Dowty、S. Pinker、M. A. K. Halliday、S.-Y. Kuroda、S. Kuno、R. Langacker、L. Talmy。これらの著者による名著はどれも入門書の域を遙かに超えており、筆者は最初からそう簡単に読みこなせたわけではないし、未だに理解不十分なところが多々ある。時に精読書、時に速読書、時に辞書・事典としての使い方をし、気になった箇所には下線を引き、コメントを記したりしてきた。もう30年ほど「付き合って」いる書物もあり、下線とコメントだらけのものもある。気がつけば、筆者の「英語副詞配列論」の構築に大いに役立っていた。今後も再読し続けることと思う。

ところで、研究書を精読していて難解極まりない内容を目の当たりにすると、研究生活は、単に、思考訓練のためにしか役立たないのではないか、という虚しさを覚えることがある。そのようなとき、ヒルティーの言葉を思い出す。氏は、「各個人の人生行路についてそれを明瞭にしてやり、彼の性格を改善し、善に向かう力を高め、またその人の幸福を増進する」ことが哲学の目的であると述べる（『眠られぬ夜のために 第一部』（岩波文庫、p.198、1973））。これは哲学に限らず、学問全体に当てはまることであり、理論書を読むとき常に念頭に置くべきである。英語学で言えば、「現実に使われている（いた）英語が分かるようになりたい」という気持ちをもつことが先決であり、研究書による思考訓練はその次に重視すべき知的営みであると考えたい。とは言え、思考訓練の過程で生じる「分からない」という感覚もまた軽視できない。

　「子どもを不幸にするいちばん確実な方法はなにか、それをあなたがたは知っているだろうか。それはいつでも、なんでも手に入れられるようにしてやることだ（『エミール』）」（『古典のことば』岩波文庫別冊10、p.221、1995）というルソーの名言はよく知られている。冒頭の「子ども」を、「人間」とか「人生」、あるいは学習・研究や習い事で言えば、「初心者」とか「入門者」と置き換え、先のヒルティーの言葉に耳を傾けるならば、研究における人間形成と思考訓練は車の両輪に喩えられることは明白である。

　筆者が座右の書とする言語学の名著はどれをとっても、「なんでも容易に必要な知識を手に入れられるようにしてくれる」ような「ハウツー本（としての入門書）」ではない。だからこそ筆者は必死になって理解できないところを理解できるように努力を重ねることができたのであると思う。それ故に、『「わからない」という方法』（集英社新書、2001）を著した橋本治氏の発想にも頷ける。分からなければ身近な先生や知人にお聞きすればよいではないか、という安易に解答を求めようとする姿勢だけは避けたい。これは決して、先達からご教示を賜ったり先輩・後輩と議論することの意義を否定することではない。分からないならば分からないなりに自分で分かる方法を工夫し、悪戦苦闘した末の、「分かった！」という実感が

言葉では表せない幸福感なのである。もちろん、その「分かったこと」が学界で一般に了解されている内容とは異なるかもしれない。独りよがりの分かり方かもしれない。それでも、地道に「分かる」努力を重ね、謙虚に成果を発表することが、いずれ、社会的・文化的貢献につながるものと信じたい。

　さて、本書が構築した「英語副詞配列論」は現時点での筆者の到達点であるが、富士登山に喩えれば、未だ、頂上に向かって登り始める麓のところあたりにいるだけである。「五合目まで来ました」などとは到底言えない。「分かろう」と努力しなければならない事柄が相当に残されている。幸せなことである。

　最後に、本書の刊行は、ひつじ書房社長松本功氏、同社編集部海老澤絵莉氏のご厚情なしには実現し得なかった。両氏はプロの出版者魂に満ち溢れ、筆者を常に勇気づけて下さった。この場を借りて拝謝申し上げます。

　東北地方の復興を願って

平成26年2月

鈴木博雄

索 引

A

abundantly 99
［Accompaniment（随伴）］ 48
［achievement］ 43
Adger, David 122
［Affiliation（所属）］ 48
again 10
［Agent-oriented］ 262
Already 186
Ambridge, Ben 213
Asakawa, Teruo（浅川照夫） 147, 197, 209
AT 90

B

badly 21
Barbiers, Jazef 227
believe it or not 268
Bellert, Irena 257
briefly 107

C

carefully 254
Chafe, Wallace 276
Chomsky, Noam 147
Cinque, Guglielmo 16, 182, 195, 211, 224, 256, 261, 274
claim 204
［clambering］ 41
cleverly 107
climb 10, 33, 41, 55
clumsily 261
console 37
CORPOREAL 型動詞 38
Cresswell, Maxwell John 14, 174, 266, 270
C 統御（c-command） 228

D

devour 45
die 41, 46
differently 86
Dixon, Robert M. W. 29, 172
dress 81

E

Emonds, Joseph E. 5
Endo, Yoshio（遠藤喜雄） 181
Ernst, Thomas 49, 50, 61, 71, 74, 83, 121, 172, 215, 259, 274, 275
Erteschik-Shir, Nomi 174, 175, 213
even 56
every day 239
［Evidential］ 220, 231

F

fall 44
Fillmore, Charles J. 41
finally 56
Fodor, Jerry A. 171, 276
for as long as 90 minutes 133
for up to 70 miles 133
from person to person 265

307

G

Geuder, Wilhelm　90, 93
gladly　118
Goldberg, Adele E.　125, 213
Greenbaum, Sidney　7, 49, 104, 275

H

habitually　11
Haegeman, Liliane　176, 212, 280
Halliday, M. A. K.　172, 174
handsomely　92
Hasselgård, Hilde　129, 132, 176, 183, 214
Haumann, Dagmar　6, 17, 107, 176, 182, 198, 211, 254, 260, 269, 274
have　45
Heim, Irene　126
honestly　185
Hoye, Leo　259
Huang, Shuan-Fan　11, 171
Huddleston, Rodney　47, 134

I

in a factory　25
in dismay　239
individual-level　47〔→ 一時的（stage-level）〕
in pain　27
[intentionality]　43
intentionally　108
Irrealis（非現実叙法様態副詞）　258

J

Jackendoff, Ray　4, 18, 41, 77, 104, 121, 124, 125, 132, 172
Jacobson, Seven　3, 74
James, William　274

K

Kamp, Hans　173
Katz, Jerrold　4
Kayne, Richard S.　280
Keyser, Samuel J.　3
Kim, Rhanghyeyun　15, 106
knock　88
know　41, 43
Kuno, Susumu（久野暲）　139, 150, 153, 171, 202, 221
Kuroda, Shigeyuki（黒田成幸）　10

L

LCA　232〔→ 線形対応の公理（LCA）〕
Leech　67
Levin, Beth　124, 125
Levinson, Stephen C.　140
Lewis, David K.　68
lisp　213
live　82
loudly　21
L-syntax (lexical VP)　236

M

[Malefactive]　220, 231
marvellously　88
[Matter]　220, 231
McCawley, James D.　156
[Mental-attitude]　262
Mizuno, Eiko（水野江依子）　15
mumble　213

N

Nakajima, Heizo（中島平三）　5
necessarily　258

O

often　193, 194

308

Ojea, Ana 260
only 56
out of habit 11

P

passive-sensitive adverb 126
Patient（被影響者） 67
pay 81, 92
perhaps 258
Pesetsky, David 203, 224, 243
Pittner, Karin 172
Pollock, Jean-Yves 5
possibly 258
Postal, Paul M. 4
PredP（叙述句） 217
probably 192, 194, 258
Pullum, Geoffrey K. 47, 134
Pustejovsky, James 51, 96
put 82

Q

quickly 52
Quickly 116, 186, 254 〔→ Very quickly〕
Quirk, Randolph C. 20, 139, 149, 202

R

Radford, Andrew 175
Rappaport Hovav, Malka 124, 125
Reinhart, Tayna 54, 175
reluctantly 108, 126
Reyle, Uwe 173
Rizzi, Luigi 182, 212
Ross, Jhon R. 126, 156
rudely 62

S

sadly 118
Sadock, Jerrold M. 68
Schreiber, Peter A. 11
Schroten, Jan 133, 173
Schweikert, Walter 174, 215, 228
securely 45
see 86
simper 205
sneeze 46
Speas, Peggy 119
Stalnaker, Robert C. 51
stammer 206
stand 133
〔state〕 43
Svenonius, Peter 6, 159, 187, 188

T

Takami, Kenichi（高見健一） 234
Talmy, Leonard 136, 174
Tannen, Deborah 163, 169, 179
Tenny, Carol L. 10, 50, 55, 119
Theme-Rheme 談話構成論 113
thinly 94
Thomason, Richmond H. 51
through the night 275
tight 102
tightly 21, 76, 102
touch 36
Tsoulas, George 122

U

uneventfully 239
usually 195

V

V2 言語 190
Vendler, Zeno 57
Very quickly 279 〔→ Quickly〕
VP Shell 223, 225, 244
VP 右方付加
　　──構造 234
　　──方式 280

309

──論　244
　　　──論批判　234
VP境界　186, 187, 191
VP随伴論　244

W

Wasow, Thomas　270, 276
Waters, Cathleen M.　18
Wells, John C.　157, 267
Wickboldt, June M.　71, 96
Wierzbicka, Anna　68
Williams, Edwin　64, 69
WITH　90, 124
within the space of a year　133
woodenly　21, 63, 76
word　81

X

Xバー理論　226

あ

曖昧性（ambiguity）　113, 120
アスペクト様態副詞　31, 99

い

飯田隆　68
異形同義性（structural homonymy）　228
池田拓朗　156, 164, 165
一時的（stage-level）　261
　　　──な解釈（stage-level reading）　121
一時的属性　260
一貫性（coherence）　80, 98, 137
移動可能性規約（transportability convention）　4
移動様態動詞（manner-of-motion verb）　173, 248
意味解釈原理　138, 226
意味拡張　135

意味上
　　　──の副詞節　148
　　　──の従節　28
　　　──の主節　28
意味的優位性（semantic dominance）　175
意味的拡張　131
意味拡張過程　146
意味的緊密性　248
意味的連結性（semantic connectedness）　143, 272
意味転用　239
意味フレーム　75
意味分解（semantic decomposition）　280
意味役割変更　139
因果関係　79
インターバル意味論　9

う

運動の変化　141

お

岡田伸夫　104, 275
音形化（Spell-Out）　77〔→スペルアウト〕

か

解釈規則（interpretive rules）　4
解釈の絞り込み　110
改訂定性親密性理論　119
概念意味論（conceptual semantics）　41
概念構造　248
外部比較副詞（exocomparative）　122
会話の公理（conversational maxims）　259
格下げ（downgrading）
　　　空間表現への抽象性の──　75
　　　事象の抽象性の──　82
影山太郎　89, 124, 173

下接の条件（subjacency condition） 147
金子義明 108
可能世界 208
カメラアングル 171
関連性理論（relevance theory） 113
完遂性の低い未来時制 40
関数構造（functional structure） 141, 146
間接叙述 280

き

聞き手
　──にとって既知の情報 114
　──への配慮 258
疑似結果構文（spurious resultatives） 102
疑似叙実述語（semifactive predicate） 205
疑似様態の構成成分 60
擬人化 125
木接合文法（Tree Adjoining Grammar） 178
視点制約 144
機能論的文法論（functional grammar） 71
基本的概念関数 GO, BE, STAY 45
客観的な状況副詞句 232
旧情報（given information） 114
境界理論 199
共感度（degree of empathy） 142
共合成（co-composition） 239
鏡像関係 130, 218
強調 148
協調の原理（cooperative principle） 113

く

空間概念 131, 134, 174
空間表示関数 131
句構造合成 161
　──論 156, 192
具体性 175

群前置詞（group preposition） 134

け

経験事象の量化 40
経験的基盤 116
形式意味論 51
結果形容詞 71, 279
結果構文（resultative construction） 90
　派生的── 87
　本来的── 87
結果個体（resultant individual） 92, 93
結果述語（二次述語） 121
結果状態 32, 67
結果的（factitive） 47
結果副詞 71, 247, 279
結束化 155
結束性（cohesion） 192, 195
ゲルマン語派 159
原因事象と結果事象の時間関係 125
現在時制の「非制限的用法」
　（unrestrictive use） 67
限定用法（attributive use） 47
厳密下位範疇化 81

こ

語彙意味選択域条件（lexicosemantic selectional (scope) requirements） 231
語彙意味論（lexical semantics） 41
語彙的アスペクト素性 41
行為の意図性 43
行為連鎖 38
恒久的な解釈（individual-level reading） 89, 121
恒常的（individual-level） 260
構造保持制約（structure-preserving constraint） 5
後続事象 151
後置詞型言語 225
構文解析 113, 121, 130
ゴール到達動詞 51

同定可能な（identifiable）情報　119
小西友七　36, 42, 45, 124, 131, 141, 212
根源的（root）用法　44
コンマイントネーション　138, 168, 220, 262, 268

── さ ──

最小のVP　13, 19, 278
サスペンス効果　80, 98, 118, 150, 155, 170, 172, 193, 281
佐藤信夫　169, 274
作用域（scope）　86, 229, 280
　　　──主導原理（scope-based mechanism）　231
　　　──の原理　223

── し ──

使役動詞　26
視覚レベル（visual）の「焦点」　174
時間的推移　99
時間幅副詞表現（time-span adverbials）　68
指示性（referentiality/discourse-linkability）　193, 202, 203
指示的意味（referential/intellectual meaning）　196, 248
事象
　　　──の囲い込み　170
　　　──の意外性　56
　　　──の時空上の発生点　152
　　　──の数量化のされ方　53
　　　──の非日常性　83
事象意味論　9, 29
事象完結一時取消機能　80, 125, 280
事象計測化機能　123
事象構造　138
事象数量化　46
事象数量計測　59
持続的副詞表現（durational adverbials）　68
視点（empathy）　75, 150

　　　──制約　144
指標コピー　55
指標翻訳　55
島（island）　213
接辞投射句構造　216
純様態副詞（pure manner adverb）　84
主観的な状況副詞句　232
主観的判断　87
主語指向　67
　　　──態度離接詞　49, 260
　　　──付加詞　49, 260
　　　──副詞　72, 278
主述関係　148
主節現象（main clause phenomena）　205
主題化（thematization）　141, 207, 251
主題階層　244
述語の外項情報　69
準項（semi-argument）　198, 236
純様態　21
障壁理論　199
状況（circumstance）　130, 252, 273
　　　──の機能論的下位分類　252, 273
状況性　239
　　　──についての一般論　169
状況的　278
状況副詞句配列傾向　222, 235
　　　状況副詞句配列条件　145, 221, 232
証言副詞　256
証拠の真実性　179
情的（expressive）　209
情的意味（emotive meaning）　248
焦点素性［FOC］　211
焦点話題化　222
焦点化　121, 148, 265
焦点話題（focus topic）　191
焦点話題化要素　185
障壁（barrier）　147
上方制限（upward boundedness）　198
情報単位　143
叙実性　206
叙実動詞（factive verb）　206, 208
叙述構造化　70
叙述（predication）　138, 228, 234

叙述関係　243
叙述対象　88, 278
叙述理論　64
親近感（familiarity）〔→馴染み深さ〕　187
新事象の導入　155
信念（belief）　153
心理的距離　144
心理的状況　244
心的様態の量的表示　58

──す──

図（前景）（figure）　136, 137, 172, 227
遂行動詞　11
随伴移動（pied-piping）　237
スクランブリング　236
　　──言語　17
鈴木英一　125, 275
「図」の的確な配置　218
スペルアウト　104〔→音形化（Spell-Out）〕

──せ──

生起確率の数量化　194
節外抜き出し　181, 197, 202, 212
接合詞（conjunct）　115, 117
接辞投射句（SuffP/PrefP）　224, 230
接辞投射句構造　215, 223
接続話題（switch topic / shifted topic / continued topic）　187
絶対計測　60
設置動詞　51
接頭辞句（PrefP）　217
接尾辞句（SuffP）　217
線形対応の公理（LCA）　217
先行事象　151
全称量化の解釈　188
全称閉鎖（universal closure）　163
前置詞型言語　225
前置詞の事象形成機能　65

──そ──

相対計測（measure）　59, 60
挿入　158
　　──節（parenthetical clause）　156
　　──副詞句（parenthetical adverbials）　156
束縛原理　233
束縛の定義　55
素性照合　162
存在閉鎖（existential closure）　54, 163, 188
存在領域（existential field）　142
存在量化の解釈　188

──た──

題述（rheme）　114
滝状構造（cascade structure）　243
多重主題（multiple themes）　205, 280
　　──配列　183, 184
　　──現象　172, 181
　　──構造　6, 147
達成相（accomplishment）　56
他動性　81
田中茂範　131
段階的（gradable）　60
断定述語（assertive predicate）　205
　　断定的非叙実述語　213
　　断定的な（assertive）　205
談話の話題（discourse topic）　150
談話文法　146

──ち──

地（背景）（ground）　137, 172, 227
小さな声　169
知覚行為　40
中核事象（core event）　50, 65
中核的意味（core）　36
中間構文　94
　　中間動詞　33
抽象的述語関数　217, 224, 242

抽象的な移動経路　31
直示性（deicticity）　150

───
つ

追加（supplementation）　158, 165, 168
強い読み（strong reading）〔→全称量化の解釈〕　188

───
て

定性（definiteness）　119

───
と

ドイツ語のPP配列　218
統語的非対称性　184
統語的局地化現象（syntactic localization）　271
統語的局地化（syntactic localization）　280
動詞アスペクト分数　57
動詞（語彙）意味論　29, 274
動詞第二位（の原則）　187, 190
動詞の種類　124
同属目的語（cognate object）　47
同定しうる（identifiable）　114
同定可能な（identifiable）情報　119
唐突さ　118
　　　聞き手が──を感じない程度の情報　279
「時」と「場所」の鏡像関係　214
時の概念　174
特徴づけ（characterization）　234
　　　──条件　243
独立事象　26, 28
トピック性（topicality）　186
トラジェクター（trajector）　174

───
な

内置移動（intraposition movement）　122, 157, 245

中右実　177
馴染み深さ（familiarity）〔→親近感〕　142

───
に

二次様態副詞の構成成分　60
日常性　175
　　　──の度合い　144
認識的（epistemic）　257

───
ぬ

抜き出し　280

───
の

脳内空間　249

───
は

背景（background）　27, 147
測り分け（measuring out）　56
場所　248, 264
　　　一次的──　249
　　　二次的──　249
場所理論（localism）　131, 214
橋渡し動詞（bridge verb）　205, 206
派生論（derivationalism）　186
長谷川欣佑　175
裸名詞句副詞（bare-NP adverb）　126, 174
働きかけ　249
　　　──方　35
バックトラック（backtrack）効果　171, 179
発話行為副詞　185
発話様態動詞（manner-of-speaking verb）　206, 208, 213
被動性（affectedness）　58
話し手の視点　140, 142
場面（scene）　147
場面設定（scene-setting）　121, 167, 175

314

場面設定化（scene-setting） 114, 130, 251
場面設定子（scene-setter） 113, 148
　　──の範囲　253
　　──判別テスト　148

ひ

比較　111
　　──（行為）　65
　　──する　60, 63
比較類（comparison class）　61, 240
非空間概念　131, 134
非空間拡張条件（criterion of nonspatial extension）　132
非対称性理論　236
非断定的叙実述語　213
被動性（affectedness）　58
比喩化プロセス　102
比喩的（metaphorical）な意味拡張　85
　　比喩拡張　173
描写述語（depictive predicate）　260
表示論（representationalism）　186
標本空間　55
品詞検出枠（test frame）　8

ふ

フェーズ（phase）　15, 147
　　──理論　199
付加詞島（adjunct island）　208
動詞アスペクト分類　57
副詞・事象対応計算（FEO Calculus）　231
副詞・主語 NP 相関論　186
副詞前置（adverb preposing）　147, 201, 222, 242
副詞の意味分類　20
副詞の意味的連続性　66
副詞配列機能階層　16, 17, 278
複数の VP の単一化現象　276
福地肇　205, 271, 281
フレーミング操作　169

フレーム（frame）　163
　　──理論　164
文修飾的　157
文体操作　157
文中央部副詞（preverbal adverbs）　75
文頭配置　158
文末重心（end-weight）　23, 63, 78, 146
文末重心（の）原理　139, 164, 223, 245
文末重点（end-weight）　23, 78
文末焦点（end-focus）　267
文脈効果（contextual effect）　169
分離不定詞句（split infinitival phrase）　79
文レベルの「焦点」　174

へ

併合（merge）　104, 157, 236, 244
並置する（juxtapose）　168
ヘッジ（hedge）　259

ほ

包含関係（inclusiveness relation）　168
報告的（reportive）　209
　　──表現　209
法副詞　257
補足的（な）情報（afterthought）　145, 165, 221, 232, 268
補文標識層（complementizer layer）　182

ま

丸田忠雄　131

み

未完結の事象　172
ミニマリストアプローチ　5
ミニマリストプログラム　199

む

昔話の冒頭　153
無順序的　228
無標の副詞配列　243

め

名詞性（nouniness）　114, 126

も

モダリティー　221
　　——成分　146
　　——表現　209, 220

や

山梨正明　176

ゆ

有界的な（bounded）　201
融合（conflation）　132, 173

よ

様態①　99, 247, 273, 277
様態②　99, 247, 264, 273, 279
様態規則（manner rule）　61, 110, 239
様態性　239
　　——階層　20, 64, 250
様態の定義　21, 48
様態副詞　278
　　——の構成成分　60
　　——の文頭生起条件　279
弱い読み（weak reading）〔→存在量化の解釈〕　188

り

量化副詞（quantificational adverb）　53
臨場感　115, 117

れ

列挙（numeration）　105

わ

枠組み（frame）　172
話者指向的（speaker-oriented）　257
話者指向離接詞　150, 220
話題（topic）　113, 148
話題化（topicalization）　148, 242, 251
話題視点階層　150, 221
話題としての度合い（topicality）　6, 190, 197
話題話題化要素　185

鈴木博雄（すずき ひろお）

略歴

東京都出身。東北大学大学院情報科学研究科博士後期課程修了。博士（情報科学）（2008年）。東京都立工業高等専門学校講師、助教授、昭和女子大学文学部講師等を経て、現在、昭和女子大学人間文化学部教授。

主な著書・論文

『最新和英口語辞典』（朝日出版社、編集・執筆協力、1992年）、『北米文化事典』（日本英語文化学会、編集・分担執筆、2012年）、「英語学研究史における20世紀後半以降の英語副詞研究の位置づけ」『英語文化研究』（日本英語文化学会編、成美堂、2013年）など。

ひつじ研究叢書〈言語編〉第116巻
英語副詞配列論
様態性の尺度と副詞配列の相関

Adverb Placement and Scale of Manner in English
Hiroo Suzuki

発行	2014年2月14日 初版1刷
定価	8000円＋税
著者	Ⓒ鈴木博雄
発行者	松本功
ブックデザイン	白井敬尚形成事務所
組版所	株式会社 ディ・トランスポート
印刷・製本所	株式会社 シナノ
発行所	株式会社 ひつじ書房

〒112-0011 東京都文京区千石2-1-2 大和ビル2階
Tel: 03-5319-4916 Fax: 03-5319-4917
郵便振替 00120-8-142852
toiawase@hituzi.co.jp http://www.hituzi.co.jp/

ISBN 978-4-89476-677-8

造本には充分注意しておりますが、落丁・乱丁などがございましたら、小社かお買上げ書店にておとりかえいたします。
ご意見、ご感想など、小社までお寄せ下されば幸いです。

刊行のご案内

〈ひつじ研究叢書（言語編）第95巻〉
形態論と統語論の相互作用
日本語と朝鮮語の対照言語学的研究
塚本秀樹 著　定価8,500円+税

〈ひつじ研究叢書（言語編）第96巻〉
日本語文法体系新論
派生文法の原理と動詞体系の歴史
清瀬義三郎則府 著　定価7,400円+税

〈ひつじ研究叢書（言語編）第97巻〉
日本語音韻史の研究
高山倫明 著　定価6,000円+税

刊行のご案内

〈ひつじ研究叢書（言語編）　第 98 巻〉
文化の観点から見た文法の日英対照
時制・相・構文・格助詞を中心に
宗宮喜代子 著　定価 4,800 円＋税

〈ひつじ研究叢書（言語編）　第 99 巻〉
日本語と韓国語の「ほめ」に関する対照研究
金庚芬 著　定価 6,800 円＋税

〈ひつじ研究叢書（言語編）　第 100 巻〉
日本語の「主題」
堀川智也 著　定価 5,200 円＋税

刊行のご案内

〈ひつじ研究叢書(言語編) 第101巻〉
日本語の品詞体系とその周辺
村木新次郎 著　定価5,600円+税

〈ひつじ研究叢書(言語編) 第103巻〉
場所の言語学
岡智之 著　定価6,200円+税

〈ひつじ研究叢書(言語編) 第104巻〉
文法化と構文化
秋元実治・前田満 編　定価9,200円+税

刊行のご案内

〈ひつじ研究叢書（言語編） 第 105 巻〉

新方言の動態 30 年の研究
群馬県方言の社会言語学的研究

佐藤髙司 著　定価 8,600 円 + 税

〈ひつじ研究叢書（言語編） 第 106 巻〉

品詞論再考
名詞と動詞の区別への疑問

山橋幸子 著　定価 8,200 円 + 税

〈ひつじ研究叢書（言語編） 第 107 巻〉

認識的モダリティと推論

木下りか 著　定価 7,600 円 + 税

刊行のご案内

〈ひつじ研究叢書（言語編） 第108巻〉
言語の創発と身体性
山梨正明教授退官記念論文集
児玉一宏・小山哲春 編　定価17,000円+税

〈ひつじ研究叢書（言語編） 第109巻〉
複雑述語研究の現在
岸本秀樹・由本陽子 編　定価6,800円+税

〈ひつじ研究叢書（言語編） 第111巻〉
現代日本語ムード・テンス・アスペクト論
工藤真由美 著　定価7,200円+税

刊行のご案内

〈ひつじ研究叢書(言語編) 第112巻〉
名詞句の世界
その意味と解釈の神秘に迫る
西山佑司 編　定価8,000円+税

〈ひつじ研究叢書(言語編) 第113巻〉
「国語学」の形成と水脈
釘貫亨 著　定価6,800円+税

〈ひつじ研究叢書(言語編) 第117巻〉
バントゥ諸語の一般言語学的研究
湯川恭敏 著　定価19,000円+税

刊行のご案内

〈ひつじ研究叢書（言語編） 第118巻〉
名詞句とともに用いられる「こと」の談話機能
金英周 著　定価4,800円＋税

〈ひつじ研究叢書（言語編） 第119巻〉
平安期日本語の主体表現と客体表現
高山道代 著　定価6,400円＋税

〈ひつじ研究叢書（言語編） 第120巻〉
長崎方言からみた語音調の構造
松浦年男 著　定価6,800円＋税